suhrkamp taschenbuch 1558

Hermann Korte, Jahrgang 1937, ist seit 1974 Professor für Soziologie an der Ruhr-Universität Bochum. Seine Hauptarbeitsgebiete sind Zivilisationstheorie, Stadt- und Regionalsoziologie, Internationale Arbeitsmigration sowie Wissenschaftsmanagement. Zuletzt erschienen neben zahlreichen Aufsätzen drei Bücher: *Migration und ihre sozialen Folgen*, 1985, *Stadtsoziologie*, 1986, und *Eine Gesellschaft im Aufbruch. Die Bundesrepublik in den 60er Jahren* (1987, st 1471). Korte ist Mitherausgeber der beiden Materialienbände zur Zivilisationstheorie im Suhrkamp Verlag: *Materialien zu Norbert Elias' Zivilisationstheorie* (stw 233) und *Macht und Zivilisation* (stw 418).

Das Buch beschreibt den Entstehungsprozeß des Werks *Über den Prozeß der Zivilisation* (1939), eines Klassikers der Soziologie, in enger Verbindung mit den Lebensumständen von Norbert Elias und den akademisch-intellektuellen Milieus der 20er und 30er Jahre. Im Mittelpunkt steht die Frage, wie es zu diesem grundlegenden, mit vielen Traditionen der Sozialwissenschaften brechenden Buch gekommen ist. Schwerpunkte sind: jüdisches Elternhaus, preußisches Gymnasium, Erster Weltkrieg, Studium der Philosophie und der Medizin, Hinwendung zur Soziologie in Heidelberg, erster öffentlicher Auftritt auf dem Soziologentag in Zürich 1928, Assistentenzeit bei Karl Mannheim in Frankfurt, Grundlinien der Zivilisationstheorie, Exil und Wiederentdeckung in den 60er Jahren.

Hermann Korte

Über Norbert Elias.
Das Werden eines
Menschenwissenschaftlers

Suhrkamp

Umschlagbild: Norbert Elias. Foto Hermann Korte

suhrkamp taschenbuch 1558
Erste Auflage 1988
© by Hermann Korte 1988
Suhrkamp Taschenbuch Verlag
Alle Rechte vorbehalten, insbesondere das
des öffentlichen Vortrags, der Übertragung
durch Rundfunk und Fernsehen
sowie der Übersetzung, auch einzelner Teile.
Satz: Wagner GmbH, Nördlingen
Druck: Nomos Verlagsgesellschaft, Baden-Baden
Printed in Germany
Umschlag nach Entwürfen von
Willy Fleckhaus und Rolf Staudt

1 2 3 4 5 6 – 93 92 91 90 89 88

zu singen und zu sagen
      muß man ein Neues wagen
   was ungewiß ertragen
         riskieren und sich plagen
     muß suchen und versagen
         erfinden und erfragen
                das hat uns frei gemacht

            Norbert Elias, Lehrgedicht

Inhalt

Erstes Kapitel
Ein langes Leben hat seine Vorteile –
oder: Die späte Karriere eines Buches 13
Vorabdruck und erste Drucklegung von »Über den Prozeß der
Zivilisation« (1937/1939) / Der Monopolisierungsprozeß: Zur
Besprechung von Franz Borkenau / Soziogenese und Psychogenese: Zur Besprechung von S. H. Foulkes / Kultur und Zivilisation: Zur Besprechung von Menno ter Braak / 30 Jahre Stillschweigen / Die Wiederentdeckung / Soziologie und Geschichtswissenschaft / Was ist Soziologie? / Entstehung eines Berufes /
Engagement und Distanzierung / Etablierte und Außenseiter /
»Über den Prozeß der Zivilisation«: Der Schatten des großen Buches

Zweites Kapitel
Zum Plan dieser wissenschaftlichen Arbeit 35
Biographien und Biographen / Umgebung als Milieu / Norbert
Elias: Werk und Biographie

Drittes Kapitel
Vor dem Spiegel 45
Der undurchsichtige Spiegel: Erinnerungen an den ersten Soziologen / Stadien der Entwicklung des Wissens und Erkennens / Anlässe zur Comte-Kritik / Schreibend sich selbst sehen: Die Soziologen und die Gesellschaft / Der Blick auf die Menschen und ihr
Zusammenleben: Karl Marx / Klassen und Klassenkämpfe / Die
Auffassung von der Geschichte / Das Problem der Ideologie: Der
gedrehte Spiegel / Heidelberg und die Soziologie

Viertes Kapitel
Kindheit, Jugend, Reifezeit 63
Jüdische Mittelschicht und preußisch-humanistische Erziehung:
Die Eltern, ›Fräuleins‹, Lehrer und Schulkameraden / Konturen
der Persönlichkeit: Selbstdisziplin und intellektuelle Arbeit / Elias
und Richard Hönigswald: Die Auseinandersetzung mit dem Doktorvater / Jüdische Jugendbewegung: Der Wanderbund BlauWeiß / »Vom Sehen in der Natur«: Zur Kritik der Philosophie /
»Einander die Lampen übergeben« / Von der Philosophie zur
Soziologie

Fünftes Kapitel
Alt Heidelberg – du Feine   91
Max Weber und das intellektuelle Klima / Der Gegensatz der Bezugspersonen: Alfred Weber und Karl Mannheim / Eine herausgehobene Position: Elias' erste Zeit in Heidelberg

Sechstes Kapitel
Erster Auftritt beim Soziologentag in Zürich   99
September 1928: Die Kontroverse zwischen Karl Mannheim und Alfred Weber / Gesellenstück, Teil 1: Beitrag zur Diskussion über »Die Konkurrenz« / Gesellenstück, Teil 2: Beitrag zur Diskussion über »Anfänge der Kunst« / 1929/30: Von Heidelberg nach Frankfurt

Siebtes Kapitel
Das Ende in Frankfurt.   111
Assistent von Karl Mannheim: Elias' Wirken am Soziologischen Seminar / Der Faschismus als Schlachtenlärm / Die Habilitationsschrift: Der höfische Mensch und die höfische Gesellschaft / Exkurs in die Gegenwart, Teil 1: Zentralisierungsschübe und kommunale Selbstverwaltung / Exkurs in die Gegenwart, Teil 2: Der Zusammenhang von Raumstruktur und sozialem Verhalten / Das plötzliche Ende

Achtes Kapitel
Das große Buch.   133
Die Entdeckung der Manierenbücher / Transformationsphasen und Klassenkämpfe / Psychogenese und Psychoanalyse / Wandlungen in den Einstellungen zu den Beziehungen zwischen Männern und Frauen / Zivilisierung und Triebregulierung: Die Trennung von intimer und öffentlicher Sphäre / Konkurrenz und Interdependenz / Zivilisations- und Staatsbildungsprozeß / Im Mittelpunkt der Soziologie: Menschen und ihre Verflechtungen / Der Verlust des Prozeßcharakters: Mißverständnisse des Figurationsbegriffes / Versuche der Kritik / Eine neue Synthesestufe / Elias' Land Utopia

Neuntes Kapitel
Hoffen und Warten   171
Exil I: Paris / Exil II: London / Ein Briefwechsel mit Walter Benjamin / Morris Ginsberg, Karl Mannheim und die L. S. E. / Universität im Internierungslager / Im Vorhof der Universität / Noch einmal von Heidelberg nach Frankfurt

Zum Schluß: Vielerlei Dank	187
Bibliographie	189
Verzeichnis der Abkürzungen	196
Abbildungsnachweis	197

Den Freunden in Griechenland

Erstes Kapitel

Ein langes Leben hat seine Vorteile – oder:
Die späte Karriere eines Buches

Im Sommer 1939 verbrachte Thomas Mann mit seiner Frau Katja einige Ferienwochen im holländischen Seebad Noordwijk. Man wohnte im Huis ter Duin. Unter der Post, die am 26. Juli kam, war auch ein Bücherpaket. Thomas Mann notierte in seinem Tagebuch: »Es kam über den Prozeß der Civilisation von N. Elias.« Am 31. Juli bedankt er sich beim Autor: »Schrieb an Dr. Elias, London, über seine Geschichte der Civilisation.« Aber er liest auch in dem Buch, macht entsprechende Eintragungen im Tagebuch (27. Juli, und 5. August) und kommt, nun schon zurückgekehrt nach Zürich, am 8. August zu der Feststellung: »Das Buch von Elias wertvoller als ich dachte, namentlich die Bilder aus dem späten Mittelalter u. der ausgehenden Ritterzeit.«[1]

Diese kurzen Notizen, eine zweiteilige Besprechung in einer Fachzeitschrift, drei Besprechungen in Schweizer Presseorganen, in der *Neuen Zürcher Zeitung* und in der Baseler *Nationalzeitung* sowie in den *Schweizer Monatsheften*[2] sollten für lange Zeit die einzigen deutschsprachigen Reaktionen auf das 836 Seiten lange Buch sein, das Norbert Elias unter dem genauen Titel »Über den Prozeß der Zivilisation. Soziogenetische und psychogenetische Untersuchungen« in zwei Bänden im Baseler Verlag *Haus zum Falken* 1939 veröffentlichte. Der erste Band trägt den Untertitel »Wandlungen des Verhaltens in den weltlichen Oberschichten des Abendlandes«, der zweite »Wandlungen der Gesellschaft. Entwurf einer Theorie der Zivilisation«.

Der Verlag *Haus zum Falken* war 1936 von Dr. Fritz Karger in

---

1 Thomas Mann: Tagebücher 1937-1939. Hrsg. von Peter de Mendelssohn. Frankfurt/Main 1980, S. 440 ff.
2 P. A. S.: Rezension zu »Norbert Elias: Über den Prozeß der Zivilisation. Bd. 1 Basel 1939«. In: Neue Zürcher Zeitung, 12.11.1939; Fritz Eduard Knochel: Rezension zu »Norbert Elias: Über den Prozeß der Zivilisation. Bd. 1 und 2. Basel 1939«. In: Baseler Nationalzeitung, 24./25. Juni 1939 und 4./5. November 1939; Eugen Curti: Rezension zu »Norbert Elias: Über den Prozeß der Zivilisation. Bd. 1 und 2. Basel 1939«. In: Schweizer Monatshefte XXII (1942), S. 74-75.

NORBERT ELIAS

ÜBER DEN PROZESS DER ZIVILISATION

SOZIOGENETISCHE UND PSYCHOGENETISCHE UNTERSUCHUNGEN

«La civilisation ... n'est pas encore terminée.»
(Holbach, Système Sociale, 1774)

ERSTER BAND

VORABDRUCK 1937

Abb. 1: Deckblatt des Vorabdrucks von 1937

enger Verbindung mit dem 1933 als nicht-arisch aus Berlin exilierten Verlag S. Karger gegründet worden. Der Verlag machte es sich zur Aufgabe, deutschsprachige Arbeiten, die im Deutschen Reich nicht veröffentlicht werden konnten, zu verlegen. Das Buch von Norbert Elias war ein solcher Fall.

Vorabdruck und erste Drucklegung von »Über den Prozeß der Zivilisation« (1937/1939)

Elias hatte zunächst 1937 von dem ersten Band einen Privatdruck bei der Firma C. Schulze & Co. GmbH in Gräfenhainichen, einem kleinen Ort auf halber Strecke zwischen Bitterfeld und Wittenberg, herstellen lassen. Den einzelnen Exemplaren war ein Zettel beigelegt mit der folgenden Ankündigung: »Dieses Werk wird in dem Verlage *Academia Prag* erscheinen. Die als Vorabdruck gekennzeichneten Exemplare sind nicht für den Handel bestimmt.« Franz Borkenau und S. H. Foulkes, auf deren Besprechungen ich weiter unten noch eingehen werde, hatten als gute Bekannte ein solches Exemplar aus dieser ersten Drucklegung. Elias hatte auf Vermittlung von Gisèle Freund im April 1938 auch an Walter Benjamin ein Exemplar geschickt. Zu einer Besprechung in der Zeitschrift des Instituts für Sozialforschung ist es aber, wie wir im letzten Kapitel noch sehen werden, nicht gekommen.

Nach der Okkupation der Tschechoslowakei durch das Dritte Reich war der Plan der Veröffentlichung bei dem Prager Verlag nicht mehr realisierbar. Auf der Suche nach einem anderen Verlag stieß Elias auf Fritz Karger und bot ihm die bereits hergestellten Druckbögen an.

Als Fritz Karger das Buch 1938 kennenlernte, war er überzeugt, daß der Inhalt wichtig und eine Veröffentlichung notwendig und wünschenswert sei. So ließ er nach Absprache mit dem deutschen Druckhaus »noch einige hundert Exemplare« mit der Angabe seines Verlages drucken, mußte dann jedoch bei allen Exemplaren die Angabe ›Printed in Germany‹ mit chinesischer Tinte schwärzen, um bei den »Interessenten in der Freien Welt« nicht die Vorstellung zu wecken, »daß sie mit dem Kauf des in Deutschland gedruckten Buches die Nazis unterstützten (sie konnten ja nicht wissen, daß dafür keinerlei Devisen nach

Deutschland gezahlt waren)«[3] – zumindest tat er das bei den Exemplaren, die er damals verkaufte. Ich konnte 1964 ein unaufgeschnittenes Exemplar des zweiten Bandes erwerben, das ungeschwärzt war. Vielleicht lag dieses aber auch daran, daß der deutsche Drucker Anfang 1939 zunächst nur den ersten Band auslieferte, der dann auch gesondert verkauft wurde. Die Exemplare des zweiten Bandes erhielt Fritz Karger erst im Sommer 1939, kurz vor Ausbruch des Krieges.

Mit dem Ausbruch des Zweiten Weltkrieges verminderten sich die Absatzchancen noch mehr. Die Menschen hatten andere Sorgen. Die postalischen Verbindungen wurden nach und nach unterbrochen. Zeitungen, die unter normalen Verhältnissen vielleicht Besprechungen gebracht hätten, konnten mit zunehmender Besetzung der Nachbarstaaten durch die deutsche Wehrmacht nicht mehr erscheinen. Aber auch in England wurden zeitbedingt wissenschaftliche Zeitschriften eingestellt, da Menschen, Geld und Interesse fehlten.

Der Monopolisierungsprozeß: Zur Besprechung von Franz Borkenau

So wurde z. B. *The Sociological Review*, in der Franz Borkenau seine zweiteilige Besprechung des Zivilisationsbuches veröffentlichte, Ende 1941 vorläufig eingestellt und nahm damit das Schicksal kurzlebiger wissenschaftlicher Zeitschriften: Sie geraten in Vergessenheit, da sie für Renommees und Karrieren bedeutungslos geworden sind. Die Besprechung des ersten Teils erschien bereits im Juli 1938, die des zweiten Teils im Oktober 1939.[4]

Borkenau benutzte ein Exemplar des Vorabdrucks und gab für den ersten Band als Verlag »*Schulze*, Germany 1937« an. Er war ein guter Bekannter von Elias aus der Frankfurter Zeit. Er gehörte zum Kreis des Instituts für Sozialforschung, in dessen Ge-

---

3 Fritz Karger: Fata Libelli. In: Peter Gleichmann, Johan Goudsblom, Hermann Korte (Hrsg.): Human Figurations. Essays for/Aufsätze für Norbert Elias. Amsterdam 1977, S. 23-24 (hier: S. 23). Dieser Band wird im folgenden als ›Human Figurations‹ zitiert.

4 Franz Borkenau: Rezension zu »Norbert Elias: Über den Prozeß der Zivilisation. Bd. 1 u. 2. Basel 1939«. In: Sociological Review XXX (1938), S. 308-311 und XXXI (1939), S. 450-452.

bäude Elias als Assistent von Karl Mannheim arbeitete. Wahrscheinlich reichen die Verbindungen aber bis in die Jahre davor in Heidelberg zurück. Borkenau war ein Gefährte von Richard Löwenthal, der diesem als Vorsitzender der Kommunistischen Studenten-Fraktion (KoStuFra) folgte. Beide traten 1929 zur gleichen Zeit aus der Kommunistischen Partei und damit aus der KoStuFra aus, der nur eingeschriebene Mitglieder der KP angehören konnten. Richard Löwenthal gehörte zu dieser Zeit zu einem informellen Freundeskreis, »in dessen Mittelpunkt Elias stand«[5]. Nach der Exilierung ging Borkenau 1934 nach London, wo auch Elias ab Herbst 1935 lebte. Beide waren später Dozenten an der Abteilung für Erwachsenenbildung der University of London. Seine Besprechung war sicher ein Freundesdienst, aber nicht nur das. Das Eliassche Buch mußte ihn schon deshalb interessieren, weil er selbst über die Frage gearbeitet hatte, wie es im Verlauf von Jahrhunderten zur Herausbildung bestimmter Machtmonopole gekommen ist.

Elias zeigt in seinem Buch, wie im 10. und 11. Jahrhundert Frankreich noch aufgeteilt war in viele kleine souveräne Gebiete, deren Regenten ständig in kriegerische Auseinandersetzungen verwickelt waren. Ab dem 12. Jahrhundert gelingt es dann einer zunehmend kleiner werdenden Schar von Adelsgeschlechtern, Kontrolle auch über zunehmend größer werdende Territorien zu bekommen. Diese Kontrolle konnte mit der Zeit wirksam ausgeübt werden, weil nach und nach zwei Monopole in die Hand der Regierenden kamen: das Gewaltmonopol und das Steuermonopol. Monopolbildung ist bei Elias ein Prozeß, der zunächst innerhalb einzelner Regionen und dann zwischen regionalen Machthabern stattfindet. Der Monopolmechanismus, einer der zentralen Aspekte des Zivilisationsprozesses, führt zu einer sich verstärkenden Abhängigkeit von immer mehr Menschen, was zwei wichtige Folgen hat. Zum einen verändern sich Triebregulierungen und Affektleben und zum anderen die zwischenmenschlichen Machtbalancen.

In seinem Buch »Der Übergang vom feudalen zum bürgerlichen

---

5 Richard Löwenthal machte diese Angaben in einem autorisierten Interview, das Reinhard Blomert am 4. Juni 1986 mit ihm führte. Es existiert eine bisher unveröffentlichte Niederschrift des Gesprächs, das im folgenden als »Interview ›R. Löwenthal‹« zitiert wird.

Weltbild«[6] hatte Borkenau die Denkformen des 17. Jahrhunderts in Beziehung gesetzt zur Entstehung der Manufaktur, der er eine modellhafte Rolle bei der Entstehung neuer Auffassungen von Natur und Gesellschaft zuschrieb. Borkenau war damals noch an der marxistisch-leninistischen Geschichtsauffassung orientiert und verband die Entstehung neuer Denkformen mit Klassenkämpfen. Die Wandlungen des gesellschaftlichen Seins erklärten die Umwandlungen des Wissens, eine Sichtweise, die Elias wegen ihrer monokausal ausgerichteten Erklärungsstruktur nicht teilte.

Gibt es so bei dem Ausgangspunkt der beiden Bücher einige Gemeinsamkeiten, so gilt dies jedoch kaum für den Inhalt. Elias' Ansatz ist, wie wir noch sehen werden, ganz sicher nicht der historisch-materialistischen Schule zuzuordnen. Im Gegenteil: Thema und These sind die gegenseitigen Verflechtungen der verschiedenen Lebensbereiche. So kann es nicht verwundern, daß Borkenaus Besprechung des ersten Teils noch geradezu enthusiastisch ausfiel: »In dieser bemerkenswerten Untersuchung sind präzise historische Forschung und generalisierende theoretische Interpretation in einer fast einzigartigen Art und Weise miteinander verbunden, die an die beste Tradition Max Webers und seiner Schule erinnert ... Kein Student der Soziologie, der an dem Grenzbereich zwischen individueller Psychologie und gesellschaftlicher Struktur interessiert ist, kann es sich leisten, an diesem Buch vorbeizugehen.«[7] Beim zweiten Band hatte er dagegen Probleme und Einwände, vor allem bezüglich der Bedeutung von Gewaltmonopolen für die Ausbildung des Über-Ich. Auch wenn Borkenau sich damals schon in einem Prozeß der Abwendung vom Marxismus befand, standen ihm hier wohl seine eigenen Arbeiten vor Augen.

---

6 Franz Borkenau: Der Übergang vom feudalen zum bürgerlichen Weltbild. Studien zur Geschichte der Philosophie der Manufakturperiode. Paris 1934.
7 Übersetzung zitiert nach Johan Goudsblom: Aufnahme und Kritik der Arbeiten von Norbert Elias in England, Deutschland, den Niederlanden und Frankreich. In: Johan Goudsblom, Peter Gleichmann, Hermann Korte (Hrsg): Materialien zu Norbert Elias' Zivilisationstheorie. Frankfurt/Main (2) 1982, S. 17-100 (hier: S. 22 f.). Dieser Sammelband wird im folgenden als »Materialienband I« zitiert.

Soziogenese und Psychogenese: Zur Besprechung von S. H. Foulkes

Eine zweite frühe, allerdings deutschsprachige Besprechung stammte von einem Bekannten aus Frankfurter Tagen. S. H. Foulkes veröffentlichte in der *Internationalen Zeitschrift für Psychoanalyse* 1939 und 1941 Besprechungen des ersten und zweiten Bandes des Zivilisationsprozeß-Buches.[8] Auch Foulkes benutzt für seine Besprechung des ersten Bandes den Vorabdruck, nennt allerdings als Erscheinungsort und -jahr »*Academia-Verlag*, Prag, Vorabdruck, 1937«. Er war beim Schreiben der Rezension wohl davon ausgegangen, daß die angekündigte Prager Ausgabe erscheinen werde. Diese Angabe hat lange Zeit für einige Verwirrung gesorgt. Da der Vorgang des Vorabdrucks mit der beigelegten Ankündigung nicht bekannt bzw. nicht klar war, wurde aufgrund der Angaben in der Rezension von Foulkes angenommen, das Buch sei auch in Prag erschienen.

Foulkes lebte als Psychoanalytiker in London und hatte nach der Exilierung seinen Namen geändert. In Frankfurt hieß er Fuchs und unterrichtete am Frankfurter Psychoanalytischen Institut, das wie das Institut für Soziologie im Hause des Instituts für Sozialforschung untergebracht war. In seinen autobiographischen Notizen erwähnt er aus der Frankfurter Zeit namentlich Elias, von dem er viel gelernt habe. Das Institut wurde von den Freud-Schülern Karl Landauer und Heinrich Meng geleitet. Aber es gibt darüber hinaus auch Verbindungslinien nach Heidelberg, die nahelegen, daß das Interesse, das Elias für die Arbeiten Freuds hatte, bereits dort entstanden war. Zu den Lehrkräften des Psychoanalytischen Instituts gehörten auch Erich Fromm und Frieda Reichmann, letztere war die Analytikerin und spätere Ehefrau des ersten. Beide hatten in Heidelberg gelebt.

Bei wem sich Elias in den 40er Jahren analysieren ließ, ist nicht bekannt. Sicher ist nur der Tatbestand der Analyse. Elias spricht in autobiographischen Interviews von seinem Analytiker, ohne daß damit etwas ausgesagt ist, ob es sich um einen Mann oder um eine Frau gehandelt hat. In jedem Fall arbeitete er in der Zeit in therapeutischen Gruppen mit. Später schrieb er (1969) zu ei-

---

8 Siegmund H. Foulkes: Rezension zu Norbert Elias: »Über den Prozeß der Zivilisation. Bd. 1 und 2. Basel 1939«. In: Internationale Zeitschrift für Psychoanalyse XXIV (1939), S. 179-181 und XXVI (1941), S. 316-319.

nem von Foulkes mit herausgegebenen Sammelband »Psychiatry in a Changing Society« einen Beitrag zum Thema »Sociology and Psychiatry«.[9]

Die zweiteilige Besprechung, die Foulkes veröffentlichte, war in gewisser Weise der Borkenaus ähnlich. Auch Foulkes mißt dem Buch große Bedeutung zu, möchte »Über den Prozeß der Zivilisation« am liebsten zu einem Standardwerk für Psychoanalytiker machen und lobt vor allem den ersten Band, in dem Elias seine soziogenetische Betrachtungsweise entwickelt, während er dem 2. Band reservierter gegenüber steht.

Ausgehend von seiner Überzeugung, daß soziologische Konzepte auf Menschen und die sich ändernden Beziehungen zwischen den Menschen zu beziehen sind, zeigt Elias vor allem im ersten Band an vielen Beispielen, daß es einen Zusammenhang gibt zwischen den Beziehungen der Menschen und ihrem individuellen Verhalten. Es verändern sich nicht nur die gesellschaftlichen Umstände, sondern auch der emotionale Haushalt, das Bewußtsein der beteiligten, miteinander verflochtenen Menschen wandelt sich als Ganzes. Moderne Gesellschaften und wirtschaftliche Monopole erfordern eine andere Form der Affektregulierung, sie sind reziprok, ohne diese bestimmte Form der psychischen Haushalte weder zu errichten noch aufrechtzuerhalten. Der industrielle Facharbeiter unterscheidet sich nicht nur sozioökonomisch, sondern auch psychisch-emotional von dem Höfling am absolutistischen Hof und beide wiederum von dem Krieger des 11. Jahrhunderts. Soziogenese und Psychogenese gehören zusammen, sind aufeinander bezogen, miteinander verflochten.

Die Prozeßtheorie zur Entstehung und Ausbildung von Staaten erwähnt Foulkes ebensowenig wie Elias' Ausführungen zum Monopolmechanismus. Abgesehen davon, daß er vor allem an jenen Aussagen interessiert war, die ein besseres Verständnis von individuellen Persönlichkeitsentwicklungen ermöglichten, war wohl auch der Boden nicht bereitet für eine Sichtweise, von der Elias überzeugt war, daß sie ein besseres Verständnis der Prozesse der Staatenbildung ermöglichen würde.

---

9 Norbert Elias: Sociology and Psychiatry. In: Siegmund H. Foulkes/G. Steward Prince (Hrsg.): Psychiatry in a Changing Society. London 1969, S. 117-144. Dieser Aufsatz liegt auch als erweiterte und überarbeitete Übersetzung vor: ders.: Soziologie und Psychiatrie. Übersetzt von L. Mickel. In: Hans-Ulrich Wehler (Hrsg.): Soziologie und Psychoanalyse. Stuttgart 1972, S. 11-41.

Kultur und Zivilisation:
Zur Besprechung von Menno ter Braak

Während die beiden ersten Besprechungen wenig zur Rezeption des Buches beigetragen haben, ist dies bei der dritten hier zu erwähnenden Rezension anders. Der holländische Soziologe Johan Goudsblom wurde durch eine Besprechung, die Menno ter Braak am 27. August 1939 geschrieben hatte[10] und auf die Goudsblom Anfang der 50er Jahre stieß, auf das Buch aufmerksam. »Als ich es aus der Bibliothek holte und zu lesen begann, war ich sofort gefesselt. Endlich lag ein Buch vor mir, das ein großes Spektrum bedeutender Probleme sowohl fachgerecht als auch kenntnisreich behandelte«.[11] Dies war der Beginn einer intensiven und weitgespannten Rezeption der Arbeiten von Elias in Holland, die zu einer Zeit fast schon zu einer Schulenbildung geführt hatte, als »Über den Prozeß der Zivilisation« in Westdeutschland noch als Geheimtip gehandelt wurde.

Menno ter Braak hatte nur den ersten Band besprochen. Die Besprechung des zweiten Bandes wurde durch den Ausbruch des Zweiten Weltkrieges verhindert. Als Historiker ausgebildet, hatte ter Braak sich vor allem mit Elias' Gegenüberstellung von Kultur und Zivilisation befaßt und Elias' Orientierung an Prozessen hervorgehoben.

Der erste Band beginnt nämlich mit einer ausführlichen Erörterung der begrifflichen Unterschiede zwischen Zivilisation und Kultur in Frankreich und Deutschland. Kultur war für die Intelligenz und das aufstrebende Besitzbürgertum in den vielen deutschen Staaten und Fürstentümern des 18. Jahrhunderts in ihrer Machtlosigkeit, ihrer ebenso erzwungenen wie gewollten Distanz zu den kleinen Machtzentren jenes Konzept, das den verfeinerten zivilisierten Sitten an den kleinen Fürstenhöfen entgegengesetzt wurde. Die deutschen Fürstentümer und Königreiche waren nicht groß genug, eigene Wege der Entwicklung höfischer Etikette zu gehen. Sie waren alle am Konzept der Zivilisiertheit, der Zivilisation orientiert, das am absolutistischen, französischen Hof als ›civilisation‹ oder ›civilité‹ entstanden war.

---

10 Menno ter Braak: Rezension zu »Norbert Elias: Über den Prozeß der Zivilisation. Bd. 1. Basel 1939«. In: Het Vaderland, 27. 8. 1939.
11 Johan Goudsblom: Aufnahme und Kritik der Arbeiten von Norbert Elias, a.a.O., S. 19.

Die sozialen Gründe für die Entstehung einer verfeinerten Etikette am französischen Hof des 17. und 18. Jahrhunderts und die soziale Karriere des Konzepts Kultur in Deutschland werden dargestellt und dann – und dies ist typisch für die Eliassche Arbeitsweise – als Argumentation weitergeführt. Es wird verallgemeinert und aufgezeigt, wie aus sozialen Unterschieden schließlich nationale Konzepte werden, ein Prozeß, der bis in die Gegenwart hineinreicht. Elias geht es nämlich auch um die Frage, wie es zur Entstehung moderner europäischer Staaten gekommen ist und warum die verschiedenen Staaten im christlichen Abendland so unterschiedliche Entwicklungen genommen haben.

Menno ter Braak kannte zumindest Elias' Namen. Beide hatten Beiträge geschrieben für die Emigrantenzeitschrift *Die Sammlung*, die Klaus Mann in Amsterdam beim Querido-Verlag redigierte und herausgab. Elias hatte dort 1935 einen kleinen Aufsatz über »Kitschstil und Kitschzeitalter«[12] veröffentlicht, und Menno ter Braak schrieb darüber in der Haager Tageszeitung *Het Vaderland*[13]. Aber auch hier gibt es noch einen anderen möglichen Weg, wie ter Braak auf das Buch von Elias aufmerksam geworden sein könnte. Er gehörte während Thomas Manns Aufenthalt im Huis ter Duin in Nordwijk im Sommer 1939 zu dessen gern empfangenen Gesprächspartnern. Gern empfangen nicht nur wegen der lobenden Besprechung von »Lotte in Weimar«, sondern vor allem, weil Thomas Mann ihn schätzte. Er nannte ihn »einen Freund, der die Zierde seines Lebens«[14] war. Er schrieb in seinem Nachruf auf ter Braak, der sich nach dem Einmarsch der Deutschen in Holland das Leben nahm, er sei »unbestechlich, leidenschaftlich und wachsam, im Vergangenen zu Hause und dabei der Zukunft liebevoll zugewandt«[15] gewesen. Es liegt nahe, daß beide auch über das Zivilisationsbuch gesprochen haben, das Thomas Mann in Nordwijk erhielt und das er dort teilweise las. Begegnungen mit ter Braak hat Thomas Mann während seines Ferienaufenthalts in Holland in seinem Tagebuch notiert.[16]

12 Norbert Elias: Kitschstil und Kitschzeitalter. In: Die Sammlung II (1935), S. 252-263.
13 Menno ter Braak: Rezension zu »Norbert Elias: Kitschstil und Kitschzeitalter. In: Die Sammlung II (1935), S. 252-263.« In: Het Vaderland, 8. 1. 1935.
14 Thomas Mann: Miszellen. Frankfurt/Main 1968, S. 229.
15 Thomas Mann: In memoriam Menno ter Braak. In: Reden und Aufsätze 2. Oldenburg 1960, S. 513-515 (hier: S. 514).
16 Thomas Mann: Tagebücher 1937-1939, a.a.O., S. 427 ff.

Es gab nach 1939 noch einige wenige weitere Rezensionen. Erwähnenswert ist noch die Rezension, die Raymond Aron, eine der großen Persönlichkeiten der französischen Soziologie, 1941 im vorläufig letzten Jahrgang von *Les Annales Sociologiques* veröffentlichte.[17] Aron war sehr angetan von der Originalität der Arbeit und der anschaulichen Darstellung der Verflechtungen von soziogenetischen und psychogenetischen Entwicklungen. Er verwies auch darauf, daß Elias die sich wandelnden Klassenverhältnisse mit in die Untersuchung einbezog, ein Tatbestand, der bis heute von Rezipienten oft (und gern) übersehen wird.

30 Jahre Stillschweigen

Auch Arons Besprechung verlor sich zunächst unter der deutschen Besetzung. Raymond Aron vergaß aber das große Buch nicht und hat seinen Einfluß geltend gemacht, als zu Beginn der 70er Jahre eine französische Übersetzung herauskommen sollte. Aber ebenso wie in Frankreich geriet bis in diese Zeit das mit so vielen Lorbeeren versehene Buch für ca. 30 Jahre in ganz Europa in Vergessenheit.

Mit dem Buch geriet auch der Autor zunächst aus dem Blickfeld der Fachwelt. Er lebte in London im Exil unter wenig angenehmen Bedingungen, auf die ich noch zurückkommen werde. Erst 1954 erhielt er – nun schon 57 Jahre alt – eine Dozentenstelle an der Universität Leicester, 21 Jahre, nachdem er die Universität Frankfurt als Flüchtling verlassen hatte. Es dauerte dann noch 15 weitere Jahre, bis in einem Schweizer Verlag ein Nachdruck der ersten Auflage erschien, erweitert um ein langes Vorwort, in dem Elias die damals die Soziologie, die Soziologen und ihre Karrieren beherrschende nord-amerikanische Systemtheorie scharf angriff und darauf hinwies, daß sich die Soziologie bei rechtzeitiger Kenntnis seines Buches von 1939 diesen Irrweg hätte ersparen können. Die Neuauflage wurde allerdings zum Preis von DM 70,– angeboten, 1969 ein prohibitiver Preis, der eine angemessene Verbreitung stark behinderte.

Aber auch der Zeitpunkt war relativ ungünstig. In den Sozial-

---

17 Raymond Aron: Rezension zu »Norbert Elias: Über den Prozeß der Zivilisation. Bd. 1 und 2. Basel 1939«. In: Les Annales Sociologiques, Serie A, Bd. 4 (1941), S. 54-56.

wissenschaften – und nicht nur dort – war man damals gerade mit einer intensiven Marx-Rezeption beschäftigt. So erfolgten zwar einige Besprechungen in den Jahren 1969 und 1970[18], deren wichtigste die von Wolf Lepenies in der *Frankfurter Allgemeinen Zeitung* war[19], aber danach trat zunächst wieder Stillschweigen ein, das erst 1975 endete. Am letzten Augustwochenende des Jahres 1975 veröffentlichte die *Neue Zürcher Zeitung* eine ausführliche und sachkundige Besprechung von Christian Graf von Krockow.[20] Dieser wies auf die Umstände hin, die dazu geführt hatten, daß das Buch so lange im Verborgenen geblieben war, und benannte auch die Probleme der Rezeption nach 1969 knapp und zutreffend. »Erst 1969 wurde eine zweite Auflage möglich. Es sind freilich Zweifel daran erlaubt, ob wenigstens dies ein günstiger Zeitpunkt war, denn zu neumarxistischer Dogmatik paßt das Buch so wenig, wie zu geschichtsloser Systemtheorie.«

An der Besprechung fällt besonders auf, daß von Krockow auf die Bedeutung der Zivilisationstheorie für die Bearbeitung, das Verständnis und die Lösung heutiger Probleme hinwies. Er nannte drei Bereiche. Erstens rief er ins Gedächtnis, daß Elias' Untersuchungen des Königsmechanismus mit seiner Balance zwischen verschiedenen gesellschaftlichen Kräften auch »helles Licht auf Probleme wirft, die heute diskutiert werden, wenn es um die Frage geht, ob westliche Demokratien überhaupt noch ›regierbar‹ sind oder zunehmend unregierbar werden«. Der zweite Punkt betraf die Entwicklungsprobleme in der Dritten Welt, bei denen das Problem der Veränderung miteinander verflochtener psychischer und sozialer Strukturen besonders komplex sei. Bei Elias könne man viel über deren Mechanismen lernen, und schließlich sei drittens die Entstehung von Gewaltmonopolen mit ihrer äußeren und inneren Disziplinierung zu beachten, wenn in den 70er Jahren im Sinne fortschreitender Demokratisierung die Liberalität einer offeneren Ordnung als Gegensatz zum Obrigkeitsstaat postuliert werde. Individuum und Gesellschaft seien nicht ge-

---

18 Vgl. Johan Goudsblom: Aufnahme und Kritik der Arbeiten von Norbert Elias, a.a.O., S. 45 ff.
19 Wolf Lepenies: Rezension zu »Norbert Elias: Über den Prozeß der Zivilisation. Bd. 1 und 2. München, Bern (2) 1969«. In: Frankfurter Allgemeine Zeitung, 25. 11. 1969.
20 Christian Graf von Krockow: »Norbert Elias: Über den Prozeß der Zivilisation. Bd. 1 und 2. München, Bern (2) 1969«. In: Neue Zürcher Zeitung, 30./31. 8. 1975.

trennte Wesenheiten, und »so bilden Selbstbeherrschung und Demokratisierung wechselbezügliche und unerläßliche Bestandteile in dem immer nur langfristig zu leistenden, niemals abgeschlossenen und stets gefährdeten Prozeß der Zivilisation«.

Die Wiederentdeckung

Allmählich rückte der »Prozeß der Zivilisation« ins Bewußtsein der Sozialwissenschaften im weitesten Sinne. Der eigentliche Durchbruch kam aber erst, als 1976 eine Taschenbuchausgabe der zwei Bände beim *Suhrkamp Verlag* erschien. Der Lektor der Reihe *suhrkamp taschenbücher wissenschaft*, Friedhelm Herborth, hatte für die Aufnahme in diese Reihe plädiert, und der Verleger Siegfried Unseld stimmte zu. Zuvor hatte Elias noch dem Nachfolger des Verlages *Haus zum Falken*, dem Berner Verlag *Francke*, die Taschenbuchrechte abkaufen müssen. Der Verleger des Schweizer Verlages glaubte nicht an die Chance, das Buch als Paperback verkaufen zu können, und wollte wohl auch erst die teuren Leinenbände absetzen.

Nach der ganzen Vorgeschichte war an einen Erfolg auch nicht so ohne weiteres zu denken. Aber der Autor selber war – immer noch, müßte man sagen – von der Richtigkeit *und* der Wichtigkeit seines Buches überzeugt und gewiß, daß irgendwann das Buch endlich die gebührende Aufmerksamkeit finden würde. Noch 1976 hatte Fritz Karger in einem Beitrag für die 1977 erstellte Festschrift zum 80. Geburtstag von Elias geschrieben, er freue sich, daß das Buch nun einige Beachtung gefunden habe. Er schloß mit der Feststellung: »Wenn es (das Buch; H. K.) auch kein ›Bestseller‹ werden wird, kann es wohl ein ›Dauer-Seller‹ werden.«[21]

Das war eine Fehleinschätzung. *Suhrkamp* verkaufte im ersten Jahr ca. 20 000 Exemplare. Mittlerweile sind mehr als 80 000 (!) Exemplare verkauft. Ein ungewöhnlicher Erfolg für ein wissenschaftliches, dazu noch soziologisches Buch. *Suhrkamp* wurde zum Hausverlag von Elias. Nach Friedhelm Herborth nahm sich nun auch Siegfried Unseld der Sache mit großem persönlichen Engagement an. Seit 1977 hat der *Suhrkamp Verlag* sieben wei-

---

21 Fritz Karger: Fata Libelli, a.a.O., S. 24.

tere Bücher von Elias herausgebracht[22] und hat sich darüber hinaus auch mehrerer Arbeiten angenommen, die Freunde und Schüler geschrieben haben. Außerdem sind die Materialienbände I und II im *Suhrkamp Verlag* erschienen.

Es war deshalb nur korrekt, daß von Krockow im Untertitel seiner Besprechung von »Über den Prozeß der Zivilisation« hinzufügte: »Zu einem Werk von Norbert Elias«; denn zum damaligen Zeitpunkt waren in Deutschland bereits bei *Luchterhand* »Die höfische Gesellschaft« (1969) und beim *Juventa-Verlag* »Was ist Soziologie?« (1970) erschienen. »Die höfische Gesellschaft« war der überarbeitete und erweiterte Text der Habilitationsschrift, die Elias im Februar 1933 eingereicht hatte. Als er fliehen mußte, war zwar das Habilitationsverfahren bis auf das öffentliche Kolloquium bereits so gut wie abgeschlossen gewesen, konnte aber nicht zu Ende geführt werden. Ergänzt wurde der Text 1969 durch Zusätze, die später entstanden, und eine lange Einleitung über »Soziologie und Geschichtswissenschaft«, in der Elias deutlich machte, wo die Unterschiede seiner auf die Untersuchung langfristiger Prozesse angelegten Soziologie zur etablierten Geschichtsschreibung lagen.[23]

Soziologie und Geschichtswissenschaft

Am Schluß der Einleitung über »Soziologie und Geschichtswissenschaft« faßte Elias drei Punkte zusammen. Erstens litten historische Untersuchungen an der Heteronomie ihrer Wertungen. Die persönliche Wertskala der Historiker und ihre Ideale gewännen häufig die Oberhand gegenüber dem, was in dem jeweils zu untersuchenden Zeitabschnitt wichtig gewesen sei. Die soziologische Untersuchung verlange dagegen »strengere Zurückhaltung der persönlichen Gefühle und Ideale des Forschers oder, mit anderen Worten, eine größere Autonomie der Bewertung«.[24] Im zweiten Punkt kritisierte Elias, daß die Geschichtswissenschaft sich zu sehr auf einzelne Personen konzentriere. Dies sei nicht nur

---

22 Siehe Bibliographie.
23 Norbert Elias: Die höfische Gesellschaft. Untersuchungen zur Soziologie des Königtums und der höfischen Aristokratie. Mit einer Einleitung: Soziologie und Geschichtswissenschaft. Frankfurt/Main 1983, S. 49 ff.
24 A.a.O., S. 50.

methodisch falsch, sondern auch Ausdruck einer Ideologie, die aus der Vorstellung der Einmaligkeit und Individualität von Personen bestehe. Der vermeintlichen Dichotomie von Freiheit und Determinismus wolle man zugunsten der Freiheit entgehen. Dies sei im übrigen eine Position, die auch die Systemtheorie, deren prominentester Vertreter Talcott Parsons sei, verdeckt vertrete. Soziologische Untersuchungen, wie die zur »höfischen Gesellschaft« im 17. Jahrhundert zeigten aber eine relative Autonomie *und* eine relative Abhängigkeit der Menschen, die sich in Figurations-Modellen darstellen ließen. »Erst mit Hilfe solcher Modelle kann man den Entscheidungsspielraum eines einzelnen Individuums innerhalb seiner Interdependenzketten, den Bereich seiner Autonomie und die individuelle Strategie seiner Verhaltenssteuerung überprüfen und der Erklärung näher bringen.«[25]

Der dritte Punkt schließlich, der mit den beiden vorangegangenen eng zusammenhängt, verweist auf das Theoriedefizit der Geschichtswissenschaft: »Der Fundus des gesicherten historischen Einzelwissens wächst, aber das Wachstum des gesicherten Wissens von den Zusammenhängen der Details hält damit nicht Schritt.«[26] Das Fehlen einer »gesicherten Basis für die Darstellung von Zusammenhängen der Geschichte« führt zu Interpretationen, »die durch kurzfristige Wertungen und Ideale der Forscher« bestimmt sind. Komplementär zum Wechsel dieser Ideale werde die Geschichte deshalb »immer wieder neu geschrieben«[27].

Während vor allem jene meist jüngeren Geschichtswissenschaftler, die bereits begonnen hatten, sich von der auf Personen ausgerichteten Historiographie zu lösen, Elias entweder zustimmten oder aber darauf verwiesen, er renne bereits offene Türen ein, blieb die Resonanz bei den Soziologen gering. Man war, wie schon erwähnt, noch mit der Marx-Rezeption beschäftigt. Ähnlich erging es dem 1970 mit einigen Jahren Verspätung erschienenen Buch »Was ist Soziologie?«. Wie die Rezeption gewesen wäre, wenn es, wie zunächst geplant und angekündigt, bereits 1967 erschienen wäre, kann man im Nachhinein nicht mehr sagen.

---

25 Norbert Elias: Die höfische Gesellschaft, a.a.O., S. 55.
26 A.a.O., S. 57f.
27 A.a.O., S. 58.

Was ist Soziologie?

»Was ist Soziologie?« erschien als Band 1 der Reihe »Grundfragen der Soziologie«, die zum einen aus übersetzten Titeln einer erfolgreichen nordamerikanischen Einführungsreihe und zum anderen aus Originalbeiträgen deutscher Autoren bestand. Dieter Claessens, der die Reihe herausgab, hatte Elias eher zufällig als Autor gewonnen. Ursprünglich war als Band 1 eine Übersetzung von Inkeles' »What is Sociology?« vorgesehen. Als Elias 1965 auf Einladung von Claessens als Gastprofessor in Münster war, erzählte Claessens Elias von seinen Plänen. (Ich saß, als dem Gast zugeordnete studentische Hilfskraft, dabei.) Claessens gab Elias das gerade eingetroffene Buch von Inkeles zur Information. Elias' Kommentar war deutlich: »›What is Sociology?‹. Das ist eine wichtige Frage, aber Herr Claessens, Sie können ganz sicher sein, Herr Inkeles weiß die Antwort nicht!«. Daraufhin überredete Claessens Elias, den Band selbst zu übernehmen. Dieser gab eine Zusage, die er nach fünf Jahren schließlich einlöste. Die meisten der 15 Bände der Reihe waren da schon erschienen.

In »Was ist Soziologie?« verdeutlicht Elias, daß Soziologie gegenüber den physikalisch-chemischen, biologischen Wissenschaften eine relativ autonome Disziplin ist. Die Entwicklung, die Strukturen und die Funktionsweisen der Gesellschaft, die Menschen miteinander bilden, müßten erst noch nach und nach erkannt werden. Dies sei ein Lernprozeß, der noch nicht abgeschlossen sei. Schon damals erteilte Elias den einheitswissenschaftlichen Vorstellungen einer für alle Wissenschaften gleichen Methode eine Absage. »Die Versuche, als das entscheidende Kriterium von Wissenschaftlichkeit eine bestimmte Methode hinzustellen, treffen nicht den Kern der Sache ... Systematische Beobachtungen erhalten für Menschen überhaupt erst einen Sinn und Wert als Werkzeug der Erkenntnis, wenn sie eine Vorstellung von einem Gegenstandsgebiet entwickeln, die es sinnvoll erscheinen läßt, systematische Beobachtungen anzuwenden, um sich dieses Gebiet zu erschließen.«[28]

Die angestrebte relative Autonomie einer Wissenschaft ist an drei Voraussetzungen gebunden: Erstens an eine »relative Autonomie des Gegenstandsgebietes einer Wissenschaft innerhalb des

---

28 Norbert Elias: Was ist Soziologie? München 1970, S. 60 f.

gesamten Universums der Geschehenszusammenhänge«, zweitens an eine relative Unabhängigkeit der »wissenschaftlichen Theorie von diesem Gebiet«, und schließlich ist drittens auch eine relative Selbständigkeit im Institutionsgefüge der akademischen Betriebe notwendig.[29] Die Schwierigkeit, diese relative Autonomie nach und nach zu gewinnen, zeigt Elias plastisch, wenn er die Anfänge der Soziologie bei Auguste Comte nachzeichnet. Das Hauptverdienst Comtes besteht für Elias darin, »daß er als ›Subjekt‹ der Erkenntnis nicht einen einzelnen Menschen, sondern die menschliche Gesellschaft ansetzte«[30]. Aber es werden auch die Schwierigkeiten für die Soziologie und die Soziologen deutlich, langfristige Entwicklungen im Hinblick auf das eigene Schicksal zu verstehen und gleichzeitig Schlüsse zu ziehen für das Leben in der Gesellschaft, die der Untersuchungsgegenstand ist.

Die Einleitung zur zweiten Auflage von »Über den Prozeß der Zivilisation«, »Die höfische Gesellschaft« mit dem Vorwort zur »Soziologie und Geschichtswissenschaft« und das Einführungsbuch »Was ist Soziologie?« verdeutlichen Positionen, die bereits in der ersten Auflage des Zivilisationsbuches angelegt sind und deren erste Ansätze – wie wir noch sehen werden – noch weiter, bis in die Studentenzeit Anfang der 20er Jahre zurückreichen. In dem narrativ gehaltenen Text von 1939 sind sie meist nicht explizit gemacht, sondern eher verschlüsselt. Nur der Kenner der soziologischen Fachdiskussion, wie sie die Soziologen in den 20er und zu Anfang der 30er Jahre breit geführt haben, kann das dem Text entnehmen. Es fehlt auch ein umfangreicher Anmerkungsapparat, wie man ihn aus ›normalen‹ wissenschaftlichen Veröffentlichungen kennt. Dies gilt in eingeschränktem Maße auch für »Die höfische Gesellschaft« und »Was ist Soziologie?«, aber in diesen Veröffentlichungen und in der Einleitung zur zweiten Auflage macht Elias explizit, welche Themen, Fragen und Probleme der allgemeinen Soziologie ihn interessieren. Dieses Arbeitsprogramm war aber, wie Wolf Lepenies in seiner Besprechung vom 25.11.1969 richtig feststellte, »implizit freilich in den zwei Bänden von 1939 enthalten«.

Inzwischen hat Elias in einer Reihe von Buchveröffentlichungen und Aufsätzen dezidiert in die Debatten eingegriffen, die zwischen Soziologen über die Möglichkeiten und Bedingungen der

---

29 Norbert Elias: Was ist Soziologie?, a.a.O., S. 62 f.
30 A.a.O., S. 37

Soziologie geführt werden.[31] Aber auch hier würde man sich täuschen, wenn man den Eindruck gewänne, dies sei eine jüngere Entwicklung bei ihm – oder dieses seien neue Themen für die Soziologie. Die Frage, ob und wie sehr Soziologie eine relativ autonome Wissenschaft ist, ob ihr Gegenstand abstrakte, ahistorische Denkfiguren oder gesellschaftliche Prozesse sind, und welche Aufgaben sich dem Soziologen innerhalb der Gesellschaft, zu der er gehört, stellen, all dies findet sich bereits in dem ersten großen Werk von 1939 und in den frühen Arbeiten und Äußerungen der 20er Jahre. Auch ist es nicht so, daß Elias sich erst in den deutschen Veröffentlichungen seit Ende der 60er Jahre dezidiert geäußert habe. Es gibt einige englischsprachige Aufsätze und ein Buch, in denen er seine Gedanken bereits weiter entwickelte und verschiedene Punkte erläuterte. Drei dieser Publikationen will ich ebenfalls kurz vorstellen.

Entstehung eines Berufes

1950 erschien ein Aufsatz in *The British Journal of Sociology*, der die Entstehung des Berufes des Marineoffiziers behandelte.[32] Es war der Versuch, die These von der Verflechtung von Soziogenese und Psychogenese, die in »Über den Prozeß der Zivilisation« vor allem für Deutschland und Frankreich entwickelt und dargestellt worden war, auf die Entwicklung der englischen Gesellschaft, beispielhaft ausgehend von der Entstehung eines bestimmten Berufes, anzuwenden. Die Parallelen sind eindeutig. Es sind nicht Einzelpersonen, die die Geschichte, hier also Berufe, machen. »It is the changing situation of a whole community which creates the conditions for the rise of a new occupation and determines its course of development.«[33] Auch fehlt es im ersten Teil des Aufsatzes nicht an Aussagen über die Vorteile soziologisch-

---

31 Neben »Engagement und Distanzierung« (Frankfurt/Main 1983) und »Über die Zeit« (Frankfurt/Main 1984) seien an dieser Stelle insbesondere die Aufsätze »Zur Grundlegung einer Theorie sozialer Prozesse« (ZfS VI (1977), S. 127-149) und »Über den Rückzug der Soziologen auf die Gegenwart (KZfSS XXXV (1983), S. 29-40) sowie »Wissenschaft oder Wissenschaften?« (ZfS XIV (1985), S. 268-281) genannt.
32 Norbert Elias: Studies in the Genesis of the Naval Profession. In: BJS I (1950), S. 291-309.
33 A.a.O., S. 291.

langfristiger Studien gegenüber der klassischen Geschichtsschreibung.

Die Studie sollte in drei Teilen veröffentlicht werden. So war es jedenfalls in der ersten Anmerkung des ersten Teils angekündigt worden. Leider ist nur dieser erste Teil erschienen. Er behandelt die sozialen Gruppen, aus denen sich die späteren Schiffsoffiziere als Berufsgruppen anfänglich rekrutierten. Der zweite Teil, der sich mit den gesellschaftlichen Spannungen zwischen den Gruppen befaßte und der dritte, der einen Vergleich der Entwicklungen in Frankreich und England bringen sollte, sind nicht mehr beendet worden. In einem 1986 erstellten Inventar der unveröffentlichten Manuskripte von Norbert Elias gibt es zu dem Thema umfangreiche Manuskriptteile aus den 50er Jahren und viele gesammelte Materialien, die einer Aufarbeitung wert sind.[34] Dies belegt auch eine paradigmatische Fallstudie, die 1977 in holländischer Sprache erschien.[35]

Engagement und Distanzierung

Im Jahre 1956 erschien dann, wieder in *The British Journal of Sociology,* der Aufsatz »Problems of Involvement and Detachment«[36], mit dem Elias erstmals nicht die Untersuchung eines oder mehrerer langfristiger Prozesse zum Anlaß nahm, auch allgemeine Überlegungen anzustellen, sondern sich direkt der Frage zuwandte, welche Voraussetzungen sich entwickeln müssen, damit Menschen Prozesse und Figurationen, in denen sie verflochten sind bzw. mit denen sie leben, überhaupt als solche erkennen können, und welche Schwierigkeiten überwunden werden müssen, um die gewonnenen Forschungsergebnisse in zunehmender Distanz von eigenen Wünschen und Idealen beurteilen zu können. Dieser Aufsatz, der in erweiterter Fassung 1983 als »Engagement und Distanzierung«[37] auf deutsch erschien, ist die wis-

---

34 Siehe hierzu: Michael Schröter: Bestandsaufnahme der vorhandenen wissenschaftlichen Manuskripte von Norbert Elias. Fotodruck. Bochum 1985.
35 Norbert Elias: Drake en Doughty: de ontwikkeling van een conflict. In: De Gids, CXL (1977), S. 223-237.
36 Norbert Elias: Problems of Involvement and Detachment. In: BJS VII (1956), S. 226-252.
37 Norbert Elias: Engagement und Distanzierung. Arbeiten zur Wissenssoziologie I. Herausgegeben und übersetzt von Michael Schröter. Frankfurt/Main 1983.

senssoziologische Verlängerung des Buches »Über den Prozeß der Zivilisation«. Bei den englischen Soziologen fand diese grundsätzliche Arbeit damals keine Resonanz. Ob dies anders sein wird, nachdem 1987 endlich eine wiederum erweiterte Fassung mit einer umfangreichen Einleitung in England und Nordamerika erschienen ist, muß abgewartet werden.

Hatte sich Elias in »Problems of Involvement and Detachment« eher grundsätzlich mit zentralen Problemen der Wissenschaft auseinandergesetzt, so konzentriert er sich in der 1965 erschienenen Studie »The Established and the Outsiders«[38] auf die empirische Untersuchung einer bestimmten Figuration von Menschen. Gemeinsam mit einem Schüler aus Leicester hatte er zwei unterschiedliche Einwohnergruppen in einem englischen Arbeiterviertel und deren Beziehungen untersucht.

Etablierte und Außenseiter

Der Hinweis auf die zwei Aufsätze und das Buch soll genügen, um zu belegen, daß Elias nicht erst ab 1965, nach seiner Rückkehr in den deutschen Sprachraum, sondern bereits im Exil in England an seinem großen Entwurf weiterarbeitete, wenn auch dort fast ohne entsprechende Resonanz. Im Fall des Buches »The Established and the Outsiders« kam zu dem englischen Desinteresse an dieser Art von Soziologie unglücklicherweise hinzu, daß der Verlag bald nach Erscheinen des Buches seine Arbeit einstellte. Es existieren nur wenige Exemplare in einigen englischen Universitätsbibliotheken. Eine deutsche Ausgabe wird erst in einigen Jahren erscheinen können.

»The Established and the Outsiders« ist trotz des empirischen Charakters in einer narrativen Sprache geschrieben und verzichtet wiederum auf einen ausführlichen Anmerkungsapparat, wie man es von anglo-amerikanischen Studien aus den 60er Jahren

---

38 Norbert Elias, John L. Scotson: The Established and the Outsiders. A Sociological Enquiry into Community Problems. London 1965. Zu der holländischen Übersetzung von Cas Wouters und Bram van Stolk »De gevestigden en de buitenstaanders. Een studie van de spanningen en machtsverhoudingen tussen twee arbeidersbuurten, Utrecht, Antwerpen 1976«, schrieb Norbert Elias eine neue Einleitung: »A Theoretical Essay on Established – Outsiders Relations« – die bisher nur in holländischer Sprache vorliegt.

gewöhnt war. Da Elias bei aller Vorliebe für diesen Stil, der zur Lesbarkeit ungemein beiträgt, sich mittlerweile klar darüber geworden war, daß man vom Leser nicht immer die Vorbildung und die Reflexionsbereitschaft erwarten kann, die notwendig wäre, die versteckten Hinweise auf zeitgenössische Diskussionen zu verstehen, hat er in drei ›Appendices‹ dezidiert Stellung bezogen, vor allem zu systemtheoretischen Gegenüberstellungen von Individuum und Gesellschaft, sozialer Ordnung und Abweichung und anderen Dichotomien, wie sie von der damals vorherrschenden Zentraltheorie benutzt wurden.

»Über den Prozeß der Zivilisation«: Der Schatten des großen Buches

Es bleibt also zunächst festzuhalten, daß von Elias zum Zeitpunkt der Wiederentdeckung – oder richtiger der Entdeckung – seiner Veröffentlichung aus dem Jahr 1939 bereits weitere wichtige Veröffentlichungen vorlagen. Mittlerweile – fast 20 Jahre sind seitdem vergangen – ist die Zahl der Publikationen stetig angestiegen. Wurde ihm noch in den 70er Jahren Aufmerksamkeit hauptsächlich als dem Autor von »Über den Prozeß der Zivilisation« zuteil, so ist Elias inzwischen ein wenig aus dem Schatten des ersten großen Buches, dem mittlerweile der Rang eines klassischen Werkes zukommt, herausgetreten. Sein langes Leben hat ihm das Glück und die Genugtuung einer späten Anerkennung seiner Pionierleistung gebracht. Er hat sich auf diesen späten Lorbeeren nicht ausgeruht, sondern zielstrebig daran weitergearbeitet, das soziologische Wissen über gesellschaftliche Prozesse und die Untersuchung der Figurationen, die Menschen miteinander bilden, auszubauen und weiter zu verbessern.

Der Ausgangspunkt seiner Arbeit bleibt aber doch »Über den Prozeß der Zivilisation«. Ich habe die Veröffentlichungen nach 1939 ja auch gerade deshalb kurz vorgestellt, weil sich von ihnen, auch wenn der Zusammenhang von Elias nicht immer explizit gemacht wird, Verbindungslinien zu der Arbeit von 1939 ziehen lassen. Damals hatte der Prozeß des Arbeitens und Nachdenkens von Elias ein Niveau, eine – um eine heutige Formulierung von ihm zu benutzen – Syntheseebene erreicht, mit der in der Geschichte der Soziologie eine neue Phase eingeleitet wurde, deren

Konturen nun von Veröffentlichung zu Veröffentlichung in ihrer Fruchtbarkeit und Bedeutung für die weitere Entwicklung der Disziplin immer deutlicher werden. Aber der entscheidende Schritt in eine neue Phase wurde mit den soziogenetischen und psychogenetischen Untersuchungen zum Zivilisationsprozeß, zu den Wandlungen des Verhaltens und dem Entwurf einer Theorie der Zivilisation bereits in der zweiten Hälfte der 30er Jahre getan.

Dieses Buch beschäftigt sich mit der Frage, wie es zu diesem – nach wie vor aktuellen – Klassiker gekommen ist. Wenn dabei nach den Umständen der Vorgeschichte gefragt wird, dann in dem Eliasschen Sinne, daß diese ›Umstände‹ die Beziehungen zwischen den Menschen sind. Ich will deshalb versuchen, die Voraussetzungen nachzuzeichnen und die Rahmenbedingungen aufzuzeigen, die die Entstehung von »Über den Prozeß der Zivilisation« notwendig und durch Elias möglich gemacht haben. Wenn ich das Buch, dessen Anlage im einzelnen im folgenden Kapitel erläutert wird, unter ein treffendes Motto stellen sollte, das das Werkleben von Norbert Elias angemessen kennzeichnet, dann würde ich mit Katharina Rutschky sagen: » ... nur selten ist die Geschichte so gerecht ...«[39]

---

39 Katharina Rutschky: Ein Stück deutscher Geschichte und Wissenschaft. Vorwort zu Margarete Freudenthal: Gestaltwandel der städtischen, bürgerlichen und proletarischen Hauswirtschaft zwischen 1760 und 1910. Frankfurt/Main 1986, S. VII-XXII (hier: S. VIII).

Zweites Kapitel
Zum Plan dieser wissenschaftlichen Arbeit

Bücher haben immer einen Entstehungszusammenhang; sie sind nicht urplötzlich da, fallen nicht schöpfungsgleich vom Himmel. Das gilt für nicht-wissenschaftliche ebenso wie für wissenschaftliche Literatur.

In der Belletristik gibt es Stile und Moden, plötzliche Durchbrüche neuer Formen und Sprachgestalten. Letztere sind seltene Ausnahmen, die dann die Literaturwissenschaftler besonders beschäftigen. Einem Schriftsteller wie Arno Schmidt und der Entschlüsselung seines Werkes ist sogar eine Zeitschrift, der *Bargfelder Bote*, gewidmet, in der sein Werk in allen Einzelheiten diskutiert und analysiert wird. Aber selbst in einem solchen Fall werden auch die biographischen Aspekte durchleuchtet. Dabei geht es nicht etwa um das eher plumpe Ziel, herauszufinden, wann der Autor zu schreiben begonnen, sondern ob es Lebensumstände gegeben hat, die in direktem oder indirektem Zusammenhang mit seinem literarischen Schaffen gestanden, Einflüsse ausgeübt oder Richtungen bestimmt haben. Ich will nicht verschweigen, daß mich eine Edition der Arno Schmidt Stiftung bei den Vorbereitungen insofern beeindruckt und beeinflußt hat, als die von Jan Philipp Reemtsma und Bernd Rauschenbach herausgegebene Studie »Wu Hi?«[1] eine besonders gut gelungene Mischung aus kritischer Literaturwissenschaft und Biographie ist, deren Dichte überzeugt.

Für wissenschaftliche Bücher gilt Analoges, nur hat man es hier oft leichter, die Zugehörigkeit zu einer bestimmten Schule als den Entstehungszusammenhang zu erkennen. Die erkennbare Zugehörigkeit zu einem Paradigma genügt in der Regel, Entstehungszusammenhänge zu erfassen. Seltener sind solche Bücher, durch die zahlreiche andere überflüssig werden. Ähnliches gilt für sogenannte Lebenswerke, die einen einmal gehabten Gedanken systematisch ausbeuten, indem sie alle Lebensbereiche nach und nach behandeln. Nur in solchen Fällen, wo ein Durchbruch erzielt wurde, ein neuer Abschnitt in der Entwicklung einer Wissenschaft begonnen hat, werden auch Fragen nach einem Entste-

---

[1] Jan Philipp Reemtsma, Bernd Rauschenbach (Hrsg.): Wu Hi? Arno Schmidt in Görlitz, Lauban, Greiffenberg. Zürich/Bargfeld 1986.

hungszusammenhang bedeutsam, die über die Einordnung in eine akademische Schule, eine Paradigma-Gemeinschaft hinausgehen. Dies gilt selbst für Naturwissenschaften. Ein lesenswertes Beispiel ist die Beschreibung von Watson über den Weg zur Entdeckung der DNS-Molekular-Struktur[2], wobei in diesem Fall besonders interessant ist, daß trotz der widrigen Umstände das gesteckte Forschungsziel erreicht wurde. Am Ende steht eine Entdeckung, auf der die heutige moderne Genforschung aufbaut, durch die sie erst möglich wurde.

Erst recht gilt dies für die Sozialwissenschaften, wobei vor allem die Personen im Mittelpunkt entsprechender Untersuchungen gestanden haben und stehen, mit denen Einschnitte in der Geschichte der Soziologie verbunden sind. So sind die Lebensumstände von Auguste Comte – er benutzte als erster den Begriff Soziologie für die zu Beginn des 19. Jahrhunderts neu entstehende Wissenschaft – ausführlich untersucht und dokumentiert worden. Der Lebenslauf von Karl Marx ist bis in die letzten Einzelheiten bekannt, deren Bewertung im Hinblick auf sein, einen neuen Weg weisendes Werk immer noch Gegenstand wissenschaftlicher Erörterungen und Kontroversen ist. Von den Soziologen des 20. Jahrhunderts gilt dies in besonderem Maße für Max Weber, wobei es die entsprechenden Forschungsunternehmungen schwer haben, den Schleier zu zerreißen, den seine Witwe Marianne Weber und andere Verwandte gezielt über die Biographie ausgebreitet haben. Die Interpretation seiner biographischen Daten und Umstände war in eine bestimmte Richtung gelenkt worden. Ein kleines Beispiel, das gleichzeitig die Wichtigkeit der Biographie für die Interpretation der Entstehungszusammenhänge zeigt, kann dies augenfällig belegen.

Biographien und Biographen

Folgt man den Angaben und Deutungen der von Marianne Weber veröffentlichten Biographie ihres 1920 verstorbenen Mannes – und alle bisherigen Biographien haben dies wegen des Fehlens anderer Quellen getan[3] –, dann hatte die Mutter einen entschei-

---

2 James D. Watson: Die Doppel-Helix. Ein persönlicher Bericht über die Entdeckung der DNS-Struktur. Einführung von Heinz Haber. Reinbek bei Hamburg 1973.
3 Marianne Weber: Max Weber. Ein Lebensbild. Tübingen 1926.

denden Einfluß auf die Sozialisation des jungen Max Weber. Die bildungsbürgerliche und religiös-pietistische Atmosphäre des von der Mutter geprägten Elternhauses soll das weitere Leben, seine Höhen und Tiefen bestimmt haben. Es liegt nahe, hier einen Zugang Webers zu seiner bekannten und bedeutenden Schrift »Die protestantische Ethik und der Geist des Kapitalismus« zu sehen, und man mag dabei zu der Interpretation kommen, daß die Bedeutung, die Weber der Religion zumißt, etwas mit seinem Elternhaus mütterlicherseits zu tun habe.

Bisher sind die Biographien dieser Interpretation gefolgt und haben auch die Charakterisierung des Vaters als eines bequemen, »zu Freude und Genuß« veranlagten »Bourgeois« übernommen, der nur wenige Interessen und sich mit seiner Bedeutungslosigkeit abgefunden hatte. Hinter der Einschätzung durch Marianne Weber verblassen alle anderen bekannten Fakten. Dirk Käsler hat gezeigt, daß auch eine ganz andere Charakterisierung des Vaters möglich und sogar naheliegend sei.[4] Max Weber sen. stammte aus einer reichen Leineweberfamilie Ostwestfalens. Er führte in Berlin ein großes Haus und war politisch sehr aktiv und auch wohl einflußreich. Von 1867-1897 war er, mit einer kurzen Unterbrechung, Mitglied des Preußischen Abgeordnetenhauses und von 1873-1884 des Deutschen Reichstages. Käsler schreibt dazu: »Das ›Lebensbild‹ und damit alle, die nach ihm schreiben – berichten davon... daß die Führer der Nationalliberalen Partei, Benningsen und Miquel, im Weberschen Haus verkehrten, daß die Abgeordneten Rickert und Kapp, der Finanzminister Hobrecht, aber eben auch die ›Sterne am Gelehrtenhimmel‹, Dilthey, Goldschmidt, Sybel, Treitschke und Mommsen, regelmäßig zum Besuch im Charlottenburger Haus weilten.«[5] Für Käsler ist es schwer vorstellbar, »daß alle diese Männer allein wegen der guten Zigarren – die die Söhne Max und Alfred nach dem Essen den Gästen reichen durften –, ... regelmäßig gekommen wären, wenn dieser nichts weiter war, als was die Schwiegertochter über ihn schrieb: ›er bleibt, was er ist: ein liberaler Bourgeois‹.«[6]

---

4 Dirk Käsler: Der retuschierte Klassiker. Zum gegenwärtigen Forschungsstand der Biographie Max Webers. Typoskript eines Referates bei der »Max-Weber-Tagung« der Deutschen Gesellschaft für Soziologie, Sektion: Soziologische Theorien, 19.-21. Juni 1986, S. 25 f.
5 A.a.O., S. 24 f.
6 A.a.O., S. 25.

Man sieht, es sind auch ganz andere Konstellationen des Herkunftsmilieus und entsprechende Interpretationen der Entstehungszusammenhänge wichtiger Arbeiten von Max Weber denkbar. Vielleicht war es gar nicht die religiöse Orientierung der Mutter, sondern die tatkräftig-kapitalistische Haltung des Vaters, die einen starken Einfluß auf den Sohn hatte. Da kommen dann leichte Zweifel auf, ob es nicht ganz andere Motive waren, die zu »Die protestantische Ethik und der Geist des Kapitalismus« geführt haben, was die Einschätzung der Schrift verschieben mag.

Ich will dies hier gar nicht entscheiden. Die kleine Geschichte ist nur ein Beispiel für die Bedeutung biographischer Angaben im Hinblick auf ein wissenschaftliches Werk. Sie zieht gleichzeitig die dringende Aufforderung nach sich, mit derartigen Wertungen höchst sensibel umzugehen. Auch dann, wenn ein so starkes Gestaltungsinteresse wie bei Marianne Weber fehlt, können frühzeitige Festlegungen und die Nichtberücksichtigung von Materialien die Aufmerksamkeit der Leser und eventuell späterer Autoren in eine falsche Richtung lenken.

Gleichwohl bleibt der Entstehungszusammenhang einer wissenschaftlichen Publikation von Interesse, und zwar auf jeden Fall dort, wo eine Arbeit nicht ohne weiteres einer Paradigma-Gemeinschaft zugeordnet werden kann. Für das hier zur Diskussion stehende Werk »Über den Prozeß der Zivilisation« und seinen Autor gilt dies in besonderem Maße. Das Buch läßt sich keiner der damaligen Paradigma-Gemeinschaften zuordnen. Der Autor gehörte, wie wir noch sehen werden, keiner soziologischen Schule an, ein Lehrer-Schüler-Verhältnis existierte auch nicht. Es reicht deshalb nicht aus, nur das Buch in seiner neuen Sichtweise vorzustellen, sondern man muß auch nach seiner Vorgeschichte, d. h. danach fragen, wie überhaupt und in welchem Zusammenhang es entstehen konnte.

Der sensible Umgang mit biographischen Daten ist dabei ein Teil einer schwierigen Aufgabe. Das hat nichts damit zu tun, daß Daten und Vorgänge diskret verschwiegen werden müssen oder sollen. Es ist vielmehr so, daß sich die Aufgabe im Prinzip nicht von der ›normalen‹ soziologischen Forschung unterscheidet. Persönliche Wünsche und Vorlieben, wie dies bei Marianne Weber ganz bestimmt der Fall war, haben zurückzustehen hinter einer möglichst genauen, objektadäquaten Beurteilung vorliegender Fakten. Auch ist den zeitbedingten Umständen Rechnung zu tragen. Die aktuellen Lebensumstände des Forschenden dürfen den damaligen Verhältnissen nicht übergestülpt werden. Denn es handelt sich um eine zurückliegende, gegenüber heutigen Lebensumständen abgrenzbare Zeitspanne, die im übrigen zu wenig Beachtung gefunden hat. Die Konzentration auf das große Buch verdeckt oft die biographisch-wissenschaftliche Vorgeschichte. Nicht eine umfassende Biographie ist also das Ziel, sondern der Versuch, Lebensumstände und Arbeitszusammenhänge nachzuvollziehen, die 50 Jahre und länger zurückliegen.

Mit der Konzentration auf zurückliegende Arbeitsphasen wird auch dem Tatbestand Rechnung getragen, daß das Werk von Elias nicht abgeschlossen ist. Er arbeitet weiter und darf für sich in Anspruch nehmen, noch weitere entscheidende ›Fort-Schritte‹ vor sich zu haben. Andererseits tut es diesem Anspruch keinen Abbruch, wenn man feststellt, daß »Über den Prozeß der Zivilisation« mittlerweile eines der großen klassischen Werke der Soziologie ist. Das relativiert keineswegs die anderen Arbeiten von Elias, sondern beschreibt einfach einen Tatbestand, an dem auch der Autor selbst, so er es wollte, nichts mehr ändern könnte, so wichtig und wertvoll ihm seine anderen Arbeiten erscheinen. Etwas anderes wäre es, wenn die ersten Arbeiten zu einer Art ›Frühwerk‹ stilisiert oder Versuche unternommen würden, den zivilisations-theoretischen Ansatz einer bestimmten Schule der Soziologie zu- oder sogar unterzuordnen. Derartige Versuche müßten den entschiedenen Widerstand des Autors hervorrufen, und bei vereinzelten Versuchen hat er auch entsprechend reagiert. Elias ist in der soziologischen Fachwelt präsent. So hielt er 1986 auf dem Hamburger Soziologentag, nun 89jährig, einen Vortrag über »Zivilisation und Technik«, durch den der zivilisationstheoretische Ansatz nicht nur in seiner Fruchtbarkeit bestätigt wurde, sondern auch Versuche ad absurdum geführt wurden, ihn und sein bisheriges Werk einer einheitswissenschaftlich-individualistischen Paradigma-Gemeinschaft einzuverleiben.[7]

---

[7] So z. B. Hartmut Esser: Figurationssoziologie und Methodologischer Individualismus. Zur Methodologie des Ansatzes von Norbert Elias. In: KZfSS XXXVI (1984), S. 667-702.
Siehe hierzu auch die folgenden Veröffentlichungen von Norbert Elias: Das Credo eines Metaphysikers. Kommentare zu Poppers ›Logik der Forschung‹. In: ZfS XIV (1985), S. 93-114; Wissenschaft oder Wissenschaften? Beitrag zu einer Diskussion mit wirklichkeitsblinden Philosophen. In: ZfS XIV (1985), S. 268-281.

Umgebung als Milieu

Ich werde mich auf einen bestimmten Abschnitt im Arbeitsleben von Elias konzentrieren. Im Mittelpunkt steht »Über den Prozeß der Zivilisation«, sein Entstehungszusammenhang, sein Inhalt und die Möglichkeiten, die sich für die wissenschaftliche Arbeit von Soziologen seitdem bieten. Durch Hinweise auf Arbeiten jüngerer Soziologen will ich zeigen, welche Möglichkeiten, sowohl in theoretischer als auch empirischer Hinsicht, eine auf Menschen und auf die prozeßhafte Entwicklung der Figurationen, die diese Menschen miteinander bilden, bezogene Soziologie hat, wie sie Elias seit den 30er Jahren vertritt.

Damit wird, zugegebenermaßen, nur ein Ausschnitt der Eliasschen Arbeiten behandelt. Das trägt einerseits dem Gedanken Rechnung, daß das Lebenswerk von Elias noch nicht abgeschlossen ist, andererseits ist die intensive Behandlung der genannten Thematik und der mit ihr verbundenen Literatur umfangreich genug, um als erste Einführung in Werk und Biographie dienen zu können. Einführungen können ein Selbststudium, die eigene Lektüre der behandelten Literatur grundsätzlich nicht ersetzen. Sie können auf die Grundpfeiler einer Position aufmerksam machen, und sie können, was hier versucht werden soll, durch die Darstellung des Entstehungszusammenhangs das Neue und Besondere der Position deutlich machen. Die Rezeption für die eigene wissenschaftliche Arbeit des Lesers, seine individuelle Erschließung des Werkes kann durch eine solche Einführung angeregt, unterstützt, vielleicht vor Irrwegen bewahrt, aber nicht durch sie ersetzt werden.

In Verbindung mit dem Entstehungszusammenhang habe ich absichtlich den Begriff ›Milieu‹ benutzt. Ich folge dabei mit Einschränkungen dem Vorschlag, den Dirk Käsler in seinem Buch »Die frühe deutsche Soziologie 1909-1934 und ihre Entstehungs-Milieus«[8] entwickelt und begründet hat. Seine zentrale Annahme lautet, daß es eine Reihe von Bestimmungsfaktoren gibt, mit denen sich die verschiedenen Entstehungsmilieus der frühen deutschen Soziologie zwar nicht abschließend, aber doch auch einsichtig unterscheiden lassen. Käsler unterscheidet drei Entstehungsmilieus: Erstens das Ursprungsmilieu, das meint die Um-

---

8 Dirk Käsler: Die frühe deutsche Soziologie 1909-1934 und ihre Entstehungs-Milieus. Eine wissenschaftssoziologische Untersuchung. Opladen 1984.

stände der Sozialisation in der Herkunftsfamilie, zweitens die Milieus der Erziehung und Ausbildung und schließlich drittens das akademische Karrieremilieu.

Man kann Käslers Grundannahme an einem Beispiel deutlich machen. Der bedeutendste deutsche Soziologe in den ersten 20 Jahren des 20. Jahrhunderts war ohne Zweifel Max Weber. Er wurde 1864 geboren, seine Eltern gehörten zum Bürgertum, waren protestantisch-liberal, lebten in Berlin. Weber besuchte ein humanistisches Gymnasium, studierte Jura in Berlin. Er war Protestant und liberaler Gesinnung.

Um die Mitte des 20. Jahrhunderts war einer der bedeutendsten deutschen Sozialwissenschaftler Max Horkheimer, einer der führenden Köpfe der Frankfurter Schule. Noch vor der Jahrhundertwende als Sohn bürgerlich-jüdischer Eltern in einer Mittelstadt in Süddeutschland geboren, besuchte er ein humanistisches Gymnasium, studierte zunächst Psychologie, lebte dann in Frankfurt ohne religiöse, aber mit dezidiert sozialistischer Orientierung.

In der Arbeit von Käsler steht noch kein einzelner Wissenschaftler im Mittelpunkt. Er versucht, Unterschiede in Generationengruppen herauszuarbeiten und für die Erklärung der Entwicklung der Soziologie im ersten Drittel des 20. Jahrhunderts zu nutzen. Dabei kommt er zu dem Schluß, daß die Ursprungs- und Erziehungs- und Ausbildungsmilieus zu ähnlich gewesen wären, als daß sich aus ihnen wesentliche Unterschiede in den soziologischen Positionen erklären ließen. Es seien vielmehr die akademischen Karriere-Milieus gewesen, die den entscheidenden Einfluß ausgeübt hätten. Er belegt dies in vielfältiger Form an Lehrer-Schüler- oder besser noch Meister-Jünger-Verhältnissen.

Ohne dem späteren Text vorzugreifen, kann man im Hinblick auf Elias feststellen, daß das Besondere seiner Biographie ist, daß er sich den prägenden Einflüssen bestimmter Karrieremilieus entziehen konnte. Es können keine Lehrer-Schüler-Verhältnisse ausgemacht werden, schon gar nicht ein Meister-Jünger-Verhältnis. Während es Käsler um die Darstellung von Gruppen ging, ihn Einzelschicksale nur als Teil seiner gesamten Erhebung interessieren konnten, und er seine Frage »Was waren das für Leute, die sich – einzeln und zusammen – daran machten, diese neue Wissenschaft, genannt ›Soziologie‹ zu begründen ...?«[9] nur pauschal beantworten konnte, soll hier der Lebensweg eines einzelnen

9 Dirk Käsler: Die frühe deutsche Soziologie, a.a.O., S. 22.

nachvollzogen werden. Dabei soll vor allem gezeigt werden, daß sich bereits in jungen Jahren, im Ursprungs-, aber besonders im Erziehungs- und Ausbildungsmilieu die Konturen eines wissenschaftlichen Programms zeigen, an denen Elias dann sein Leben lang arbeitet.

Norbert Elias: Werk und Biographie

Die Quellenlage ist so, daß man zeigen kann, wie sich frühzeitig eine bestimmte wissenschaftlich zu nennende Haltung bei Elias entwickelt. Es ist aber schwierig, einzelne Ereignisse und Begegnungen herauszupräparieren, die von besonderer, vielleicht sogar grundlegender Bedeutung waren, zumal es mindestens zweifelhaft ist, ob es überhaupt angemessen wäre, in der langfristigen Entwicklung eines jungen Menschen einzelne Erlebnisse, Erfahrungen oder Begegnungen für die eingeschlagene Richtung und die einzelnen Phasen zu bestimmen, ob dafür nicht eher eine Summe miteinander verflochtener Faktoren zu beschreiben wäre.

Elias hat sich verschiedentlich öffentlich zu seiner Biographie geäußert. Neben den »Notizen zum Lebenslauf«[10] geschah dies am nachhaltigsten in dem WDR-Fernsehfilm »Man läßt sich fallen und man fängt sich auf. Norbert Elias – Menschenwissenschaftler«[11] von Ulrich Gembardt und Christian Feyerabend, der die Summe vieler persönlicher Gespräche zwischen Elias und Gembardt war. Vielleicht hatte Gembardt, den nur eine Generation von Elias trennt, zu ihm einen besonders guten Zugang. Weiterhin gibt es ein vierstündiges Hörfunk-Interview von Carmen Thomas für eine Hallo-Ü-Wagen-Sendung am 30. 5. 1984[12] und autobiographische Gespräche mit holländischen Soziologen, die daraus eine Titelgeschichte für das sog. Farbensupplement der holländischen Wochenzeitung *Vrij Nederland* am 1. 12. 1984 machten. Darüber hinaus gibt es von Dritten eine Reihe von

---

10 Norbert Elias: Notizen zum Lebenslauf. In: Peter Gleichmann, Johan Goudsblom, Hermann Korte: Macht und Zivilisation. Materialien zu Norbert Elias' Zivilisationstheorie 2. Frankfurt/Main 1984, S. 9-82. Dieser Band wird im folgenden als »Materialienband II« zitiert.
11 Erste Ausstrahlung am 31. Oktober 1985.
12 Die Hallo-Ü-Wagen-Sendung wird im folgenden als »Interview ›Carmen Thomas‹« zitiert.

Berichten und Erinnerungen, die aber bis auf wenige Ausnahmen nur die Zeit in Heidelberg, Frankfurt und im Exil betreffen. Aus seiner Schulzeit liegen mir nur zwei Berichte vor. Die meisten seiner Klassenkameraden haben den ersten Weltkrieg nicht überlebt. Seine jüdischen Verwandten und Bekannten sind in der Mehrzahl dem Holocaust zum Opfer gefallen. Gelegentlich taucht Elias auch in Berichten und Erinnerungen Dritter über Heidelberg und Frankfurt auf. Den Heidelberger Studentenkreis, den Golo Mann in seinen Jugenderinnerungen beschreibt[13], hatte Elias allerdings gerade in Richtung Frankfurt verlassen, als Mann dazustieß.

Soweit dies möglich war, habe ich autobiographische Angaben und die Erinnerungen Dritter überprüft. Einmal durch Einsicht in die Akten der Universitätsarchive in Breslau, Heidelberg, Freiburg und Frankfurt sowie durch die Befragung von Personen, die Elias und/oder seine Lebensumstände in den einzelnen Zeitabschnitten kannten.

Ich versuche also, in die Erläuterung wichtiger Bestandteile von Zivilisationstheorie und Prozeßsoziologie auch biographische Umstände miteinzubeziehen. Ich tue dies, weil ich im Falle von Elias davon überzeugt bin, daß sowohl eine werkunabhängige Biographie als auch eine biographieunabhängige Werkgeschichte nicht möglich sind. Es gibt Fälle, darin folge ich Stefan Blankertz, bei denen »das Individuelle des Autors ... als ein integraler Teil der denkerischen Leistung« erscheint und die Selbsteinschätzung Immanuel Kants: »Von uns selbst schweigen wir, es geht um die Sache«[14] nicht akzeptiert werden kann. Bücher haben nicht immer eine Monopolstellung als Erklärungsquelle. Ohne die Kenntnis der vorherigen Entwicklungsphasen der Soziologie kann die Bedeutung von »Über den Prozeß der Zivilisation« nicht adäquat verstanden, ohne Kenntnis von biographischen Umständen die intellektuelle Leistung nicht adäquat beurteilt werden. Auch wenn Person und Werk nicht eine Einheit sind, so sind sie doch aufeinander bezogen.

Aus diesen Überlegungen hat sich die Gliederung des Buches entwickelt. Zunächst sollen Informationen zu Grundproblemen

---

13 Golo Mann: Erinnerungen und Gedanken. Eine Jugend in Deutschland. Frankfurt/Main 1986. Siehe hierzu vor allem S. 279-291 und S. 377-413.
14 Stefan Blankertz: Kritischer Pragmatismus. Zur Soziologie Paul Goodmans. Wetzlar 1983, S. 111.

der Soziologie gegeben werden, zu Problemen, die in einer bestimmten Ausprägung die Soziologie der 20er und 30er Jahre bestimmten. Es folgt dann ein Kapitel über Elternhaus, Schule und Studium, das mit der Promotion abschließt. Der Zeit in Heidelberg und Frankfurt sowie dem Züricher Soziologentag 1928 ist je ein Kapitel gewidmet, ehe ein langes Kapitel folgt über die Hauptargumente in »Über den Prozeß der Zivilisation«. Hieran schließt sich ein letztes Kapitel über die Jahre im Exil an. Es schließt mit der Zeit vom Heidelberger Soziologentag 1964 bis zur Verleihung des Adorno-Preises im Jahre 1977, der Elias schließlich doch noch die öffentliche Anerkennung brachte, auf die er so lange warten mußte.

Drittes Kapitel

Vor dem Spiegel

Vor der Universität von Paris, auf dem Place de la Sorbonne, steht das Denkmal Auguste Comtes. Er hat zum ersten Mal das Wort ›Soziologie‹ für eine neue Wissenschaft verwandt, und er war wohl auch – wie wir noch sehen werden – der erste Soziologe. Finden sich doch in seiner Wissenschaft und seiner Person erstmals eine Reihe jener Merkmale, die man auch heute noch benutzt, um Soziologie und die sie betreibenden Wissenschaftler zu kennzeichnen. Wobei das Unwesentlichste ist, daß Werk und Person schon zu Lebzeiten umstritten waren. Neben dem Denkmal erinnert auch eine Straße an ihn. Spaziert man vom Place de la Sorbonne den Boulevard St. Michel in Richtung Jardin du Luxembourg, kann man hinter der Ecole Nature des Mines rechts in die Rue Auguste Comte einbiegen. Und noch ein dritter Ort erinnert an ihn. Überquert man am Place de la Sorbonne den Boulevard St. Michel, kommt man in die Rue de Vaugirard, von der man nach wenigen Schritten rechts in die Rue Monsieur-le-Prince einbiegt. Auf der linken Seite liegt das Haus Nr. 28. Hier befindet sich die Wohnung, in der Auguste Comte am 8. September 1857 gestorben ist und mindestens die letzten 15 Jahre vor seinem Tod gelebt hatte.

Die Wohnung ist nicht leicht zu finden. Earle Edward Eubank hatte im Jahre 1934 Mühe, sie zu entdecken und hineinzukommen.[1] Gleiches berichtet Wolf Lepenies von einem Besuch Anfang der 80er Jahre. Aber es lohnt sich, wie er schreibt: »Hat man aber Glück und die Wohnung erst einmal betreten, ist man überrascht, wie sehr darin der Geist Comtes lebendig geblieben ist. Dem Ernst dieses Lebens, in dem die Misere stets den Ruhm begleitete, kann man sich nicht entziehen. Die Ichbezogenheit Comtes wird schmerzhaft spürbar. Testamentarisch hatte er verfügt, in seiner Wohnung nicht das geringste zu verändern. Sein Schreibtisch steht, wie man dem Besucher versichert, immer noch dort, wo Comte ihn benutzte, nämlich an einer Wand. An dieser hängt, die ganze Breite des Tisches einnehmend, ein Spiegel.

---

[1] Dirk Käsler: Soziologische Abenteuer. Earle Edward Eubank besucht europäische Soziologen im Sommer 1934. Opladen 1985, S. 156 f.

Schreibend sah Comte immer sich selbst.«² Man kann auch sagen: Über die Gesellschaft schreibend, sah er auch immer sich selbst, und hat damit ein Grundproblem jeglicher soziologischer Unternehmung plastisch vor Augen. Anders als die meisten Menschenwissenschaftler gehören Soziologen immer auch ihrem Untersuchungsgegenstand an, nämlich der Gesellschaft, in der sie leben, und sie schreiben damit auch über ihre eigene Rolle in der Gesellschaft. Der Spiegel – so könnte man die Metapher fortführen –, vor dem Comte saß, war noch ganz undurchsichtig. Wir können heute, immer noch vor dem Spiegel sitzend, schon ganz gut durch ihn hindurchschauen. Wir schreiben schon viel weniger nur über uns selbst, aber ganz wird das Spiegelbild nicht verschwinden. Es wird immer mehr verblassen, aber Konturen werden bleiben.

Der undurchsichtige Spiegel: Erinnerungen an den ersten Soziologen

Auguste Comte, der 1798 im nachrevolutionären Frankreich geboren wurde, hat das Problem des undurchsichtigen Spiegels noch nicht erkennen können. Er war gänzlich in die geistigen Auseinandersetzungen seiner Zeit zwischen dem an Kraft verlierenden Adel, dem erstarkten Bürgertum und dem an Bedeutung gewinnenden Proletariat verstrickt. Seine Leistung bestand darin, daß er neben die Philosophie und die Naturwissenschaften eine neue Wissenschaft stellte, deren zentraler Gedanke war, daß die Existenz und die Entwicklung menschlicher Gesellschaft weder durch philosophische Abstraktionen noch durch die schlichte Gleichsetzung mit der Natur erklärt und verstanden werden können.

Ausgangspunkt seiner Überlegungen waren Fragen, wie sie sich vor allem der Oberschicht nach den Gründen für den Ausbruch von Revolutionen, der Entstehung neuer Institutionen und den Ursachen der erneuten Auflösung dieser neuen Institutionen stellten. Antworten fand Comte weder bei den Naturwissenschaften noch bei den Philosophen der Aufklärung. Beide hatten zwar das Interpretationsmonopol der katholischen Theologie zerbrochen,

2 Wolf Lepenies: Die drei Kulturen. Soziologie zwischen Literatur und Wissenschaft. München/Wien 1985, S. 48.

aber die am Naturrecht orientierten Auffassungen der französischen Aufklärung Souveränität der Vernunft, Gewissensfreiheit und Gleichheit schienen ihm als Strukturelemente der neuen gesellschaftlichen Situation, die durch den Aufstieg von Bürgertum und Arbeiterklasse bestimmt war, nicht geeignet. Gewiß lassen sich nicht alle Elemente des Comteschen Systems aus dieser Ordnung erklären, aber doch die wesentlichsten.

Comtes Antworten auf die Fragen seiner Zeit sind gekennzeichnet durch eine Abkehr vom Erkenntnismonopol der – wie er sie nennt – metaphysischen Philosophie, insbesondere von ihrer Suche nach absoluter Wahrheit, die dem einzelnen Vernunft-Menschen im sozialen System einen völlig überhöhten Platz zugewiesen hatte. Er wendet sich auch ab von dem biologischen Reduktionismus der Naturwissenschaften bei der Betrachtung des Sozialen und tut damit einen ersten kleinen, aber doch entscheidenden Schritt zur Konstituierung der Soziologie als einer relativ autonomen Wissenschaft, »die sich zur Aufgabe stellt, die *Gesamtheit* der menschlichen Beziehungen und Kulturäußerungen *empirisch-kausal* zu erklären«[3].

Aber Comte ist eben nicht nur der Analytiker und Theoretiker. Ihm geht es auch um ein Drittes: Die Entwicklung von Handlungsalternativen. Das Ziel ist die Versöhnung von Ordnung und Fortschritt im geschichtlichen Prozeß, die endgültige Etablierung harmonischer, gesellschaftlicher Verhältnisse, in dem sich die Anpassung von Ordnung und Fortschritt nicht mehr in revolutionären Veränderungsschüben vollzieht. Das soll Inhalt und Aufgabe der Soziologie sein. Bereits mit 24 Jahren beschreibt er die Grundlagen, die er später dann weiter entfaltet, in der von Dieter Prokop als »Jugendwerk« klassifizierten Schrift »Plan der wissenschaftlichen Arbeiten, die vor einer Reform der Gesellschaft notwendig sind«[4]. Später, im Jahr 1854, findet sich diese Schrift im vierbändigen Werk »Systeme de politique positive«. Die Erstveröffentlichung erfolgte noch in einem Band, den Claude-Henri Saint-Simon herausgegeben hatte.

3 Werner Sombart: Die Anfänge der Soziologie. In: Melchior Palyi (Hrsg.): Hauptprobleme der Soziologie. Erinnerungsausgabe für Max Weber. 1. Band. München/Leipzig 1923, S. 3-19 (hier: S. 6).
4 Dieter Prokop: Auguste Comte. Massenbewußtsein und praktischer Positivismus. Vorwort zu Auguste Comte: Plan der wissenschaftlichen Arbeiten, die für eine Reform der Gesellschaft notwendig sind. München 1973, S. 9-32 (hier: S. 9).

Mit Saint-Simon (1760-1815), dessen Schüler und zeitweiliger Sekretär Comte war, ist eine der Personen genannt, die zu den Wegbereitern der soziologischen Position gehörten, wie Comte sie dann begründete. Saint-Simon ist jedoch nicht der einzige. Selbst wenn man nicht so weit zurückgeht wie H. L. Stoltenberg, der in seiner »Geschichte der Soziologie« schon bei den alten Griechen, etwa bei Thukydides erste Anfänge ausmacht[5], so gibt es doch im 18. Jahrhundert in Frankreich, aber auch in England (Robert Malthus, William Godwin, David Ricardo) wichtige Wegbereiter, die sich mit der langfristigen Entwicklung von Gesellschaften beschäftigten. Dies wird deutlich, wenn man die Vorläufer des noch zu behandelnden Dreistadiengesetzes von Comte betrachtet. So hatte Turgot in einer Dreistadienlehre des Geistes noch recht allgemein vom Übergang der Theologie über die Metaphysik zur positiven Wissenschaft geschrieben. Saint-Simon hatte das weiter und im Detail ausgebaut. In seiner Dreistufenlehre beginnt die Entwicklung der gesellschaftlich-staatlichen Ordnung bei mittelalterlichen Feudalverfassungen, geht dann über den beginnenden Parlamentarismus hin zum industriellen System, dessen Beginn Saint-Simon bei der französischen Revolution ansetzt.

Stadien der Entwicklung des Wissens und Erkennens

Comte ist in seinen Überlegungen gründlicher und umfassender als Saint-Simon, und er bricht radikaler als seine Vorgänger mit den Denkgebäuden des 17. und 18. Jahrhunderts, vor allem mit jener philosophischen Erkenntnistheorie, die in den gesellschaftlichen Erscheinungen ein vermitteltes Wesen einer übergeordneten Macht oder übergreifender Ordnungen vermutet. So kann er eine Alternative entwickeln, eine positive Politik, sein Synonym für Soziologie. Sie sollte, ausgestattet mit den an exakten Naturwissenschaften orientierten Beobachtungsmethoden, alle Spekulationen verbannen und so dazu befähigen, den gesetzmäßigen Charakter der gesellschaftlichen Entwicklung zu erkennen.

Geschichte ist für Comte der Fortschritt akkumulierten Wissens und der darauf beruhenden Auseinandersetzung des Menschen mit der Natur. In seinem Entwicklungsgesetz durchläuft das

---

[5] Hans L. Stoltenberg: Geschichte der Soziologie. In: Alfred Vierkandt (Hrsg.): Handwörterbuch der Soziologie. Stuttgart 1931, S. 579-588 (hier: S. 579 f.).

menschliche Wissen, das gesellschaftliche wie das individuelle, notwendig drei aufeinanderfolgende Stadien. Kriterien der Einteilung sind die jeweils spezifischen Formen der menschlichen Naturerkenntnis. Die Stadien unterscheiden sich durch die zunehmende Unterordnung der Phantasie unter die exakte Beobachtung und durch den Grad der Trennung von Theorie und Praxis.

Im ersten Stadium, dem theologisch-fiktiven, untergliedert in Fetischismus, Polytheismus und Monotheismus, herrscht ein Denken vor, das alle natürlichen Erscheinungen als Folge übernatürlicher Kräfte und Wesen interpretiert. Im Fetischismus wird der nicht-menschlichen Gestalt und im Polytheismus der Göttervielfalt ein dem Menschen analoges Wesen zugeschrieben. Im Monotheismus schließlich entsteht das allgemeine Gefühl der notwendigen Gebundenheit aller Phänomene an eine Gottheit. Der Natur wird nicht mehr ein phantastisches, willkürliches Wesen, sondern ein ihre Gesetzmäßigkeiten begründender Gott zugrunde gelegt.

Das zweite Stadium bezeichnet Comte als das metaphysisch-abstrakte. Es ist eine Art Zwischenspiel, in dem die Einzelwissenschaften zunehmend positiv werden. Die bewegenden Ursachen des Weltgeschehens werden nicht mehr als transzendent betrachtet, sondern weltlich-abstrakten Prinzipien – wie Vernunft und Substanz – zugewiesen. Der juristische Vertrag wird gesellschaftskonstituierend. Obgleich schon wichtige Wissenschaften positiv geworden sind (Astronomie, Physik, Biologie), herrscht bei der Betrachtung des Sozialen immer noch das Primat der Phantasie über die Beobachtung vor. Der metaphysische Geist erweist seine Kraft in der Säkularisierung der theologischen Autoritäten.

Das dritte und endgültig letzte Stadium ist das wissenschaftlich-positive. Es setzt den Endpunkt in der Geschichte der Wissenschaftsentwicklung. In ihm sind alle Wissenschaften positiv geworden, als ihre Krönung entsteht die Soziologie. Die Erklärung der Natur sowie der menschlichen Gesellschaft beschränkt sich nun darauf, zwischen den Erscheinungen aufgrund von intersubjektiv nachvollziehbaren Beobachtungen die Regelmäßigkeiten bzw. die Konstanz und die zwischen ihnen waltenden Gesetze nachzuweisen. Der positive Geist qualifiziert sich durch die Verbannung des Absoluten aus der Wissenschaft und durch die Unwandelbarkeit der Naturgesetze auch im Bereich der Kulturabfolge.

Den Stadien der Entwicklung des Wissens und Erkennens, in denen sich unschwer Phasen europäischer Geschichte erkennen lassen, ordnet Comte eine Abfolge der politischen Institutionen zu. Als Substrat dieser Betrachtung formuliert Comte die wesentlichen Eckpfeiler einer jeden Gesellschaftsentwicklung: Eroberung und Produktion. Im theologisch-militärischen Stadium ist die Monarchie politischer Ausdruck göttlichen Rechts und der übernatürlichen Strukturierung der Gesellschaft. Eine Weiterentwicklung ist nur durch Eroberungen möglich. Das metaphysisch-juristische Stadium ist wiederum ein intermediäres. Zwischen Eroberung und Produktion gelegen, entsteht in ihm die Klasse der Rechtsgelehrten, die göttliches Recht säkularisieren und das Naturrecht etablieren. Im dritten, dem wissenschaftlich-industriellen Stadium ist der einzige Zweck der gesellschaftlichen Organisation die Produktion, die Optimierung der Auseinandersetzung des Menschen mit der Natur mit Hilfe der positiven Wissenschaften. Die Industrie ist Garant einer friedlichen Entwicklung.

Fragt man nach den Triebkräften dieser Entwicklung, so verweist Comte, der doch eigentlich Metaphysik und Spekulation überwinden will, auf die mythische Tendenz des menschlichen Geistes, sich zu vervollkommnen. Die Vervollkommnung bezieht er aber auf die Optimierung der Auseinandersetzung des Menschen mit der Natur – im Sinne von zweckrationalem Handeln für Eroberung und Produktion. Im positiven Stadium wird die Produktion auf ihre allgemeinen Merkmale gebracht und so die Betrachtung als eine spezifische Form der Auseinandersetzung der Menschen mit der Natur entzogen. Von Comte im positiven Stadium als Zweck postuliert, verläuft sie völlig widerspruchsfrei. Dies ist eine der Immunisierungsstrategien, die Comte anwendet. Die Verhältnisse der Menschen zueinander in der Produktion selbst werden nicht thematisiert.

Anlässe zur Comte-Kritik

Die Immunisierungsstrategie Comtes bietet bereits Anlaß zur Kritik, wie sie auch allgemein an seinem Entwurf geübt worden ist. *Logisch-immanent* muß z. B. festgehalten werden, daß das Dreistadiengesetz nicht abgeleitet ist aus der Untersuchung der jeweiligen Epoche. In diesem Punkt widerspricht Comte selbst dem von ihm aufgestellten Primat der Beobachtung. Seine Kategorien sind keine aus der historischen Materie und der Analyse der Stufen gewonnene, sondern der Geschichte im Nachhinein übergestülpte Strukturprinzipien. Er belegt sein Gesetz nicht durch einen entsprechenden Nachweis, sondern unterstellt, daß die Kernthese des Dreistadiengesetzes, der Fortschritt in der menschlichen Naturerkenntnis, durch die Entwicklung der Einzelwissenschaften hinreichend belegt und bewiesen ist.

Die *allgemeine* Kritik, wie sie u. a. von Massing[6] formuliert worden ist, stellt einen gegenrevolutionären Impuls in den Mittelpunkt. Comte nimmt unzweifelhaft Partei für das französische Bürgertum und gegen das Proletariat. Margarethe Steinhauer hat darauf hingewiesen, daß diese Parteinahme sich nicht mehr an den Kategorien von Freiheit und Gleichheit, in deren Namen der feudale Absolutismus bekämpft worden ist, orientiere. »Der Gedanke liegt nicht fern«, so schreibt sie, »daß die Comtesche Interpretation der bürgerlichen Revolution gegen die Interessen der im bürgerlichen Staate unterprivilegierten Schichten gerichtet ist und objektiv im Dienste der nach 1789 neu etablierten Herrschaftsverhältnisse steht.«[7]

Um die Anarchie der nachrevolutionären Gesellschaft zu überwinden, bedurfte es für Comte einer regelmäßigen und stabilen Ordnung. Dazu formulierte er in seinem Dreistadiengesetz einen idealen Endzustand. Da es für diesen noch keinen allgemeinen gesellschaftlichen Konsens gab, wurde der Entwicklung eine Naturgesetzlichkeit attestiert. Das von Comte angestrebte Ziel einer Versöhnung von Ordnung und Fortschritt wird als das a priori einer Naturgesetzlichkeit dargestellt. Da niemand sich ernsthaft gegen die Natur der Dinge stellen könne, konnte die Soziologie mit ihren Beweisen der wissenschaftlichen Politik auf die Klassen einwirken, sich nicht gegen den Gang der Natur zu stellen.

Durch die Hypostasierung des Endziels, durch die Konstatierung der ›natürlichen‹ Entwicklung und einer organischen Theorie und drittens durch die Immunisierung der beiden ersten

---

6 Otwin Massing: Fortschritt und Gegenrevolution. Die Gesellschaftslehre Comtes in ihrer sozialen Funktion. Stuttgart 1966.
7 Margarethe Steinhauer: Die politische Soziologie Comtes und ihre Differenz zur liberalen Gesellschaftstheorie Condorcets. Meisenheim am Glan 1966, S. 49 f.

Punkte mit dem Hinweis auf die positivistische Grundlage der Soziologie schottet Comte sein System gegenüber anderen, konkurrierenden Zielprojektionen ab. Gleichzeitig machen die drei Punkte deutlich, wo und warum Comtes Soziologie dem Vorwurf der Ideologie ausgesetzt ist. Die scheinbare Legitimation durch die positive Wissenschaft, die anstelle von empirischer Überprüfbarkeit und Erklärungswert tritt, macht die Soziologie Comtes zu der Ideologie einer Wirklichkeitsdefinition par excellence.

Schreibend sich selbst sehen:
Die Soziologen und die Gesellschaft

Die Kritikpunkte habe ich angeführt, um nicht vorschnell in die beträchtliche Reihe von naiven Comte-Bewunderern eingereiht zu werden. Ich habe es aber auch getan, weil Comte eben auch hierin der Begründer der Soziologie ist. Der Ideologievorwurf begleitet seitdem die Arbeit der Soziologen. Ob und warum eine Position nicht-ideologisch ist oder sein könnte, darum dreht sich – direkt oder indirekt – seitdem auch immer die soziologische Debatte. Das schmälert keineswegs Comtes Pionierleistung, denn diese ist unauflöslich mit der Konstituierung der wissenschaftlichen Disziplin Soziologie verbunden. Immer noch sitzen Soziologen vor dem Spiegel und sehen schreibend immer auch sich selbst.

Comtes Bedeutung liegt in der Abkehr von der metaphysischen Philosophie als einer Überbetonung des Geistigen für die Entwicklung menschlicher Gesellschaften, sowie in der Formulierung von sozialen Kriterien für eine Einteilung der Entwicklung der Gesellschaft, die bei ihm zunächst noch auf die Entwicklung des Wissens beschränkt ist. Diese zwei neuen Elemente der sich entwickelnden Wissenschaft Soziologie wurden durch ein drittes komplettiert, nämlich durch die Auffassung, daß Soziologie politisch wirken müsse und dies auch könne. Die Soziologie war für ihn die Instanz, die in der aktuellen Krise mäßigend auf die in den Kämpfen Befindlichen einwirke, den Regierten wie Regierenden gleichermaßen die Unsinnigkeit ihrer Empörung verdeutliche und spätere soziale und politische Konflikte ausschließen könne. In einer Zeit, wo die Grundstrukturen der bürgerlichen Gesellschaft sich erst langsam entwickelten, sah er die aus den Eigentumsverhältnissen und dem technischen Fortschritt resultierenden Widersprüche voraus und verlangte, parteilich-ideologisch, wie wir gesehen haben, nach harmonisierenden, Einsicht in die sozialen Lagen und Zwangsläufigkeiten vermittelnden Institutionen.

Comte war mit seinen Vorschlägen nicht sehr erfolgreich. Er war wohl auch – gelinde gesagt – etwas schrullig, was es den Vertretern des noch mächtigen alten scientific establishment letztendlich leicht machte, ihn wissenschaftlich wie gesellschaftlich auszugrenzen. Aber einmal aufgeworfen, blieben seine Fragen bestehen und fanden ca. 30 Jahre später durch Karl Marx erneut eine Antwort, diesmal gründlicher, wissenschaftlich fundierter und mit langfristigerer Wirkung. Zum einen ist beiden gemeinsam, daß sie versuchten, auf dringende soziale Fragen ihrer Zeit eine Antwort zu finden und zum anderen, daß ihnen deutlich geworden war, daß angemessene Antworten sich ohne fundierte wissenschaftliche Untersuchungen nicht mehr finden ließen. Und es war ihnen ein Drittes gemeinsam, nämlich die grundlegende Erkenntnis, daß die Probleme der Gesellschaft, die Konflikte und Spannungen in ihr nicht Fehler einzelner Menschen oder einzelner Gruppen von Menschen waren, sondern daß die Ursachen in der Entwicklung und Struktur der Gesellschaft lagen und gefunden werden mußten.

Der Blick auf die Menschen und ihr Zusammenleben: Karl Marx

Bei der großartigen Spannweite des Lebenswerkes von Karl Marx soll hier gar nicht erst der Versuch gemacht werden, eine umfassende Würdigung vorzunehmen. Ich denke, es ist sicher keine Herabsetzung der wissenschaftlichen Leistung von Karl Marx, wenn ich mich auf wenige Punkte konzentriere, die seine innovative Kraft bezeugen und gleichzeitig verstehen lassen, warum er bis heute die Sozialwissenschaften, eigentlich alle Menschenwissenschaften und ganz bestimmt die Soziologie immer wieder herausfordert. Ich will auf drei Punkte eingehen: Die Theorie der Klassen und Klassenkämpfe, Marx' Geschichtsauffassung und seinen Umgang mit den Problemen der Ideologie.

Marx richtet seinen Blick auf Menschen und ihr Zusammenleben. Man kann diese scheinbar triviale Feststellung gar nicht genügend unterstreichen, denn von Ausnahmen abgesehen, hatten bis dahin die philosophischen Abstraktionen eher verschleiert, daß ja eigentlich von Menschen und nicht von Gedankenspielen die Rede ist, wenn über Ethik oder Logik, über die Vernunft oder das Subjekt philosophiert wurde. Dies ermöglichte Marx einen ganz anderen Zugang zur Realität menschlicher Verflechtungen, etwa zu den Konflikten zwischen gesellschaftlichen Gruppen, aber auch zu den Tatbeständen des Hungers vieler Menschen, der Armut eines Teils der Bevölkerung und der Ausbeutung der Arbeiterschaft.

Es entstand ein theoretisches Modell, das die früheren Stufen der gesellschaftlichen Entwicklung in die Analyse der Klassenkämpfe des 19. Jahrhunderts einbezog und aus dem er ein Entwicklungsgesetz menschlicher Gesellschaften, eine Theorie der sozialen Lage der Arbeiter im Frühkapitalismus und schließlich auch die soziale Therapie, ja die Verheißung eines besseren Lebens entwickelte, denn die Aufhebung der Klassenunterschiede sollte zum Glück aller Menschen führen.

Klassen und Klassenkämpfe

Die Klassentheorie hat Marx am klarsten im Kommunistischen Manifest formuliert, das mit dem klassischen Satz beginnt: »Die Geschichte aller bisherigen Gesellschaft ist die Geschichte von Klassenkämpfen.«[8] Er ist allerdings nicht der erste, der eine Klasseneinteilung vornimmt. Auch bei ihm reichen die Wurzeln bis tief ins Jahrhundert davor, z. B. zu den Physiokraten und hier ganz besonders zum Arzt Quesnay. In dessen ›tableau economique‹ gab es drei Gesellschaftsklassen: Die produktive, die Klasse der Grundeigentümer und die sogenannte sterile Klasse. Die ersten beiden sind die Pächter mit ihren Landarbeitern sowie die Bodenbesitzer, die den größten Teil der Erträge abschöpfen. Alles, was nicht mit der die Gottesschöpfung vermehrenden Landwirtschaft zu tun hat, wird der sterilen Klasse zugeordnet.[9]

---

8 Karl Marx, Friedrich Engels: Manifest der Kommunistischen Partei, MEW 4 Berlin 1974, S. 462.
9 Vgl. Gabor Kiss: Einführung in die soziologische Theorie I. Vergleichende Analyse soziologischer Hauptrichtungen. Dritte, verbess. Auflage. Opladen 1977 S. 70 ff.

Das Verhältnis zu den Vorläufern seiner Theorie hat Marx treffend beschrieben: »Was nun mich betrifft, so gebührt mir nicht das Verdienst, weder die Existenz der Klassen in der modernen Gesellschaft noch ihren Kampf unter sich entdeckt zu haben. Bürgerliche Geschichtsschreiber hatten längst vor mir die historische Entwicklung des Kampfes der Klassen, und bürgerliche Ökonomen die ökonomische Anatomie derselben dargestellt. Was ich neu tat, war 1. nachzuweisen, daß die *Existenz der Klassen* bloß an *bestimmte historische Entwicklungsphasen der Produktion* gebunden ist; 2. daß der Klassenkampf notwendig zur *Diktatur des Proletariats* führt; 3. daß diese Diktatur selbst nur den Übergang zur *Aufhebung aller Klassen* und zu einer *klassenlosen Gesellschaft* bildet.«[10]

Mit dem ersten Punkt, den Marx in diesem Zeitraum nennt, ist angedeutet, daß es in den zwei Phasen, die dem Kapitalismus der bürgerlichen Gesellschaft vorangehen (Sklavenhalterordnung, Feudalismus), zwar auch prinzipiell Klassen gibt, die Ordnung der Stände aber nicht nur dadurch bestimmt wird. Erst im Kapitalismus wird das Verhältnis zu den Produktionsmitteln das entscheidende Kriterium. Da aber, wie Iring Fetscher festgestellt hat, »der vorbürgerlichen Sozialdifferenzierung letztlich doch auch eine bestimmte Stellung innerhalb des Produktionsprozesses zugrunde liegt«[11] und damit die Trennung der Menschen voneinander in »Unterdrücker und Unterdrückte«[12] eine ökonomische Grundlage hatte, ist die Bedeutung des Begriffs ›Klasse‹ für alle bisherigen Entwicklungsphasen mit Ausnahme der Urgesellschaft möglich. Anders als der deskriptive Schichtbegriff der westlichen Soziologie der 50er und 60er Jahre ist der Klassenbegriff bei Marx analytisch. Es geht nicht um die Variation eines Merkmals wie beim Begriff ›Schicht‹ (mehr oder weniger Einkommen, mehr oder weniger Berufsprestige), sondern darum, ob bestimmte Merkmale vorhanden sind oder nicht. Produktionsmittel besitzt man nach Marx entweder – oder, aber nicht ein wenig.

Der zweite Punkt des obigen Zitates weist mit daraufhin, daß die Klassenkämpfe, die die bisherige Geschichte der Gesellschaft

10 Karl Marx: Marx an Joseph Weydemeyer (5. März 1852), MEW 28. Berlin 1973, S. 507 f.
11 Iring Fetscher (Hrsg.): Grundbegriffe des Marxismus. Eine lexikalische Einführung. Hamburg 1976, S. 56.
12 Karl Marx, Friedrich Engels: Manifest der Kommunistischen Partei, a.a.O., S. 462.

bestimmt haben, in den einzelnen Phasen an Intensität gewinnen. Aber erst in der kapitalistischen Gesellschaft, in der, stark polarisiert, die durch Konzentration immer kleiner werdende Klassen der Kapitalisten der immer größer werdenden Klassen des Proletariats gegenüberstehen, haben sich die Verhältnisse so zugespitzt, daß sie von den Unterdrückten und Ausgebeuteten erkannt und – erfolgreich – bekämpft werden können. Damit dies geschehen kann, muß das Proletariat eine Klasse für sich werden. Es muß sich der gemeinsamen Lage bewußt werden und allgemeine Strategien entwickeln, die über lokale, ökonomische Auseinandersetzungen hinausgehen, d. h. vor allem: Es muß sich organisieren. Das unterscheidet es von Menschen, die nur eine ›Klasse an sich‹ sind, wie etwa die französischen Parzellenbauern, deren ökonomische Bedingungen sie als Klasse ausweisen, die aber aufgrund ihrer Lebensverhältnisse noch keine Gemeinsamkeiten, keine Organisation erzeugen können. »Sie sind daher unfähig, ihr Klasseninteresse im eigenen Namen ... geltend zu machen.«[13]

Es kommt also darauf an – und die Kommunikationsverhältnisse und die wachsende Verkehrsinfrastruktur im warenproduzierenden Kapitalismus befördern dies –, das Proletariat über seine Lage aufzuklären, den Prozeß der Bildung eines Klassenbewußtseins zu unterstützen und so die funktionale Abhängigkeit der Produktionsmittelbesitzer von den Besitzern der Produktivkraft Arbeit in eine Vormachtstellung, nämlich die Diktatur des Proletariats zu verwandeln. Ein Prozeß, der sich nach Marx zwangsläufig vollziehen muß, da die zunehmende Einsicht in die Ausbeutungsverhältnisse, die zunehmende Organisationskraft auf der einen und die Selbstzerstörung der Kapitalisten auf der anderen Seite seiner Meinung nach kein anderes Ergebnis haben können.

Der dritte Punkt des obigen Zitats behandelt den Übergang von der Diktatur des Proletariats zur klassenlosen, kommunistischen Gesellschaft. Wie das Leben in dieser Gesellschaftsform tatsächlich sein wird, darüber hat Marx nichts Konkretes gesagt und gemäß seinem Verständnis der gesellschaftlichen Entwicklung auch nichts sagen können. Er hat Gesetzmäßigkeiten beschrieben, die die Gesellschaftsform des Kapitalismus als begrenzt er-

13 Karl Marx: Der achtzehnte Brumaire des Louis Bonaparte, MEW 8. Berlin 1973, S. 198.

scheinen lassen. Seine Theorie war der begriffliche Ausdruck des Befreiungskampfes des Proletariats, eine Theorie, die auch erst in der Phase des Kapitalismus entwickelt werden konnte. Die übernächste Phase kann erst gedacht werden, wenn sie mit der nächsten historisch als Möglichkeit in Erscheinung tritt. Die grundsätzliche Richtung, in der das Ziel liegt, gibt er allerdings an. War der bisherige Verlauf der Geschichte der Gesellschaft den Menschen mehr als Schicksal denn als Ergebnis subjektiver Bestimmung der gesellschaftlichen Verhältnisse erschienen, so fordert Marx zur Überwindung des bisherigen Zustandes in einer Gesellschaft auf, in der »die Menschen ihre Geschichte mit vollem Bewußtsein selbst machen«[14].

Die Auffassung von der Geschichte

Während die Klassentheorie wegen ihres unvermeidlich politischen Charakters und ihrer Teleologie ablehnende Kritik erfuhr und entweder akzeptiert oder abgelehnt werden kann, war die Wirkung der Geschichtsauffassung, die dem historischen Materialismus zugrunde liegt, indirekter, vielfältiger und weitreichender. Es ist allerdings schwierig, sie darzustellen, da es kein ausgefeiltes Konzept gibt. Dies mag auf den ersten Blick verwundern. Sagt Marx doch an einer Stelle: »Wir kennen nur eine einzige Wissenschaft, die Wissenschaft von der Geschichte.«[15] Aber Marx kann auch deshalb auf detaillierte Darstellungen verzichten, da er, wie Urs Jaeggi festhält, von vornherein davon ausgeht, daß eine besondere Geschichtsschreibung überflüssig ist, da sowieso jede Wissenschaft die Geschichte ihres Gegenstandes zu reflektieren hat.[16] Ich will versuchen, mit fünf aufeinanderfolgenden Aussagen die Geschichtsauffassung zu kennzeichnen. Diese Aussagen können gleichzeitig das Wirkungspotential der Marxschen Auffassung deutlich machen.

Zunächst muß als erstes festgelegt werden, wie es denn überhaupt zur Geschichte, genauer, zum Geschichtsprozeß kommt.

---

14 Friedrich Engels: Anti-Dühring, MEW 20. Berlin 1975, S. 264.
15 Karl Marx, Friedrich Engels: Die deutsche Ideologie, MEW 3. Berlin 1969, S. 18.
16 Vgl. Urs Jaeggi: Theoretische Praxis. Probleme eines strukturalen Marxismus. Frankfurt/Main 1976, S. 144 ff.

Hier gibt Marx die Antwort, daß die freie, bewußte Tätigkeit der Menschen geschichtskonstituierend wirkt. Menschen ist eine bewußte Lebenstätigkeit zu eigen. Dieser Gattungscharakter der Menschen wirkt geschichtskonstituierend, weil »das befriedigte erste Bedürfnis selbst, die Aktion der Befriedigung und das schon erworbene Instrument der Befriedigung zu neuen Bedürfnissen führt – und diese Erzeugung neuer Bedürfnisse ist die erste geschichtliche Tat«[17].

Dieser erste Punkt führt direkt zum zweiten. Geschichte ist menschliche Praxis. Die Tätigkeit der Menschen allein bestimmt den Gang der Geschichte: »*Die Geschichte* tut *nichts*, sie ›besitzt *keinen* ungeheuren Reichtum‹, sie ›kämpft *keine* Kämpfe‹! Es ist vielmehr *der Mensch*, der wirkliche, lebendige Mensch, der das alles tut, besitzt und kämpft ...«.[18] Warum das alles geschieht – und das ist die dritte Aussage – hat Friedrich Engels in seiner Rede am Grab von Marx auf den Punkt gebracht, als er feststellte: »daß die Menschen vor allen Dingen zuerst essen, trinken, wohnen und sich kleiden müssen«[19], bevor sie irgend etwas, sei es Wissenschaft, sei es Politik, betreiben können. Die geschichtliche Tat der Bedürfnisbefriedigung erfordert materielle Produktion. Die Sozialwissenschaft, so könnte man es übertragen, hat »den wirklichen Produktionsprozeß, und zwar von der materiellen Produktion des unmittelbaren Lebens ausgehend, zu entwickeln«[20].

Bei der materiellen Produktion kommt es allerdings, und das ist der vierte Punkt, nicht darauf an, was produziert wird, sondern wie. Die Erfindung der Dampfmaschine und ihre Nutzung als Pumpe bringt noch keine wirkliche Änderung, »rief keine industrielle Revolution hervor. Es war vielmehr umgekehrt die Schöpfung der Werkzeugmaschinen, welche die revolutionierte Dampfmaschine notwendig machte«[21]. Erst die Ersetzung der menschlichen Arbeitskraft durch Werkzeugmaschinen führt zu tiefgreifenden gesellschaftlichen Veränderungen.

In der Anwendung auf die heutige Entwicklung kann man sagen, daß die Erfindung des Prinzips elektronischer Rechner noch

17 Karl Marx, Friedrich Engels: Die deutsche Ideologie, a.a.O., S. 28.
18 Karl Marx, Friedrich Engels: Die heilige Familie, MEW 2. Berlin 1969, S. 98.
19 Friedrich Engels: Das Begräbnis von Karl Marx, MEW 19. Berlin 1974, S. 335.
20 Karl Marx, Friedrich Engels: Die deutsche Ideologie, a.a.O., S. 37.
21 Karl Marx: Das Kapital, Bd. 1, MEW 23. Berlin 1973, S. 396.

nicht die neue industrielle Revolution gebracht hat, sondern diese setzte erst ein, als es möglich geworden war, mit Hilfe von Computern Kopfarbeit zu automatisieren und zu entpersonalisieren. Zu Beginn des 19. Jahrhunderts ersetzt die Werkzeugmaschine mehr und mehr die Facharbeitskraft. Auch wenn die Taylorisierung der Handarbeit in großem Umfang erst im frühen 20. Jahrhundert einsetzt, beginnt der Prozeß bereits viel früher. Ähnliches gilt für die Taylorisierung der Kopfarbeit durch die Computertechnologie, ein Prozeß, der gerade erst begonnen hat und wahrscheinlich erst zu Beginn des 21. Jahrhunderts seine volle Wirksamkeit erreichen wird.

Es ist also die Produktionsweise, die eine Gesellschaftsformation charakterisiert. Dies drückt sich in der »Summe der Beziehungen, Verhältnisse aus, worin diese Individuen zueinander stehn«[22]. Die so bestimmten gesellschaftlichen Verhältnisse als Produkt menschlicher Tätigkeiten dürfen aber nicht als statisch aufgefaßt werden. Schon Marx hat das Problem gesehen, daß Menschen dazu tendieren, in ihrem Denken gesellschaftliche Verhältnisse als statisch zu sehen, auch aktuelle Entwicklungsstände dinglich zu fixieren. Er macht daher darauf aufmerksam, und das ist der fünfte und letzte Punkt, den ich nennen will, daß das aktive Verhalten der in Beziehung stehenden Menschen den Prozeßcharakter der Gesellschaft definiert. Leo Kofler formuliert das so: »Die Erkenntnis also, daß die gesellschaftlichen Gegenstände nicht Dinge, sondern Beziehungen zwischen Menschen sind, steigert sich zu ihrer vollständigen Aufhebung in Prozesse.«[23]

Das Problem der Ideologie: Der gedrehte Spiegel

Sein Verhältnis zum Problem der Ideologie hat Marx eindeutig formuliert. Den Begriff der Ideologie hat er im Verlauf seines Werkes immer enger mit dem Klassencharakter der warenproduzierenden kapitalistischen Gesellschaft verbunden. Zunächst wird in den Schriften zur Religionskritik Religion als verkehrtes Bewußtsein dargestellt, das die Funktion hat, Menschen ihre elende Existenz erträglich zu machen. In der »Deutschen Ideolo-

---

22 Karl Marx: Grundrisse der Kritik der Politischen Ökonomie (Rohentwurf) 1857-1858. Berlin 1953, S. 176.
23 Leo Kofler: Geschichte und Dialektik. Darmstadt/Neuwied (3) 1973, S. 313.

gie«[24] verändert sich dies insofern, da Ideologie nun nicht mehr als Ausdruck des Elends, sondern als ein Reflex auf Elend verstanden wird. In der »Kritik der politischen Ökonomie«[25] schließlich ist Ideologie eine Kategorie der warenproduzierenden Gesellschaft wie alle anderen Kategorien auch. In den Waren sind die tatsächlichen Verhältnisse zwischen Lohnarbeit und Kapital nicht mehr erkennbar. Ähnlich ist es mit den geistigen Produkten, auch sie sind Ausdruck kapitalistischer Produktionsverhältnisse – das Sein bestimmt das Bewußtsein – und deshalb ideologisch, da an ihnen und ihrer Aufrechterhaltung bzw. Durchsetzung nur die herrschende Klasse der Kapitalisten ein Interesse haben kann.

Da Marx seine Wissenschaft als kritisch versteht und sich auf der Seite des Proletariats weiß, das als historische Kraft allein in der Lage ist, von den Verhältnissen den ideologischen Schleier zu reißen, kann er sich dem Vorwurf der Ideologie entziehen. Er vertritt »die Klasse ..., deren geschichtlicher Beruf die Umwälzung der kapitalistischen Produktionsweise und die schließliche Abschaffung der Klasse ist – das Proletariat«[26]. Der Feststellung, daß das Sein das Bewußtsein bestimmt, kann er so entkommen. Die Tatsache, daß er in der Lage ist, diesen Zusammenhang in kritischer Absicht zu erkennen, ist geradezu der Beleg dafür, daß er für ihn nicht gelten kann. Der Spiegel, vor dem Comte saß, existiert zwar noch, ist aber jetzt so gedreht, daß er nur noch die anderen zeigt, aber nicht mehr denjenigen, der vor ihm sitzt.

Anders als bei Auguste Comte, der einige Jahrzehnte vorher relativ folgenlos seine soziale Theorie und politische Therapie predigte, war die Marxsche Position von nachhaltiger Wirkung. Zu groß war das Elend der Arbeiter, zu durchschlagend schien seine politisch-ökonomische Analyse zu sein, und zu verheißungsvoll war das durch den Kampf der vereinigten Proletarier zu erreichende Endziel einer freien Gesellschaft selbstbestimmter Menschen.

In Meyers Konversations-Lexikon von 1890 schließt das Stichwort zu dem 1883 verstorbenen Karl Marx, der an gleicher Stelle als »sozialistischer Agitator und Schriftsteller« bezeichnet wird, mit der Feststellung: »Das Werk ist zwar das wissenschaftlich

---

24 Karl Marx, Friedrich Engels: Die deutsche Ideologie, a.a.O.
25 Karl Marx: Grundrisse der Kritik der Politischen Ökonomie, a.a.O.
26 Karl Marx: Nachwort zur 2. Auflage von »Das Kapital«, MEW 23. Berlin 1973, S. 22.

bedeutendste der sozialistischen Literatur, aber doch von geringerem Wert als Marx und seine Anhänger wähnen.«[27] Das war eine ganz unzutreffende Beurteilung, denn weder in den politischen Bewegungen noch in den sozialwissenschaftlichen Diskussionen konnte sein Name und seine Lehre auf Dauer übergangen werden. Die Erforschung der Produktionsverhältnisse, die die Menschen in der Auseinandersetzung mit der Natur entwikkelt haben, und der Bedeutung der Eigentumsverhältnisse an den Produktionsmitteln stellt einen wichtigen Fortschritt in der sozialwissenschaftlichen Erklärung gesellschaftlicher Verhältnisse und ihrer Entstehung dar, deren Bedeutung für die Soziologie mit dem Beitrag Newtons für die Physik verglichen werden muß.

Heidelberg und die Soziologie

Alle Soziologen vor und nach der Jahrhundertwende und bis in die heutige Zeit mußten sich mit den theoretischen und methodologischen Vorschlägen von Marx, dieser »Kolossal-Figur«[28] des 19. Jahrhunderts, direkt oder indirekt auseinandersetzen.

Vereinfacht ausgedrückt waren es zwei Problemkomplexe, mit denen sie es dabei zu tun hatten. Einmal beschäftigte sie die Suche nach anderen als den ökonomisch-materialistischen Gründen für die Entwicklung bzw. Veränderung der Gesellschaften und ihrer sozialen Differenzierung. Dies war nicht nur für die soziologische Erklärung der gesellschaftlichen Verhältnisse wichtig, sondern auch für die Lösung des anderen Problems, das Marx der Soziologie und den Soziologen mit seiner Behauptung: »Das Sein bestimmt das Bewußtsein« beschert hatte. Wie konnte man eigentlich noch ideologiefrei denken, unabhängig von den gesellschaftlichen, im Marxschen Sinne unabhängig von den ökonomischen Entwicklungen wissenschaftliche Erklärungen finden? Wie sich als selbstbestimmtes Individuum in den vergesellschafteten Verflechtungen wiederfinden, sich definieren können? Diese Fragen waren nicht nur von wissenschaftlicher Relevanz, sondern sie hatten und haben auch ihre Bedeutung für das Selbstverständnis und das Selbstbewußtsein der Menschen, zumal von Intellektuel-

---

27 Meyers Konversations-Lexikon. Eine Enzyklopädie des allgemeinen Wissens. Vierte, gänzlich umgearbeitete Auflage. Bd. 11. Leipzig/Wien 1890, S. 303.
28 Norbert Elias: Notizen zum Lebenslauf, a.a.O., S. 22.

len, die die Vorstellung, nicht ihr individueller Geist sei es, der die Weltläufe bewegt, besonders beunruhigen muß.

Nach dem Ersten Weltkrieg war Heidelberg einer jener akademischen Orte, wo diese Fragen ausführlich und intensiv diskutiert wurden. Max Weber hatte dort gelebt und gelehrt, und seine Antworten – z. B. zu Bürokratie und Herrschaft, zur Werturteilsfreiheit und zum Idealtypus – beeinflußten die damaligen wie die späteren soziologischen Diskussionen. Mitte der 20er Jahre lehrten dort u. a. sein Bruder Alfred Weber, der etwas in seinem Schatten stand und wohl auch in dem der zielstrebig-umtriebigen Witwe Marianne, sowie ein junger Privatdozent, der vor dem Horthy-Regime aus Ungarn geflüchtete Lukács-Schüler Karl Mannheim.

Der eine – Alfred Weber – vertrat eine liberal-konservative Kultursoziologie, mit der er nachzuweisen versuchte, daß die Kultur einer Gesellschaft – etwa die Religion oder die Kunst – ein eigenständiger Aspekt der Entwicklung menschlicher Gesellschaften und nicht auf wirtschaftliche Verhältnisse rückführbar sei. Mannheim dagegen kämpfte – in Anlehnung an die Marxsche Theorie – um einen (anderen) Ausweg aus der intellektuellen Zwickmühle des Dualismus von bewußtseinsfremdem Sein und seinsfremdem Bewußtsein. Anders als Marx, der die eigene Gruppe vom Ideologieverdacht ausgenommen hatte, bezog er sich und sein Denken in die ideologiekritische Fragestellung radikal mit ein.

Auf diese beiden – und auch auf viele andere, die wir als wichtige Vertreter sozialwissenschaftlicher Richtungen kennen – traf Norbert Elias, als er Ende 1924, 27 Jahre alt, nach Heidelberg kam. Er war im Januar desselben Jahres in Breslau zum Doktor der Philosophie promoviert worden, hatte von Soziologie nur rudimentäre Kenntnisse, aber eine Biographie, die ihn nicht voraussetzungslos in die geistigen Auseinandersetzungen der Heidelberger Soziologen geraten ließ.

VIERTES KAPITEL

Kindheit, Jugend, Reifezeit

Die Überschrift des Kapitels ist identisch mit dem Titel eines klassischen Werkes der neukantianischen wissenschaftlichen Pädagogik.[1] Ich habe den Hinweis auf diese Position deshalb aufgenommen, da mit ihm erstens ganz nachdrücklich auf den Prozeßcharakter des Erwachsenwerdens abgestellt, und zweitens dieser Prozeß vor allem als eine intellektuelle Auseinandersetzung verstanden wird, die in den einzelnen Phasen des Jugendalters auf spezifische Art und Weise durch Fragen und Lernen strukturiert wird. Damit soll nicht die Bedeutung psycho-sozialer Betrachtungsweisen geleugnet werden, aber die Entwicklung des Ichs zwischen Es und Über-Ich hat eine manchmal vernachlässigte Bedeutung. Der junge Mensch muß ein Bewußtsein von sich selbst und seinen Möglichkeiten entwickeln. Wie er das macht, hängt auch von den Aufgaben ab, denen er sich gegenübersieht, denen er gegenübergestellt wird. »Der Reifende wird wirklich als reifender *Mensch* verstanden. Sein Denken und Wollen gerät nicht in den Geruch blinder Mechanismen, denen er ausgeliefert ist und die über ihn verfügen.«[2]

Da es mir um die Verknüpfung von individueller Entwicklung und gesellschaftlichen Rahmenbedingungen geht, genügt es eben nicht, allgemein auf das jüdische Elternhaus hinzuweisen. Vielmehr muß auch untersucht werden, welche individuelle Gestaltung es hatte, wobei – und das ist ein thematischer Schwerpunkt dieses Kapitels – das Aufwachsen in einer jüdischen Mittelschichtsfamilie nach der Jahrhundertwende bis zum Beginn des Ersten Weltkrieges durchaus bedeutsame soziale und psychische Rahmenbedingungen setzte. Die Verknüpfung von individuellen Akten und gesellschaftlichen Rahmenbedingungen dient nicht der beliebigen Spekulation des ›es hätte auch ganz anders kommen können‹, sondern der begründeten Vermutung, daß bestimmte Haltungen und Verhaltensweisen des Erwachsenen in-

---

[1] Alfred Petzelt: Kindheit – Jugend – Reifezeit. Grundriß der Phasen psychischer Entwicklung. Freiburg (5) 1965.
[2] Wolfgang Fischer: Der junge Mensch. Ein Beitrag zur pädagogischen Theorie der Reifezeit. Zweite, veränd. Auflage. Freiburg 1966, S. 36.

dividuell unterschiedliche Wurzeln in Kindheit und Jugend haben.

Jüdische Mittelschicht und preußisch-humanistische Erziehung: Die Eltern, ›Fräuleins‹, Lehrer und Schulkameraden

Norbert Elias wurde am 22. Juni 1897 als erstes und einziges Kind der Eheleute Hermann und Sophie Elias in Breslau geboren. Der Vater war ein wohlhabender Kaufmann, der eine Fabrik für Textilverarbeitung besaß, in der Anzüge für Grossisten hergestellt wurden. Noch vor dem Ersten Weltkrieg zog er sich vom Berufsleben zurück und wurde Rentier. Er war ein Selfmademan, der stolz auf das Erreichte und auch darauf war, daß er hochgeachtet als Rentier ehrenamtlich für die Steuerbehörde tätig war.

Die Ehe war traditionell auf die Autorität des Mannes abgestimmt. Die Ehefrau »war völlig darauf abgestellt, daß alle finanziellen Sachen vom Mann getroffen wurden, und die Frau, meine Mutter, lebte ein überaus geselliges Leben ... mit einem ganz großen Freundeskreis«[3]. Über sie liefen alle privaten und öffentlichen Kontakte. Die Eltern waren nicht besonders gläubige Juden. Die Mutter hielt den Haushalt koscher, »weil ihre Eltern sonst nicht bei uns essen konnten«[4].

Ihr Sohn hatte, wie es üblich war, immer eine Gouvernante, ein ›Fräulein‹. Der Vater wechselte sie relativ häufig. Norbert Elias erwähnt diesen Tatbestand in seinen biographischen Erinnerungen mehrfach als etwas, mit dem er wohl fertigwerden mußte. Er ging auch nicht zur Grundschule, wie wir heute sagen würden. Er hatte einen Hauslehrer, der das »körperlich sehr zarte Kind« – »alle Kinderkrankheiten, die nur möglich sind, habe ich gehabt«[5] – in den drei Jahren Vorschule zu Hause unterrichtete. Elias wurde nämlich, was damals noch möglich war, 1903 direkt in die Vorschule des Johannes-Gymnasiums und nicht in die vierjährige Volksschule eingeschult. Solche Schüler trugen von Anfang an Schülermützen und schrieben statt mit dem Griffel auf der Schiefertafel mit Bleistiften in Schreibhefte. Die Lehrer der Vorschule,

3 Interview ›Carmen Thomas‹, a.a.O.
4 Ebd., a.a.O.
5 Ebd., a.a.O.

Abb. 2: Der Vater Hermann Elias
Abb. 3: Links die Mutter Sophie Elias, liegend Norbert Elias,
ca. 10 Jahre alt.

deren sozialer Status niedriger war als der der Gymnasiallehrer, die dann ab Sexta unterrichteten, durften Privatschüler haben. Elias wurde von dem Klassenlehrer seiner Vorschulklasse unterrichtet. Von der Sexta ab mußte er dann am Unterricht im Gymnasium teilnehmen.

Auf dem Johannes-Gymnasium waren besonders viele jüdische Schüler. Breslau hatte nach Berlin und Frankfurt am Main die drittgrößte jüdische Einwohnerschaft.[6] Von Elias' Klassenkameraden überlebten nur wenige den Ersten Weltkrieg. Ein ehemaliger Klassenkamerad hat sich 1986 gemeldet. Er hatte Ulrich Gembardts Fernsehfilm im Dritten Programm gesehen und an den WDR geschrieben. Leider wußte der 1896 geborene Alfred Wandrey nur wenige Einzelheiten. Als deutscher Schüler hatte er kaum Kontakt zu seinen Mitschülern, »die jüdischen Familien verkehrten nur unter sich«. Nach dem Krieg kehrte er nicht nach Breslau zurück und sah keinen seiner Klassenkameraden wieder. Er konnte sich aber an einige interessante Einzelheiten erinnern. So konnte er begründen, warum das Johannes-Gymnasium von besonders vielen jüdischen Schülern besucht wurde und auch eine große Zahl jüdischer Lehrer hatte. Die Schule war städtisch. Es gab einige jüdische Stadtverordnete, die der liberalen Partei angehörten und so für ihre Klientel Einfluß nehmen konnten.

1987 meldete sich dann noch Walter Slowak, der zwar nicht mit Elias in einer Klasse war, sondern ihn aus dem Schülerturnverein kannte, wo Slowak Kassierer gewesen war. Er erzählte mir, daß das Johannes-Gymnasium 1872 als Gegenpol zu den staatlichen Gymnasien, die alle mit den Kirchen verbunden waren, als überkonfessionelle Anstalt gegründet worden war. Nach 1933 schlossen die Nationalsozialisten das Gymnasium, da es nach dem damaligen Sprachgebrauch »verjudet« war. Lehrer und Schüler wurden in das Gymnasium »Am Zwinger« überführt.

Nach Wandrey, der in den unteren Klassen eine Zeitlang Primus war, muß Elias ein recht guter Schüler gewesen sein: »Er saß vor mir«. Das bedeutete bei dem damaligen System, bei dem nicht nur Ostern und Herbst Zensuren, sondern auch Rangziffern ausgegeben wurden, die die Sitzordnung bestimmten, nach der die Besten in der letzten Reihe saßen und die Schlechtesten in

---

6 Vgl. Informationen zur modernen Stadtgeschichte. Herausgegeben vom Deutschen Institut für Urbanistik. Schwerpunktheft 1/1987: Juden und Stadt.

der ersten, daß Elias unter den besten zehn der Klasse von zunächst ca. 30 Schülern gewesen war.

Das »schwächliche Kind« kam also in der Schule gut zurecht. Das Judentum spielte dort keine besondere Rolle. Es gab, wie gesagt, jüdische Lehrer, den Religionsunterricht erteilte ein Rabbi. Gleichwohl war die Schule ein deutsches Gymnasium mit einem Bildungsanspruch, der von den Juden nicht nur anerkannt, sondern gesucht und begrüßt wurde. Elias hat bisher in jeder biographischen Äußerung auf den bedeutenden Einfluß des preußisch-humanistischen Gymnasiums hingewiesen und auf die starken Anregungen, die er dort erhalten hat, die seine Entwicklung entscheidend mitbestimmten.[7] Er rühmt seine ausgezeichneten Lehrer, von denen einige später sogar eine Universitätskarriere machten.[8]

Es gab in den Oberklassen eine Arbeitsgemeinschaft, in der vor allem Kant gelesen wurde und in der es durchaus eine Konkurrenz unter den Schülern im Begreifen und Verstehen der schwierigen Texte gab. Intellektuelle Neugier paarte sich so mit der Einsicht, daß es harter, intellektueller Arbeit bedarf, um sich gegenüber der Sache und dem Rivalen zu behaupten. Dabei war es kein Zufall, daß besonders das Fach Philosophie den Schüler Elias faszinierte. Die Vertiefung ins Fach Philosophie war zugleich Vertiefung in das »klassische Bildungsideal des deutschen Bürgertums ... In ihrem Mittelpunkt standen noch immer die Klassiker der griechisch-römischen Antike und die deutschen Klassiker der Schiller- und Goethe-Zeit«[9]. Ganz im Sinne dieses Bildungsideals wünschte sich der dreizehnjährige Elias zu seiner Bar-Mitzwah – dem jüdischen Gegenstück zur Konfirmation oder Kommunion – deutsche Klassiker in der Ausgabe des Bibliographischen Instituts.

In den »Notizen zum Lebenslauf« bezeichnet Elias diese frühe Orientierung an der klassischen deutschen Literatur als mitverantwortlich für seine Art des wissenschaftlichen Zugangs zu menschlichen Problemen, die auch ein fester Bestandteil seiner Persönlichkeit blieb, als er sich später der Soziologie zuwandte und »eine zunehmend kritische Stellung gegenüber dem philosophisch-idealistischen Humanismus dieser Tradition einnahm«[10].

Aber diese Entwicklung setzt erst 15 Jahre später ein. Zunächst

---

7 Vgl. u. a. Norbert Elias: Notizen zum Lebenslauf, a.a.O., S. 11 f.
8 A.a.O., S. 12.
9 Ebd.
10 A.a.O., S. 13.

bieten Kindheit und Schulzeit die typischen Merkmale einer Jugend in einer deutsch-jüdischen Mittelschichtsfamilie. Man ist fast versucht zu sagen, in einer typischen Aufsteigerfamilie, die sich ihres Judentums zwar bewußt ist, aber sich doch als deutsche Familie fühlt. Elias hat mehrfach beschrieben, wie groß die Orientierung an der deutschen Gesellschaft war – unbeschadet ihrer abwehrend-feindlichen Haltungen. Diese Abwehr wurde nicht ernst genommen, sondern als unreife Haltung ungebildeter Menschen beiseite geschoben. »Das Bild, das aus meiner Kindheit zu mir herüberdringt, ist das einer Außenseitergesellschaft, die im Bewußtsein ihrer gesetzlichen und so auch ihrer wirtschaftlichen Gleichstellung als deutsche Staatsbürger sich ihre gesellschaftliche Ungleichheit, ihr soziales Ausgeschlossensein in hohem Maße zu verdecken suchte. Das Bild des mauschelnden, schmutzigen, nach Knoblauch riechenden, betrügerischen Hausiererjuden, dem man immer von neuem in der christlichen deutschen Gesellschaft begegnete, war zu weit entfernt von dem, was man über sich selbst wußte, um ernstlich zu verletzen. Man lebte in einer etwas abgekapselten Welt. So konnte man leicht die gelegentlichen öffentlichen Haßausbrüche gegen Juden als Untaten unerzogener Radaumacher abtun.«[11] Es war eine Außenseiterposition, die »aber im Schutze der Rechtsinstitutionen des Kaiserreichs und des physisch, wirtschaftlich und kulturell völlig gesicherten Lebens, das wir führten, doch nur wie durch einen Schleier«[12] wahrgenommen wurde.

Dieses Gefühl teilte die Familie mit dem Großteil der Juden. In der Zeit des Wilhelminischen Kaiserreichs war »die Eingliederung der Juden in die deutsche Gesellschaft nicht mehr nur eine theoretische, sondern eine faktische Angelegenheit«, und sie gelang deshalb so schnell und umfassend, »weil sie Teil eines größeren Phänomens war, der Emanzipation der Mittelklasse«[13]. So gesehen war das Deutschtum der Juden kein Versuch der ängstlichen Anpassung, sondern »ein Gefühl der Teilhabe an einer Kultur, die Humanisten und Kosmopoliten wie Kant, Schiller und Goethe hervorgebracht hatte«[14]. Die Faszination, die intellektu-

---

11 Norbert Elias: Notizen zum Lebenslauf, a.a.O., S. 54.
12 A.a.O., S. 53.
13 Peter Gay: Freud, Juden und andere Deutsche. Herren und Opfer in der modernen Kultur. Hamburg 1986, S. 118.
14 A.a.O., S. 117.

elle Herausforderung, die die Philosophie Immanuel Kants beim Gymnasiasten Norbert Elias hervorrief, hatte eine Entsprechung in der ihn umgebenden Gesellschaft. Jürgen Habermas begründet die Anziehung, die Kant auf den jüdischen Geist ausübte, mit dessen »vernunftgläubiger Kritik und weltbürgerlicher Humanität« und mit den Chancen, die Kant für eine »Assimilation ohne Kränkung«[15] eröffnete. So kann es nicht verwundern, daß bereits im Jahre 1890 sich die seit mehr als 50 Jahren erschienene »Allgemeine Zeitung des Judentums« als ein »Deutsches Organ, das treu zu Kaiser und Reich steht« bezeichnete. Das war eine Hingebung an die deutsche Gesellschaft, die kränkende Zurückweisungen nur aus der Vergangenheit zu kennen glaubte.

Auch hierzu findet man bei Elias die Entsprechung, vor allem bei seinen Eltern. Als der Sohn schon fünf Jahre im Exil lebte, konnten ihn seine Eltern 1938 in London besuchen. Er bat sie, bei ihm zu bleiben, was der Vater mit der Begründung ablehnte, er habe nichts Unrechtes getan. Es war das Bewußtsein eines Mannes, der »in einem Staate aufgewachsen (war), den er selbst als Rechtsstaat verstand, in dessen Schutz und von dessen wirtschaftlichem Aufstieg getragen er selbst ein wohlhabender Mann geworden war«[16]. Er hatte gute Gründe für seine Annahme, aber er irrte sich schrecklich. Die Juden hatten, wie Walter Jens in seiner Rede über Lessings »Nathan aus der Sicht von Auschwitz«[17] gesagt hat, dem Gedanken der Gleichberechtigung ihre Identität geopfert, voller Vertrauen in den vermeintlichen Humanismus der anderen Seite. Es ist die Geschichte eines Irrtums mit tödlichem Ausgang.

Konturen der Persönlichkeit: Selbstdisziplin und intellektuelle Arbeit

Am Ende von Kindheit und Schulzeit sehen wir einen jungen Menschen, der wohlbehütet aufwachsen konnte, sich frühzeitig

---

15 Jürgen Habermas: Der deutsche Idealismus der jüdischen Philosophen. In: Thilo Koch (Hrsg.): Portraits zur deutsch-jüdischen Geistesgeschichte. Köln 1961, S. 99-125 (hier: S. 106).
16 Norbert Elias: Notizen zum Lebenslauf, a.a.O., S. 54.
17 Walter Jens: Nathan der Weise aus der Sicht von Auschwitz. Juden und Christen in Deutschland. In: Ders.: Kanzel und Katheder. Reden. München 1984, S. 31-49.

anschickt, ein ›homme de lettres‹ zu werden, für den, das überrascht dann kaum noch, schon als Schüler entschieden war, auf die Universität zu gehen und nach Möglichkeit eine Universitätskarriere zu versuchen, auch wenn er wußte, daß es für ihn als jüdischen Außenseiter sehr schwer werden würde, eine Professur zu bekommen. Dies ist weder ein blinder Mechanismus, noch ein blinder Zufall. Man kann eine Reihe Faktoren benennen, die diese Entwicklung beeinflußt und den Grundstein zu einer bestimmten Persönlichkeit mitgelegt haben.

Einen zentralen Einschnitt im Leben von Elias bildet die Erfahrung des Ersten Weltkrieges, die den noch nicht 18jährigen aus der heilen Breslauer Welt riß. Nachdem er am 8. Juni 1915 die Reifeprüfung bestanden und sich am 22. Juni 1915 an der Universität Breslau für die Fächer Philosophie und Germanistik immatrikuliert hatte, meldete er sich, wie alle seine Klassenkameraden, am 1. Juli 1915 als Kriegsfreiwilliger. Elias wurde Telegraphist, wurde zunächst im Osten eingesetzt und machte dann die Somme-Schlacht mit ihren ungeheuren Verlusten an Menschenleben mit. Nach einem Zusammenbruch wurde er in die Heimat zurückgeschickt und tat, da nicht mehr felddienstfähig, nun in Breslau Dienst als Sanitätssoldat in der Genesenden-Batterie des Ersatz-Bataillons Fußartillerie Regiment 6. Parallel zum Sanitätsdienst begann er, Medizin zu studieren. Am 4.2.1919 wurde er aus dem Militärdienst entlassen.[18]

Der Schützengrabenkrieg ist ihm in schrecklicher Erinnerung. In dem Interview von Carmen Thomas, eine der seltenen Gelegenheiten, bei denen er sich zu seinen Kriegserlebnissen äußerte, sagte er: »Der Schmutz, der Morast, das Blut, die sterbenden Pferde, die sterbenden Kameraden neben einem, das Trommelfeuer. Ich erinnere mich noch an die Szene, als die Front näher kam. Wir hörten das dumpfe Donnern des Trommelfeuers unaufhörlich Tag und Nacht, und wir sahen die Blitze der Geschütze. Der Kamerad neben mir blies die Mundharmonika, und man sang ›Ich hatte einen Kameraden‹.«[19]

Elias rettete sich unversehrt aus diesem Krieg. Die meisten sei-

18 Alle Angaben zum Militärdienst und die Daten zum Medizinstudium finden sich in dem Lebenslauf, den Elias im Februar 1933 der wirtschafts- und sozialwissenschaftlichen Fakultät der Universität Frankfurt einreichte und der im dortigen Universitätsarchiv aufbewahrt wird. Im weiteren Text wird er als »Frankfurter Lebenslauf« bezeichnet.
19 Interview ›Carmen Thomas‹, a.a.O.

ner Klassenkameraden fielen auf dem sogenannten ›Feld der Ehre‹. Das war ein Hauptgrund dafür, wie Alfred Wandrey vermutet, daß es nach Ende des Krieges zu keinem Wiedersehen der Klassenkameraden kam. Sowohl Wandrey als auch Elias wissen Namen von Gefallenen zu nennen, aber keine Überlebenden.

Elias rettete sich nicht nur physisch unversehrt, sondern auch psychisch. Man kann sogar sagen, daß er trotz traumatischer Erlebnisse dem Inferno in gewisser Weise gestärkt entkam. Den Schock des plötzlichen Übergangs von einer behüteten Jugend in die Militärdienstzeit, die physischen Anstrengungen und die psychischen Belastungen verarbeitete der zarte junge Mensch, indem er eine besondere Fähigkeit zur Selbstdisziplin entwickelte. Mit den Umständen um sich herum, das war die frühe Erkenntnis, wird man nur fertig, wenn man lernt, sehr diszipliniert zu leben, Ansprüche zurückzuschrauben und sich körperlich wie psychisch auf die Umgebung einzustellen. Eine Fähigkeit, die ihm in den langen Jahren des Exils ebenso zugute kam wie beim Verfolgen seiner wissenschaftlichen Interessen.

Langsam formt sich die Persönlichkeit des jungen Elias, nimmt erste Konturen an. Jüdisches Elternhaus, humanistische Bildung, Bereitschaft zu harter intellektueller Arbeit und die Einsicht in die Notwendigkeit von Selbstdisziplin beschreiben diese Konturen sicherlich nur unvollständig, geben aber doch Auskunft über die grundsätzliche Ausrichtung. In den nächsten Jahren – der Studienzeit – kommen weitere ›Bausteine‹ hinzu.

Das Studium der Medizin begann Elias auf Wunsch des Vaters. Dieser hatte zwar auch das Gymnasium besucht, »aber er hatte nicht das Geld, um zu studieren und Arzt zu werden. Das war eigentlich sein Ideal, er hatte Arzt werden wollen«[20]. Außerdem war er für das Fach eingeschrieben, das ihn auf der Schule so fasziniert hatte: Philosophie. Eine Zeitlang liefen die Studien parallel. Aber nach der ärztlichen Vorprüfung (Physikum) am 14.4.1919 gab Elias das Medizinstudium nach und nach ganz auf und konzentrierte sich auf das Studium der Philosophie, mit dem Ziel der Promotion.

Die vorklinischen Semester bis zum Physikum, die auch damals neben der Anatomie einen naturwissenschaftlichen Schwerpunkt hatten, vermittelten Elias nicht unbeträchtliche Kenntnisse aus den Naturwissenschaften, die seine späteren Arbeiten beeinfluß-

20 Interview ›Carmen Thomas‹, a.a.O.

ten. Im Zusammenhang mit Arbeiten über Probleme des Lachens und Lächelns, so berichtet er in den »Notizen«, seien es seine während der medizinischen Studienjahre erworbenen Kenntnisse gewesen, die es ihm ermöglicht hätten, die sozialen wie die biologischen Aspekte zu bedenken und aufeinanderbezogen zu betrachten. »Ich kannte die einzigartige Vielfältigkeit der menschlichen Gesichtsmuskeln, stellte fest, wieviel differenzierter diese Muskulatur ist als die der lebenden Menschenaffen, wieviel ausgeprägter zum Beispiel auch der Risorius-Muskel ist, der beim menschlichen Lachen eine nicht unerhebliche Rolle spielt, und wurde also auch von dieser Seite her dessen gewahr, daß die Menschen von Natur (aus) auf ein Zusammenleben mit ihresgleichen, auf gattungsspezifische Formen der Kommunikation miteinander abgestimmt sind, die zum Teil, wenn auch nicht ausschließlich, durch den Einbau erlernter sozialer Muster aktiviert und transformiert werden können und müssen. Ich wollte mit dieser Arbeit unter anderem darauf hinweisen, daß die außerordentlich hohe Individualisierung der menschlichen Gesichter – insbesondere wenn man sie mit der relativen Starre und der vergleichsweise weit geringeren individuellen Differenzierbarkeit der Tiergesichter vergleicht – zum Teil auf der besonderen Bildsamkeit und Vielfältigkeit der menschlichen Gesichtsmuskeln beruht.«[21]

Elias und Richard Hönigswald:
Die Auseinandersetzung mit dem Doktorvater

Die vorklinischen Semester und das Vorstudium der Anatomie hatten einen wichtigen Einfluß auf Elias' Grundvorstellungen, und erst viel später wurde ihm klar, wie wichtig diese naturwissenschaftlichen Kenntnisse bei der Entwicklung der Zivilisationstheorie waren. Dies betraf vor allem die Erkenntnis, daß der Mensch nicht von innen nach außen lebt, daß z. B. ein Gefühl eben nicht nur die Ursache für bestimmte Muskelbewegungen im Gesicht ist. Gesichtssignale und Empfindungen »sind ursprüngliche Aspekte ein und derselben menschlichen Reaktion. Gefühl und Ausdruck gehören primär zusammen.« Das Ich existiert

21 Norbert Elias: Notizen zum Lebenslauf, a.a.O., S. 14 f.

nicht von anderen Menschen getrennt, gewissermaßen gefangen in einem Körper. Erst im Verlauf des Zivilisationsprozesses tritt hier eine künstliche Trennung ein, »schiebt sich je nach den Zivilisationsmustern eine Scheidewand zwischen Gefühlserregung und Gesten oder Gesichtsmuskelbewegung«. Für Elias ist es zweifelhaft, ob er in der Lage gewesen wäre, dieses »neue Menschenbild des homo-non-clausus« klar herauszuarbeiten und später weiter zu entwickeln »ohne die Kenntnis, die ich beim Medizinstudium erworben hatte«[22]. Aber es dauerte mehr als 15 Jahre, bis sich diese Einsichten konkretisierten. Zunächst begann Elias ein Studium der Philosophie bei dem Neukantianer Hönigswald.

Richard Hönigswald (1875-1947) gehörte keiner der beiden großen Schulen (Marburg, Süddeutschland) des Neukantianismus an, der den Geltungsanspruch wissenschaftlicher Erkenntnis ausschließlich in einer überzeitlichen und überindividuellen Subjektivität begründen wollte. Dagegen bestand Hönigswald darauf, daß Erkenntnis immer Tatsachenerkenntnis ist. So tritt neben die reinen Geltungsprinzipien der Bedingungen der Möglichkeit wissenschaftlicher Erkenntnis, neben die reine, überindividuelle Subjektivität eine konkrete Subjektivität, auch wenn diese ebenfalls nicht ausschließlich wissenschaftlich vermittelt sein muß, sondern etwa im Bereich psychologischer oder religiöser Empfindungen liegen kann. Damit begründet Hönigswald einen ganzheitlichen Ansatz, der Philosophie, Psychologie, Kunst, Ethik und Religion umfaßt. Die Gesetze und Strukturen dieser Wissenschaften werden als Vorbedingungen der Möglichkeit von Erkenntnis mit einbezogen, so daß die Philosophie zu letzt-definierten Begriffen führt. Hönigswald ordnet diese metatheoretischen Überlegungen in einer Fundamentallehre. Unterscheidungen nach Einzeldisziplinen oder Teilen von Philosophie können entfallen. Die Analyse historischer Formen der Philosophie untersucht die innere Ordnung immer gleicher Grundprinzipien der Erkenntnis. Probleme und Problemsicht mögen sich historisch verändern, das Prinzip der Erkenntnis, hier in der Hönigswaldschen Fassung, bleibt.

Außer in Breslau studierte Elias im Sommersemester 1919 in Heidelberg und im Sommersemester 1920 in Freiburg. Als junger Student durfte er in Freiburg an Husserls ›Goethe-Seminar‹ teil-

---

[22] Norbert Elias: Notizen zum Lebenslauf, a.a.O., S. 15 f.

nehmen. Den Zugang hatte ihm dessen Assistentin Edith Stein[23] – sie kannte Elias aus Breslauer jüdischen Kreisen – durch ein Empfehlungsschreiben verschafft.

Elias stand der Phänomenologie Husserls, vorgewarnt durch Hönigswald, kritisch gegenüber. Edith Stein sandte deshalb wohl vorbeugend einen Brief nach Freiburg: »Es ist jetzt ein Jüngling von hier nach Freiburg gegangen, um bei Husserl zu hören, und ich habe ihm versprochen, ihn an Sie zu empfehlen, was ich eigentlich längst hätte tun sollen. Er heißt Norbert Elias (zu erkennen an einem blau-weißen Abzeichen!), ist im Haupt- oder Nebenberuf Mediziner, philosophisch von Hönigswald gedrillt, aber von mir instruiert, daß er seinen Kritizismus einklammern muß, um etwas von Phänomenologie zu kapieren.«[24]

Ob Heidelberg gewählt wurde, weil einige wichtige Neukantianer dort lehrten, oder ob die Stadt auch auf Elias ihre so oft gerühmte Anziehungskraft ausübte, ist nicht mehr auszumachen. Jedenfalls hat er bei Heinrich Rickert, bei Ernst Robert Curtius und bei Friedrich Gundolf gehört. Er nimmt auch an einem Seminar des jungen Jaspers teil, der sich für den Studenten interessierte. Elias erinnert sich an lange gemeinsame Spaziergänge auf dem Philosophenweg. Dieser schöne Spazierweg – er liegt auf der dem Schloß gegenüberliegenden Uferseite – trägt zu Recht diesen Namen, hat er doch mit ziemlicher Sicherheit alle großen Gelehrten gesehen, die in Heidelberg studierten, lehrten oder lebten.

Jaspers veranlaßte Elias, in seinem Seminar ein Hauptreferat über die ›Zivilisationsliteraten‹ zu halten. Der Begriff des Zivilisationsliteraten war von Thomas Mann als Schlagwort und wohl auch als Schimpfwort gegen seinen Bruder Heinrich und andere linke Schriftsteller gerichtet, deren radikal-demokratische Ansichten als undeutsch empfunden wurden. Vor allem der Begriff ›Zivilisation‹ sollte das negative Pendant zur ›Kultur‹ sein. Kultur ist deutsch, natürlich und wahrhaft, Zivilisation ist fremdländisch, seelenlos und zersetzend.

Bis dahin hatte Elias mit Politik wenig im Sinn gehabt: »Mo-

---

23 Edith Stein war eine Schülerin Husserls, die später zum Katholizismus übertrat, von Nazischergen aus einem Kloster verschleppt und im Konzentrationslager umgebracht wurde. Sie war eine tiefgläubige Frau, ein Vorbild und eine Märtyrerin, die im Mai 1987 vom Papst während seines Besuches in der Bundesrepublik Deutschland selig gesprochen wurde.
24 Edith Stein: Selbstbildnis in Briefen. Erster Teil: 1916-1934. Edith Steins Werke, Bd. VIII. Freiburg u. a. 1976, S. 46.

delle politischen Engagements fehlten im Kreise meiner Eltern und Verwandten so gut wie ganz.«[25] An dieser Politikferne änderte auch der Krieg und seine vorübergehende Mitgliedschaft in einem Soldatenrat nichts, »in den ich von meiner Truppe wahrscheinlich wegen meiner rednerischen Artikuliertheit im Jahre 1918 gesandt wurde«[26]. Gegenüber der Politik als einem zentralen gesellschaftlichen Bereich nimmt er früh eine relativ distanzierte Position ein, die wir in den folgenden Jahrzehnten immer wieder antreffen. So greift er das Thema der Seminararbeit, den Gegensatz zwischen Zivilisation und Kultur, im Einleitungsteil von »Über den Prozeß der Zivilisation« wieder auf, aber nicht inhaltlich politisch, sondern historische Wurzeln der Begriffe und der Entstehung ihres Gegensatzes untersuchend.

Während seines Philosophiestudiums stieß Elias bald auf den Gegensatz zwischen der philosophisch-idealistischen und der anatomisch-physiologischen Sicht des Menschen, die er während seines Medizinstudiums kennengelernt hatte. Es beunruhigte ihn, daß er die Funktionsweise des Gehirns nicht in Einklang bringen konnte mit den Vorstellungen von der Innenwelt des Menschen als der Sphäre der Ideen, die a priori gegeben ist. Als er solche Bedenken seinem Lehrer Hönigswald einmal vortrug, wurde er »auf die Unzulänglichkeit des Biologismus und auf die von solchen Befleckungen unberührte Geltung von Urteilen«[27] hingewiesen.

Aber wie das mit dem Zweifel so ist. Einmal geboren, läßt er sich auch durch die Immunisierungsstrategien der bezweifelten Position nicht mehr ohne weiteres aus der Welt schaffen. Hier richtet er sich gegen die grundlegende Orientierung der Philosophie, Prozesse auf statische Zustände zu reduzieren und zeitlosen, a priori vorhandenen Kriterien zu unterwerfen, um so die Geltung der Urteile zu begründen.

Aus diesem Grund kam es über die Dissertationsschrift »Idee und Individuum. Ein Beitrag zur Philosophie der Geschichte« zu einer grundsätzlichen Auseinandersetzung mit dem strengen Doktorvater. Elias zeigt dort auf, daß »die Sache mit dem a priori nicht stimme(n)« könne. »Ich konnte nicht mehr übersehen, daß alles, was Kant als zeitlos und vor aller Erfahrung gegeben hin-

25 Norbert Elias: Notizen zum Lebenslauf, a.a.O., S. 18.
26 Ebd.
27 A.a.O., S. 16 f.

stellte, sei es die Vorstellung einer Kausalverknüpfung, die der Zeit oder die natürlicher und moralischer Gesetze, zusammen mit den entsprechenden Worten von anderen Menschen gelernt werden müssen, um im Bewußtsein des einzelnen Menschen vorhanden zu sein. Als gelerntes Wissensgut gehören sie also zum Erfahrungsschatz eines Menschen.«[28]

Das konnte Hönigswald nicht akzeptieren. Entsprechend dem damals vorherrschenden autoritären Doktor-Vater-Sohn-Verhältnis verlangte er kategorisch eine Änderung. Trotz seiner gegenteiligen Einsicht akzeptierte der Doktorand schließlich einige Änderungen, ließ ein paar Seiten fort, was in dem Fakultätsexemplar vermerkt wurde, und mit der Feststellung, daß »die Idee der Geltung als Prinzip des dialektischen Prozesses dessen Bewegungen enthoben«[29] sei, stellte er Hönigswald schließlich zufrieden.

Nachdem das Rigorosum in den Fächern Philosophie, Psychologie, Kunstgeschichte und Chemie bereits am 26. Juni 1922 stattgefunden hatte, wurde Elias am 30. 1. 1924 zum Doktor der Philosophie promoviert.

Es gibt von der Dissertationsschrift ein Exemplar in der Preußischen Staatsbibliothek in Berlin sowie einen dreiseitigen Auszug, der wegen der wirtschaftlichen Notsituation 1922/23 für ausreichend als Publikation der Dissertation angesehen wurde.[30] Als Elias durch Vermittlung von Peter Ludes Anfang der 80er Jahre – also nach 60 Jahren – seinem damaligen Text wiederbegegnete, hat er, wie er in einer Anmerkung zu den »Notizen« berichtet, »einen gewissen Schock«[31] erlitten. Wenn man die klare Sprache kennt (und schätzt), in der Elias seit Mitte der 30er Jahre seine soziologischen Texte schreibt, so ist dies schon verständlich. Der Text aus dem Jahre 1922 ist philosophisch verschlüsselt, voller Abstraktionen und stark ritualisiert. Gleichwohl kann man schon an diesem kurzen Text von Elias jene Themen entdecken, denen er sich später als Soziologe widmete. »Schon in

28 Norbert Elias: Notizen zum Lebenslauf, a.a.O., S. 19.
29 Norbert Elias: Idee und Individuum. Ein Beitrag zur Philosophie der Geschichte. Auszug aus einer Schrift zur Erlangung der Doktorwürde der Hohen Philosophischen Fakultät der Schles. Friedrich-Wilhelms-Universität zu Breslau. Breslau 1924, S. 3.
30 Die Bibliothek der Ruhr-Universität Bochum und die der Gesamthochschule Wuppertal verfügen über eine Photokopie der Dissertation und des Auszugs.
31 Norbert Elias: Notizen zum Lebenslauf, a.a.O., S. 80 (Anm. 4).

Idee und Individuum.

Ein Beitrag zur Philosophie der Geschichte.

Auszug aus einer Schrift

zur

Erlangung der Doktorwürde

der

Hohen Philosophischen Fakultät der
Schles. Friedrich-Wilhelms-Universität
zu Breslau

vorgelegt von

Norbert Elias.

Promotion: 30. Januar 1924.

HOCHSCHULVERLAG BRESLAU
Schles. Buchdruckerei u. Verlag Karl Vater, Breslau 10, Matthiasstr. 12.

Abb. 4: Titelblatt des dreiseitigen Auszugs aus der Dissertationsschrift

der Doktorarbeit beschäftigte mich offenbar bereits das, was ich später ›die Ordnung des Nacheinander‹ nannte, also die spezifische Ordnung, innerhalb deren eine jeweils spätere Gegebenheit aus einer spezifischen Abfolge früherer hervorgeht. Ich stellte mir auch damals schon Fragen, die mich noch heute aufs intensivste beschäftigen, also z. B. die Frage, wie eine spätere Staatsform aus einer früheren und diese ihrerseits aus einer noch früheren hervorgeht und warum das der Fall ist, oder wie eine spätere aus einer früheren Wirtschaftsform, eine spätere aus früheren Wissensformen und, allgemeiner, spätere aus früheren Formen des gesellschaftlichen Zusammenlebens der Menschen entstehen.«[32]

Der junge Student hatte sich für seine Einsichten eingesetzt und den Streit mit einem Mächtigeren durchgestanden. Es war für den jungen Menschen eine wichtige, wegweisende Erfahrung, daß die Redlichkeit des Denkens zu neuen Erkenntnissen führen kann – eine Erfahrung, die zu einem weiteren wichtigen Baustein seiner Persönlichkeit wurde. Zu der Bereitschaft zu harter intellektueller Arbeit und zur Selbstdisziplin kommt der Wille, an für richtig Erkanntem auch dann festzuhalten, wenn einem aus den menschlichen Verflechtungen, in denen man sich befindet, Nachteile erwachsen können oder lange Zeit keine Chance besteht, entsprechendes Gehör zu finden.

Jüdische Jugendbewegung: Der Wanderbund Blau-Weiß

Viel deutlicher als in der Dissertationsschrift lassen sich die Unterschiede zur Hönigwaldschen Position in einem zwölfseitigen Beitrag ablesen, den Elias Mitte 1921 in der Führerzeitung des Jüdischen Wanderbundes Blau-Weiß (der damals bedeutendste jüdische Jugendverband) veröffentlichte.[33]

Daß es bereits kurz nach der Jahrhundertwende neben dem Wandervogel auch jüdische Bünde gab, hatte mit dem teils latenten, teils ausdrücklichen Antisemitismus der deutschen Jugendbewegung zu tun. Oft wurden jüdische Jungen und Mädchen nicht aufgenommen, andere durch solche Vorfälle von vornherein ab-

---

32 Norbert Elias: Notizen zum Lebenslauf, a.a.O., S. 80 (Anm. 4).
33 Norbert Elias: Vom Sehen in der Natur. In: Blau-Weiß-Blätter. Führerzeitung. Herausgegeben von der Bundesleitung der Jüdischen Wanderbünde Blau-Weiß II (1921), H. 8-10 (Breslauer Heft), S. 133-144.

geschreckt. Da die jüdischen Heranwachsenden wie die christlichen am Wochenende lieber mit Gleichgesinnten in die Wälder auf Fahrt gehen wollten, als wohlerzogen-geschniegelt das bürgerliche Wochenende und Sonntagsritual zu erleiden, mußte es geradezu zu Ersatzorganisationen kommen.

Bereits 1907 wurden in Breslau und Berlin jüdische Wandervereine gegründet. Es waren dies nicht die einzigen, aber sie waren der Kern der bedeutendsten jüdisch-jugendbewegten Organisation. Hermann Meier-Cronemeyer stellt zu Recht fest, daß diese wie beim Wandervogel keine spontanen Gründungen von Jugendlichen, sondern allenfalls jugendlich zu nennenden Erwachsenen waren.[34] Inwieweit von vornherein ein zionistisches Element vorhanden war, ist in der Literatur nicht klar. Eindeutig ist aber, daß die 1912 in Breslau erfolgte Gründung einer Jugendabteilung des jüdischen Wanderbundes von 1907 die zionistischen Farben Blau-Weiß in ihrem Namen aufnahm und gegen die assimilatorische Grundhaltung des deutschen Judentums gerichtet war. Der jüdische Wanderbund Blau-Weiß war als Kontrastprogramm zu den jüdisch-deutschen Vereinen und Verbänden gedacht. Er war eine dem Zionismus verpflichtete Gemeinschaft, die bald heftiger Kritik der betont deutschen Juden ausgesetzt war.

Die Diskussion hierüber wurde, wenn auch mit verminderter Vehemenz, während des Weltkrieges fortgesetzt. Schon bald nach dessen Ende entfaltete Blau-Weiß dann verstärkte Aktivitäten, nun ganz auf die Unterstützung der zionistischen Bewegung und die Kolonisation Palästinas konzentriert. Georg Landauer schrieb 1921 dazu in den Blau-Weiß-Blättern: »Wir müssen es als unsere Aufgabe betrachten, überall, in allen Bezirken des Volkslebens, in bewußter Arbeit die Bewegung zu stärken, vorhandene Anfänge zu begünstigen, neue Bedingungen für zionistisches Leben und Palästinaentwicklung zu schaffen.«[35]

Aber der zionistische Bund Blau-Weiß war auch ein den pädagogischen Zielen der Jugendbewegung verpflichteter Jugendbund. Fragen der Erziehung hatten einen hohen Stellenwert. Es war der Breslauer Führer Martin Bandmann, der in der Führer-

---

34 Hermann Meier-Cronemeyer: Jüdische Jugendbewegung. In: Germania Judaica VIII (1969), S. 1-56 und S. 57-124 (hier: S. 18).
35 Georg Landauer zitiert nach Hans Tramer: Jüdischer Wanderbund Blau-Weiß. Ein Beitrag zu seiner äußeren Geschichte. In: Bulletin des Leo Baeck Instituts V (1962), S. 23-43 (hier: S. 34).

zeitung einen Aufsatz über »Gedanken zur Kunsterziehung« veröffentlichte. Dies war eine andere Richtung als die proletarisch-agrarische Strömung, die den Zionismus damals zum Teil erfaßt hatte. Erziehung, und hierbei war Kunsterziehung das Herzstück, hatte bei dieser akademischen Variante der Bewegung einen hohen Stellenwert. Daraus ergab sich eine Eigengesetzlichkeit, die »mit der Gesetzlichkeit der großen zionistischen Bewegung zu einer Einsicht zu verknüpfen«[36] sei.

Ob Elias schon während der Schulzeit und während des Krieges im Wanderbund Blau-Weiß tätig war, ist nicht bekannt. Nach Kriegsende wurde er dann aber dort aktiv. Die *Blau-Weiß-Blätter* vom November 1918 meldeten aus Breslau im Bericht der Bundesleitung: »Norbert Elias wurde zum Führer ernannt.«[37] Breslau war von Anfang an eines der Zentren des jüdischen Wanderbundes. Dort übernahm Martin Bandmann 1921 die Schriftleitung der Führerzeitschrift. Später wurde er dann auch Bundesführer. Unter seiner Ägide erschien bald das sogenannte ›Breslauer Heft‹, das Fragen der Erziehung gewidmet war. Es ist ein Beleg für die Spannweite der damaligen Diskussionen.

»Vom Sehen in der Natur«: Zur Kritik der Philosophie

Im ›Breslauer Heft‹ erschien 1921 die bereits erwähnte Abhandlung »Vom Sehen in der Natur«. Sie enthält, das sei vorweg gesagt, wenig zionistisches Gedankengut, auch fehlen Passagen mit dem Charisma eines Bandmann. Manchmal wundert man sich, daß diese Eliasschen Ausführungen überhaupt aufgenommen wurden. Sätze wie »Wo erzogen wird, da werden Fragen gestellt« mußten ein ziemlicher Kontrast sein zu den stark auf Gefolgschaft und gezieltem Engagement abgestellten zionistischen Vorstellungen, die Bandmann vertrat und die 1922 auf dem Bundestag des jüdischen Wanderbundes Blau-Weiß in Prunn beschlossen wurden. Interessant ist übrigens, daß das Breslauer Heft zwar oft genannt wird, aus ihm selbst aber nicht zitiert wird.

---

36 Martin Bandmann: Gedanken zur Kunsterziehung. In: Blau-Weiß-Blätter. Führerzeitung. Herausgegeben von der Bundesleitung der Jüdischen Wanderbünde Blau-Weiß II (1920), H. 1/2, S. 218.
37 In: Blau-Weiß-Blätter. Monatsschrift für Jüdisches Jugendwandern VI (1918), Novemberheft, S. 79.

Der Name Elias wird in den Berichten über Blau-Weiß nicht erwähnt. Dies ist auch wohl ein Grund dafür, daß der Artikel so lange unbekannt blieb. Er mag für die jüdische Jugendbewegung wenig bedeutet haben, im Hinblick auf die intellektuelle Entwicklung und den späteren Lebensweg seines Autors ist er aber sehr wichtig.

Damit ist jedoch nicht gemeint, daß die Jugendbewegung ihn geprägt habe. Wenn Helmut Schelsky in seinem Bloch-Buch auch Elias in die Reihe der Soziologen stellt, die durch die Jugendbewegung beeinflußt wurden[38], so ist diese Zuordnung zu pauschal und durch Quellen nicht belegt. Abgesehen davon, daß es für den späteren Lebensweg sicher einen Unterschied machen würde, ob man freideutsch-antisemitisch oder jüdisch-zionistisch beeinflußt wurde, gibt es bei Elias auch keine Anhaltspunkte, wie man sie z. B. bei Hans Freyer ausmachen kann.[39] Nach der Machtübernahme hatte dieser auch keine Bedenken, unter den Nationalsozialisten Präsident der Deutschen Gesellschaft für Soziologie zu werden.

Der Artikel »Vom Sehen in der Natur« ist in ganz erstaunlicher Weise ein erstes Dokument der wissenschaftlichen Entwicklung von Norbert Elias vom Philosophen zum Menschenwissenschaftler. Viele seiner später auf einem entwickelteren Niveau vorgetragenen Thesen und Positionen finden sich hier in ersten Ausprägungen. Auch wenn man nicht exegetisch Wort für Wort interpretiert, sondern nur Augenfälliges benennt, gibt es deutliche Belege für diese These. Es fängt, um nur ein Beispiel zu nennen, schon bei der Überschrift an, die den Betrachter ›in‹ einen Zusammenhang mit der Natur stellt. Nicht ›vom Sehen der Natur‹, sondern ›in der Natur‹ ist das Thema. Damit macht Elias einen wichtigen Unterschied deutlich. Im Text heißt es dann: »Sehen in der Natur ist keineswegs eine so ganz einfache Sache, da es in eins geht mit der Art, wie man sich selbst und wie man die Welt überhaupt sieht ...«[40]

38 Helmut Schelsky: Die Hoffnung Blochs. Kritik der marxistischen Existenzphilosophie eines Jugendbewegten. Stuttgart 1979, S. 10.
39 Siehe hierzu Elfriede Üner: Jugendbewegung und Soziologie. Wissenschaftssoziologische Skizzen zu Hans Freyers Werk und Wissenschaftsgemeinschaft bis 1933. In: M. Rainer Lepsius (Hrsg.): Soziologie in Deutschland und Österreich 1918-1945. Materialien zur Entwicklung, Emigration und Wirkungsgeschichte (Sonderheft 23 der KZfSS). Opladen 1981, S. 131-159.
40 Norbert Elias: Vom Sehen in der Natur, a.a.O., S. 136.

Man steht der Welt nicht als abgeschlossenes Individuum gegenüber, sondern gehört zu ihr und muß diesen Tatbestand bedenken und intellektuell verarbeiten. Das ist ein deutlicher Unterschied zu Richard Hönigswalds Monadentheorie, nach der auf sich allein gestellte, konkrete Subjekte es sind, die erkennen können. Ganz allgemein wendet sich Elias in diesem frühen Artikel von der Metaphysik ab. Das kommt am deutlichsten dort zum Ausdruck, wo die These vertreten wird, daß nur wissenschaftlich begründete Aussagen einen Sinn haben.[41] Hönigswald hatte auch transzendente Aussagen akzeptiert. Sie waren Gegenstand einer Reflexion über ihre Bedeutung für das Erkennen, wurden aber nicht wissenschaftlich untersucht.

Bei der Lektüre wird aber auch deutlich, daß Elias zwar den metaphysischen Teil des Neukantianismus verläßt, nicht aber die Orientierung an einer strengen Methode, wobei die Betonung des Prozesses der Wissensentstehung, die Bedeutung der Methode des Vorgehens, nunmehr abgelöst von transzendentalen Fragestellungen, durchaus als nützlich und brauchbar angesehen wird.

Man kann also feststellen, daß seine hier bereits deutlich werdende Abkehr von der metaphysischen Wissenschaft, der Philosophie, verbunden ist mit einer Hinwendung zu sachorientierter, empirischer Wissenschaft, deren Ziel die Erarbeitung wissenschaftlicher Maßstäbe zur Beurteilung von Problemen ist. »Die Natur sehen lernen, d. h. also nichts anderes als dies: in genauer Beobachtung Fraglichkeiten erkennen und sie in der Theorie der zugehörigen Wissenschaft messen oder zur Lösung bringen.«[42]

Manches in dem damaligen Text klingt positivistisch, was aber kein Anlaß sein kann, dort jene positivistischen Grundorientierungen zu vermuten, die heute einheitswissenschaftlichen Vorstellungen zu eigen ist. Der Wissenschaftsprozeß als solcher bekommt für Elias erst eine Bedeutung im Zusammenhang mit einer Aufklärung, die abzielt auf ein besseres Verständnis der Welt, in der die Menschen leben. Dies ist kein rein technisch-ökonomisch orientiertes Vorhaben, da es in umfassende Untersuchungen der kulturellen Ausprägungen der Gesellschaft eingebunden ist.

Das wird auch dort deutlich, wo Elias Probleme der histori-

---

41 Vgl. hierzu insbesondere Norbert Elias: Vom Sehen in der Natur, a.a.O., S. 139 f.
42 A.a.O., S. 140.

BLAU·WEISS·BLÄTTER
FÜHRERZEITUNG
HERAUSGEGEBEN VON DER
BUNDESLEITUNG D. JÜDISCHEN WANDERBÜNDE BLAU WEISS

Mai-Juli 1921 · Jahrg. II des Führerheftes · Heft 8—10

BRESLAUER   HEFT

Vom Sehen in der Natur.

> Indes mich wandernd durch die Weiten
> Des Seins Unendlichkeit ergreift,
> Indes mein Geist Vergangenheiten
> Und Zukunft augenblicks durchschweift
>
> Eint sich das unermessne Viele
> Der Schmelzen ungebärd'ger Schwall
> Gebändigt zu dem einen Ziele
> Aus allen Dingen wird das All.
>
> Da spür ich Leben rings empfahen
> Von neuem Atem Feld und Wald
> Und alles Ferne will sich nahen
> Und alles Nahe nimmt Gestalt.
>
> Das aber ist des Wunders Fülle
> Wie Eines sich in Alles zweigt
> Aus Rätsels Haft gelöster Hülle
> Ein neues Rätsel fruchtbar steigt.

1. Das Sehen in der Natur scheint im Grunde die einfachste Sache von der Welt zu sein: man freut sich wandernd des Wechsels der Landschaft, man steigt auf die Berge und genießt die schöne Aussicht. Und so sehr die Kunst nach sorgsamster Arbeit in allen Einzelheiten verlangt, um sehen zu lernen, so unmittelbar und mühelos scheint die Landschaft ihre Schönheit dem Auge zu erschließen. Trotz dieser Unterschiede hat das Werk der Malerei mit dem Landschaftsbilde vielerlei gemein; nicht unrichtigerweise bezeichnen wir beides als Bild, denn hier, wie dort steht ein betrachtendes Ich einem als schön zu Beurteilendem gegenüber. Aber während bei einem Gemälde ohne weiteres einsichtig ist, aus welchen Gründen das eine Dargestellte: der Baum, der Mensch oder das Gebäude sich mit den andern zu einem malerischen Ganzen zusammenschließt, da es ja die Phantasie eines Künstlers so fügte, ist vom Landschaftsbilde eigentlich garnicht verständlich, wie es komme, daß Baum und Fluß, Wiese und Berg und Straße und Dorf sich ebenfalls zu einer bildhaften Einheit ergänzen, ja, was noch wunderbarer ist, daß es gar keine schlechthin unschöne Landschaft gibt, während wir doch unzählige Bilder, denen diese Einheit mangelt, als wertlos verdammen müssen.

Abb. 5: Erste Seite des Aufsatzes »Über die Natur«

schen Entwicklung anspricht, womit er gegen Hönigswald und den Neukantianismus eine neue Themenstellung entwickelt. Zwar kann man zugestehen, daß in Kants Geschichtsphilosophie ein Zugang zu einer empirisch orientierten Geschichtswissenschaft als möglich oder vielleicht auch als notwendig angesehen wird. Indem Elias diese unbearbeitet gebliebene Option aufnimmt, setzt er sich durch seine sachorientierte Fragestellung – hier die Frage nach der Geschichtlichkeit des Sehens in der Natur – gleichzeitig vom philosophischen Denken ab. Seine Feststellung, daß die Griechen ein anderes Naturverständnis besaßen, daß man von der Renaissance bis zur Gegenwart eine strukturierte Entwicklung des Naturverständnisses nachweisen kann, steht dem ahistorischen Denken seines Philosophielehrers diametral entgegen.

Mit dem Hinweis auf die langfristigen Entwicklungen bestimmter Wahrnehmungs-, Verhaltens- und Bewertungsmuster hat Elias auch sein Lebensthema gefunden. Es ist gewiß eine zunächst noch fragmentarische Betrachtungsweise, die er dort erstmals formuliert, aber spätere Fragestellungen – einschließlich die nach den Entwicklungen des Bewußtseins – sind bereits angelegt. Seine grundlegende Einstellung, die ihn von der abstrakten Metaphysik ebenso wegführt wie von relativistischer und personifizierender Geschichtsschreibung, ist schon erkennbar. Im Text heißt es: »Es liegt nun aber die Gefahr der geschichtlichen Untersuchung stets darin, daß entweder der Forschende am unrechten Ort sich selbst und seine Welt der früheren zu Grunde legt, oder daß er ins Gegenteil umschlagend dort, wo sich ihm Fremdheiten und Ungewohntes in den Weg stellen, eilfertig die Brücken abbricht und erklärt, da sei kein Weg des Verständnisses mehr, indes doch vielleicht eine sorgsam abwägende Arbeit gerade aus dem Ungewohnten vieles Förderliche an den Tag bringen könnte.«[43]

Wir werden diesen Umgang mit der Geschichte immer wieder antreffen: beim Züricher Soziologentag, in der Habilitationsschrift und dann im zentralen Werk »Über den Prozeß der Zivilisation«. Dies gilt auch für das Thema Natur und Naturerlebnis, das als Beispiel immer wieder vorkommt, allerdings jeweils auf höherer Syntheseebene, in weiterentwickelten theoretischen Aussagen. Bei diesem ersten Ansatz im Jahre 1921 fehlen ihm noch Wissen und Mittel. Im Verlauf des Prozesses der Entstehung sei-

43 Norbert Elias: Vom Sehen in der Natur, a.a.O., S. 136.

ner Prozeßtheorie erarbeitet er sich dann die historischen, soziologischen und psychologischen Kenntnisse und Instrumentarien, mit denen er die Gründe für langfristige Veränderungen und die Gründe für abgrenzbare Schübe der gesellschaftlichen Entwicklung herausarbeiten kann.

Elias hat von den notwendigen Voraussetzungen schon damals klare Vorstellungen. Nur derjenige kann richtigere Antworten auf Fragen finden, der sich auch um den Fortschritt in den angrenzenden Wissenschaften bemüht, »der sich mit den Wissenschaftsgrundlagen und den fortschreitenden Resultaten, dem Wissenschaftsverlaufe also in sorgsamer Arbeit vertraut macht«[44]. Auch dieser grundlegenden Haltung werden wir immer wieder begegnen.

»Einander die Lampen übergeben«

In der frühen Schrift »Vom Sehen in der Natur« finden wir nicht nur das wissenschaftliche Thema und die wissenschaftliche Haltung angelegt, die das weitere Leben von Elias bestimmen werden, sondern auch das Motto, unter dem es steht. Dabei sind Einflüsse des Philosophielehrers und Doktorvaters Hönigswald unverkennbar. Schon die Orientierung auf andere, eigentlich auf alle Wissenschaften, findet seine Entsprechung in dessen System aller Geltungsbereiche, seinem Plädoyer für die Ganzheit der wissenschaftlichen Fragestellung. Erst recht aber finden sich Einflüsse von Hönigswalds kulturpädagogischem Ansatz – nicht nur in dem Sinn, daß Erzieher Träger der Kultur sind, sondern auch in dessen umfassendem Anspruch auf Erziehung, der sich bei Elias in einem menschheitserzieherischen Bewußtsein ausdrückt, allerdings in einer zurückgenommenen Form, ohne volkspädagogischen Impetus und heilslehrenhafte Allüren. Das Motto, sein Lebensmotto steht unter dem Text: »lampadia echontes diadosusin alleloisȆ[45]; zu deutsch: Einander die Lampen übergeben. Dieses Motto enthält auch das Bild der Kette, in der die Lampe weitergereicht wird.

Diesem Motto und diesem Bild bleibt Elias treu. Auch ihm

44 Norbert Elias: Vom Sehen in der Natur, a.a.O., S. 139 f.
45 A.a.O., S. 144.

begegnet man immer wieder, wenn man sein wissenschaftliches Leben verfolgt. Am klarsten kommt es dann 66 Jahre später bei seiner Dankesrede nach Erhalt des Adorno-Preises zum Ausdruck: »Die Arbeit in den Menschenwissenschaften, wie in anderen Wissenschaften, ist ein Fackellauf: man nimmt die Fackel von den vorangehenden Generationen, trägt sie ein Stück weiter und gibt sie ab in die Hände der nächstfolgenden Generation, damit auch sie über einen selbst hinausgeht. Die Arbeit der vorangehenden Generationen wird dadurch nicht vernichtet, sie ist die Voraussetzung dafür, daß die späteren Generationen über sie hinauskommen können.«[46]

Was Elias im Breslauer Heft schrieb, war keine aufgesetzte Theorie, sondern hatte seine Entsprechung in der Jugendarbeit des Breslauer Wanderbundes Blau-Weiß und wohl auch darüber hinaus. Mir liegt dazu die Äußerung eines Zeitgenossen vor.

Als Elias 1977 den Theodor W. Adorno-Preis erhalten hatte, was ihm erstmals größere Publizität einbrachte, meldeten sich einige Menschen, die ihn aus Jugend- und Studienzeiten kannten, darunter auch Dr. Ernst Marcowicz aus Israel. Er kannte Elias aus Breslau und durch die gemeinsame Mitgliedschaft in der jüdischen Jugendbewegung in der Zeit nach dem Ersten Weltkrieg.

Marcowicz gehörte in Breslau zum national-deutsch eingestellten Bund der ›Kameraden‹, kam aber als einer von dessen Führern mit dem ›blau-weißen‹ Elias in Kontakt, mit dem er viele Interessen, vor allem die Neigung zur Philosophie und das Interesse an erzieherischen Fragen, teilte. Er habe, so schrieb er mir in einem Brief vom 23.9.1978, viel von Elias, der einer der »wesentlichsten Führer des Breslauer Blau-Weiß« gewesen sei, und dem anderen Blau-Weiß-Führer Martin Bandmann gelernt. Einen bleibenden Eindruck habe bei ihm das Prinzip hinterlassen, »die Jungen und Mädel nicht durch die Gegend zu schleppen und schöne Lieder zu singen, sondern sie ›sachlich‹ mit der Natur zu verbinden, sie Blumen und Bäume kennenlernen zu lassen, nicht als ›Unterricht‹, sondern lebendig, anhand der Pflanzen und Bäume und Vögel, die man beim Wandern antraf, aber auch das Besondere an den Städten und Dörfern, kulturelle Probleme, sprachlich usw. Das ging so weit, daß man sagte, blau-weiß

---

46 Norbert Elias: Adorno-Rede. Respekt und Kritik. In: ders./Wolf Lepenies: Zwei Reden anläßlich der Verleihung des Theodor W. Adorno-Preises 1977. Frankfurt/Main 1977, S. 35-68 (hier: S. 67).

nennt sich zwar ›zionistisch‹, er ist aber ›de facto‹ mehr deutsch als sogar die deutschen Wanderbünde«[47].

Hier finden wir bereits jene Haltung zu ideologischen Inhalten, von denen Elias sich zwar nicht gänzlich distanziert, sein Engagement aber im wesentlichen auf die sachlichen Inhalte und wissenschaftlichen Fragestellungen ausrichtet. Dies ist für ihn ebenso typisch geblieben wie sein pädagogisches Prinzip, nicht zu bilden, sondern zur Selbständigkeit anzuregen und damit zur Selbstbildung beizutragen. Dieser Grundsatz sieht ihn in Übereinstimmung mit der neukantianischen Pädagogik eines Paul Natorp, der »Lehren und Lernen ... nicht als ›Einpflanzen‹ von außen und ›passive Entgegennahme‹« versteht, und für den »der Grundsatz der Selbständigkeit das Lehren als Hilfe zu gültigem Aktivieren«[48] bestimmt.

Jedenfalls zeigt sich diese distanzierte Haltung gegenüber ideologischen Inhalten und das pädagogische, auf Dialog angelegte Prinzip auch in den weiteren Lebensabschnitten. Immer noch klüger zu werden, das ist das Ziel, sich nicht mit dem Erreichten und den Ideologien zu begnügen. Hierzu paßt gut, daß Marcowicz am Ende seines Briefes berichtet, er habe 1923 vorgehabt, nach Palästina zu gehen, aber Elias habe ihm dringend geraten, zuerst die berufliche Laufbahn zu beenden und noch mehr Erfahrung zu erwerben. Nicht die Hingabe an eine Idee zählt, sondern die möglichst gründliche intellektuelle und berufliche Ausbildung, die es dann eher möglich macht, ein angemessenes Verhältnis von Engagement und Distanzierung zu finden.

Von der Philosophie zur Soziologie

Am Ende der Studienzeit war Elias, wie er am Schluß der erwähnten Anmerkung zur Wiederbegegnung mit der Doktorarbeit in den »Notizen« aufatmend festgestellt hat, der Gefahr der Gebundenheit des philosophischen »Denkens mit seinem Zwang, Prozesse gedanklich auf Zustände zu reduzieren«[49], entkommen. Gleichzeitig war damit aber auch seine Karriere in Breslau been-

---

47 Siehe auch Ernst Marcowicz: Die Kameraden. In: Jüdische Rundschau 1932, Nr. 45/46.
48 Jörg Ruhloff: Paul Natorps Grundlegung der Pädagogik. Freiburg 1966, S. 142.
49 Norbert Elias: Notizen zum Lebenslauf, a.a.O., S. 81 (Anm. 4).

det. Der Streit mit Hönigswald machte eine Habilitation unter dessen Fittichen undenkbar. Es ist schon erstaunlich genug, daß dieser der Promotion überhaupt zugestimmt hatte, denn der Kompromißcharakter der oben berichteten Formulierung ist so offensichtlich, daß die Wertschätzung, die Elias heute noch für seinen Lehrer empfindet, auch umgekehrt vorhanden gewesen sein dürfte. Jedenfalls wechselte Elias den Hochschulort, und er wechselte das Fach.

Dieser doppelte Wechsel – von der Philosophie zur Soziologie und von Breslau nach Heidelberg – wurde durch weitere Umstände beeinflußt, wobei man auch hier sehen muß, daß ›Umstände‹ immer Menschen und ihre Verflechtungen zueinander meint. Menschen machen die Umstände – nicht umgekehrt. Im Fall Elias ist zumindest ein Faktum besonders zu beachten: seine Tätigkeit in der Industrie. Hier liegt, neben der intellektuellen Enttäuschung über die Philosophie – er hätte sich ja auch seinem zweiten Hauptfach in der Doktorprüfung, der Psychologie, zuwenden können –, ein wichtiger Grund für die Umorientierung zur Soziologie. Dabei ist hier schon zu sehen, daß die späteren wissenschaftlichen Interessen aus zwei verschmelzenden Entwicklungslinien entstehen – einmal aus dem Strom der persönlichen Erlebnisse und zum anderen aus Fragestellungen, die in dem Fach be- oder entstanden.

Nach der Doktorprüfung am 26. 6. 1922 konnte Elias nicht länger auf finanzielle Unterstützung durch seine Eltern rechnen. Die Inflation der Wirtschaftskrise zehrte die Renten auf, die der Vater auf sein erspartes Vermögen erhielt. So war der Sohn gezwungen, sich seinen Lebensunterhalt selbst zu verdienen. Durch Vermittlung erhielt er in einer Fabrik, die Kleineisenteile (Ofenklappen, Ventile etc.) herstellte, eine Anstellung. Der Direktor, ein Herr Mehrländer, suchte einen Juniorchef, der ein Akademiker sein sollte, nach Möglichkeit mit Doktortitel. Elias war so einer.

Er begann seine Tätigkeit mit einer Orientierung durch alle Abteilungen dieses mittelständischen Betriebes, der nach Elias' Erinnerungen ca. 800 Arbeiter beschäftigte. Danach wurde er Leiter der Export-Abteilung. In dieser Eigenschaft unternahm er u. a. eine ausgedehnte Skandinavienreise, um Vertreter und Verkäufer für die Firma zu gewinnen bzw. zu rekrutieren. Die Tätigkeit für die Fabrik war für ihn eine sehr wichtige Erfahrung, half sie ihm doch, die Wand des akademischen Elfenbeinturmes, die durch die Soldatenzeit und die innerakademischen Auseinandersetzungen mit seinem Philosophielehrer kräftige Risse bekommen hatte, zu durchbrechen. Neben die Erfahrung des Krieges trat – so sieht er es heute noch – die des Elends der Arbeiterschaft während der Wirtschaftskrise 1922/23.

Aber er machte auch Beobachtungen, die er in Fragestellungen umsetzte und dann in der Zivilisationstheorie abhandelte. In den »Notizen« hat er von einer solchen Beobachtung berichtet. Der Direktor der Fabrik gab ihm auf eine Frage nach seiner Motivation zu ständigem persönlichen Einsatz eine Antwort, die nicht nur die persönliche Freude am Konkurrenzkampf zeigte, sondern auch die Verflechtung mit den anderen Konkurrenten, der er sich nicht entziehen konnte. Die Konkurrenzfiguration wird in der Zivilisationstheorie und auch in der »Höfischen Gesellschaft« eine zentrale Stelle einnehmen. Das ist zwar noch zehn Jahre entfernt, aber die Fragestellung ist schon da. Der Weg in die Soziologie war also verständlich, wenn nicht vorgezeichnet.

Als Elias seine Tätigkeit in der Industrie aufgab, um eine Universitätskarriere zu beginnen, ging er nach Heidelberg, das ihm von seiner Stippvisite im Sommersemester 1919 wohl in guter Erinnerung geblieben war. Daß er Hochschullehrer werden wollte, Forschung und Lehre sein künftiger Lebensinhalt sein sollten, stand für ihn fest. Das war die Karriere, die er anstrebte, und für die er sich gerüstet sah. Er hatte eine größere wissenschaftliche Arbeit geschrieben, und er wußte bereits, daß er das Zeug zu einem guten Lehrer hatte, wahrscheinlich schon einer war. Er selbst schreibt dazu in den Notizen: »Ich wußte, daß ich ein guter Lehrer war, hatte schon unter den Mitstudierenden den Ruf, ich könnte komplizierte Sachen auf einfache Weise klarmachen«.[50]

Am Schluß dieses Kapitels soll eine Episode stehen, die gleichzeitig auch den Schlußpunkt dieses Lebensabschnittes setzte, der in diesem Kapitel behandelt wurde. Während der langen Reise als Leiter der Exportabteilung nach und in den skandinavischen Ländern vertrieb Elias sich die Zeit u. a. mit der Lektüre griechischer Anekdoten und Witze, die er übersetzte und nacherzählte. Eine kleine Sammlung schickte er an die *Berliner Illustrierte*, die zu seiner großen Überraschung im Juli des Jahres 1924 in der 29. Ausgabe fünf dieser witzigen Geschichtchen abdruckte und auch

50 Norbert Elias: Notizen zum Lebenslauf, a.a.O., S. 20 f.

ein kleines Honorar schickte. Das war für den ›homme de lettres‹ das Signal zum Aufbruch. Er kündigte seine Stellung in der Eisenwarenfabrik, der Reiz des Neuen war inzwischen auch verflogen, und machte sich auf nach Heidelberg. Er tut dies in der Gewißheit, daß man mit Schreiben Geld verdienen kann (die wirtschaftlichen Verhältnisse hatten sich so gebessert, daß der Vater notfalls auch wieder einspringen konnte), und mit der Hoffnung auf eine Universitätskarriere. So kam er (wahrscheinlich) gegen Ende des Jahres 1924[51] in der schönen alten Universitätsstadt an – intellektuell und charakterlich wohl gerüstet und »gewappnet gegen fragwürdige Denkweisen«[52]. Kindheit, Jugend, Reifezeit lagen hinter ihm. Ein neuer Lebensabschnitt begann.

---

51 Es gibt über den genauen Zeitpunkt keine Gewißheit. Elias erinnert sich nicht mehr, ob es Ende 1924 oder Anfang 1925 war, und auch durch Quellen läßt sich das Datum nicht konkretisieren. Da Elias aber immer auf den Zusammenhang der Veröffentlichung in der *Berliner Illustrierten* und seinem Entschluß, nach Heidelberg zu gehen, verwiesen und im »Frankfurter Lebenslauf« von einer zweijährigen Tätigkeit in der Industrie berichtet hat, ist »gegen Ende des Jahres 1924« die naheliegendste Zeitangabe.
52 Norbert Elias: Notizen zum Lebenslauf, a.a.O., S. 20.

FÜNFTES KAPITEL

Alt Heidelberg – du Feine

Für ein Studium der Soziologie war Heidelberg eine gute Adresse, wenn auch nicht unbedingt erste Wahl. In Berlin konnte man bei Ferdinand Tönnies und Alfred Vierkandt hören, Werner Sombart las dort Sozialökonomie. In Köln hatte Leopold von Wiese zwar noch keine Schule gegründet – sie entstand erst nach 1945 unter René König –, aber einen auf ihn und seine Beziehungslehre ausgerichteten Lehr- und Forschungsbetrieb aufgebaut. Auch Frankfurt war Mitte der 20er Jahre bereits interessant. Franz Oppenheimer, Albert Salomon und Walter Sulzbach lehrten dort. Eine weitere Möglichkeit wäre Münster gewesen, wo Wilhelm Plenge unterrichtete.

Von alldem wußte Elias, der sich bis dahin kaum um Soziologie gekümmert hatte, wahrscheinlich wenig. Daß er nach Heidelberg ging, hatte wohl mehr mit eigenen positiven Erfahrungen zu tun, vor allem mit dem anregenden intellektuellen Klima, das er während seines Semesters dort kennengelernt hatte. Immerhin gab es in Heidelberg einen Lehrstuhl für Soziologie, den Alfred Weber, der Bruder des 1920 verstorbenen Max Weber, seit 1907 innehatte. Das wird manchmal übersehen, denn mit den Stichworten Soziologie und Heidelberg assoziieren die meisten zunächst Max Weber. Dieser hatte aber in Heidelberg nur kurz unterrichtet. Die Inhalte der Lehre bestimmte Alfred Weber, und dieser war in einigen zentralen Punkten anderer, zum Teil gegensätzlicher Ansicht als sein Bruder.

Max Weber und das intellektuelle Klima

Die Bedeutung Max Webers für Heidelberg bestand in der Beeinflussung des intellektuellen Klimas. 1897 auf einen Lehrstuhl nach Heidelberg berufen, stellte er bereits 1899 seine Lehrtätigkeit wegen Krankheit und Überarbeitung ein und gab 1903 seinen Lehrstuhl ganz auf. Erst 1918, nach Ende des Weltkrieges, übernahm er zunächst in Wien, dann 1919 in München wieder eine Professur. Es bildete sich um ihn herum aber ein Gesprächskreis, an dessen Zustandekommen er sehr interessiert war, schuf er sich damit doch eine »Ersatzöffentlichkeit«. »Die Bedeutung dieser Gesprächsrunden ... in Heidelberg, kann für die Herausbildung des ›Klassiker‹ Max Weber nicht hoch genug eingeschätzt werden. Es gab im Hause Weber fast jeden Nachmittag Gelegenheit zu Diskussionen, an denen alle teilnahmen, die in Heidelberg Rang und vor allem Kopf hatten. Ab 1912 fand ein wöchentlicher ›jour fixe‹ statt, zu dem auch Studenten kommen durften.«[1] Sicherlich nicht jeder, sondern nur ausgesuchte, begabte junge Menschen, die im Studium einem der Professoren aufgefallen waren.

Karl Jaspers berichtet von der zentralen Rolle, die Max Weber bei den Diskussionen einnahm: »Er sprach gründlich und wesentlich, hinreißend von den schwierigen Problemen. Man konnte sich wohl erdrückt fühlen durch die Überlegenheit, aber zugleich beflügelt durch den sachlichen und menschlichen Anspruch des Mannes, der sich in keine Autorität kleidete, sondern Begegnung auf gleichem Niveau zu erzwingen schien.«[2]

Aber es gab auch noch andere Diskussionsrunden, so z. B. einen religionswissenschaftlichen Kreis um Windelband, Jellinek und Troeltsch, der sich ›Eranos‹ nannte, dann den naturwissenschaftlich-philosophischen ›Janus‹ mit Curtius und Jaspers und einen Montagnachmittagskreis Daniela von Bülows, einer Tochter Richard Wagners. »Alle diese Gesprächszirkel, an denen Max und Marianne Weber mehr oder weniger regelmäßig teilnahmen, und vor allem die Treffen im Hause der Webers begründeten und verbreiteten den ›Mythos von Heidelberg‹, als der Max Weber schon zu Lebzeiten galt.«[3]

Nach dem Tode Max Webers führte seine Witwe die Tradition mit einem Salon fort, der bald einer der Mittelpunkte des Heidelberger Universitätslebens wurde. Die Zulassung zu diesem Salon war für junge Wissenschaftler eine Voraussetzung, zur Habilitation angenommen zu werden. Auch Elias mußte sich dort – mit einem Vortrag über »Die Soziologie der Gotik« – vorstellen, bevor er von Alfred Weber als Habilitand angenommen wurde.

---

1 Dirk Käsler: Max Weber, a.a.O., S. 170.
2 Karl Jaspers: Heidelberger Erinnerungen. In: Heidelberger Jahrbücher V. Hrsg. von der Universitäts-Gesellschaft Heidelberg. Berlin u. a. 1961, S. 1-10 (hier: S. 4).
3 Dirk Käsler: Max Weber, a.a.O., S. 171.

Zunächst kann diese erste Information genügen, um zu zeigen, daß Alfred Weber auch nach dem Tode seines ›Überbruders‹ in dessen Schatten blieb.[4] Er spielte darüber hinaus in den Auseinandersetzungen der deutschen Soziologie um Standpunkt und Inhalte in der Weimarer Zeit keine große Rolle. Käsler stuft ihn in seiner Untersuchung der frühen deutschen Soziologie als zum »inneren Rand«[5] gehörig ein. Als Earl Edward Eubank im Jahre 1934 verschiedene deutsche Soziologen besuchte und sie u. a. nach wichtigen Kollegen befragte, wurde Alfred Weber »keinmal«[6] genannt. Er war und blieb der Bruder des großen Max. Er war aber als Lehrer erfolgreich und beliebt. Elias rühmt seine Liberalität und Toleranz. Richard Löwenthal nennt ihn einen »dollen Kerl, ungeheuer vital und einsatzbereit«[7].

Der Gegensatz der Bezugspersonen: Alfred Weber und Karl Mannheim

Alfred Weber unterschied sich in mancher Hinsicht von seinem Bruder Max. Zwei Punkte will ich hervorheben. Er hatte erstens eine positivere Einstellung zur Weimarer Republik und zur Demokratie. Max Weber war zwar auch nicht dagegen, sah in der neuen Staatsform aber vor allem eine bessere Legitimierung staatlicher Gewalt, während sein badisch-liberaler Bruder Alfred, der 1918 die Demokratische Partei mitgründete, sie als eine den menschlichen Gemeinschaften grundsätzlich zukommende Staatsform ansah. Der zweite Unterschied betraf die wissenschaftliche Orientierung. Während der große Bruder die unaufhaltsame Entzauberung der Welt im modernen Kapitalismus als Faktum nachzeichnete und die vielfältigen historischen Studien hierum kreisten, war Alfred Weber damit befaßt, das Leben den erstarrten Formen der materialistischen Welt gegenüberzustellen. Die kulturelle Formung des Daseins sah er relativ unabhängig von den Sachgesetzen und Nützlichkeitserwägungen der moder-

4 Siehe hierzu auch das Kapitel »Im Schatten des großen Bruders« in dem Artikel von Christian Sigrist und Reinhart Kößler: Soziologie in Heidelberg. In: Karin Buselmeier u. a. (Hrsg.): Auch eine Geschichte der Universität Heidelberg. Mannheim 1985, S. 79-99 (hier: S. 83 f.).
5 Dirk Käsler: Die frühe deutsche Soziologie, a.a.O., S. 37 f.
6 Dirk Käsler: Soziologische Abenteuer, a.a.O., S. 36.
7 Interview ›Richard Löwenthal‹, a.a.O., S. 4.

nen Zivilisation. Er trennte Kulturbewegungen vom Zivilisationsprozeß und hoffte, so die Unregelmäßigkeiten und Veränderungssprünge der Geschichte besser verstehen zu können. Er betrieb eine Kultursoziologie mit lebensphilosophischer Komponente.

Es liegt auf der Hand, daß diese dem deutschen Idealismus verpflichtete wissenschaftliche Grundhaltung dem Marxismus, dem historischen Materialismus abweisend gegenüberstand, ihn für falsch und schädlich hielt. Gleichwohl studierten bei Alfred Weber aber auch viele Linke, marxistisch bis kommunistisch orientierte Studenten und einige wenige Studentinnen. Die Liberalität dieses Mannes machte es möglich, daß in seinem Seminar deutsch-nationale Rechte wie Sozialisten saßen. Auch sorgte er für die Habilitation Karl Mannheims, obgleich Mitte der 20er Jahre bereits erkennbar war, daß dieser einer idealistisch geprägten kultursoziologischen Betrachtung der Geschichte eher abweisend zugunsten von Studien der Gesellschaft unter Einbeziehung des Marxismus gegenüberstand. Auf diese beiden Männer, Alfred Weber und Karl Mannheim, traf Norbert Elias, als er gegen Ende des Jahres 1924 in Heidelberg ankam.

Die Amtsstadt des Freistaates Baden hatte 1925 knapp 23.000 Einwohner. An der Badischen Landesuniversität studierten im selben Jahr 2500 Studenten. Sie gaben dem mittelalterlichen Stadtkern, der nach Brand und Zerstörung Mitte des 17. Jahrhunderts im barocken Stil wieder aufgebaut worden war, das bestimmende Gepräge. Bis zum Ersten Weltkrieg hatten an der Universität fast ausschließlich farbentragende Korporierte studiert. Nun, Mitte der 20er Jahre, nach dem verlorenen Krieg und der Errichtung der Weimarer Republik, studierten aber auch immer mehr Nicht-Korporierte in Heidelberg. Sie hießen Freistudenten. Besonders viele von ihnen traf man, wenn sie nicht gerade im Café Krapp, dem Treffpunkt der Freistudenten, über Gott und die Welt diskutierten, im Institut für Sozial- und Staatswissenschaften, das in der Hauptstraße im Haus Weimar, einem schönen Barockbau aus dem Jahre 1714, untergebracht war.

Soziologie, Sozialwissenschaft allgemein, war auch damals schon weniger konservativ als die älteren Fächer, eher links-innovativ denn rechts-restaurativ, und die Studenten dieses Faches waren daher auch weniger in schlagenden Verbindungen zu finden, trotz der preiswerten Geselligkeit der Verbindungshäuser und der Protektion der ›Alten Herren‹. Ein weiterer Grund für die zahlreichen Freistudenten in den Sozialwissenschaften war der hohe Anteil jüdischer Studenten, die das Fach zum Teil auch wohl deshalb gewählt hatten, weil es so schien, daß in ihm für sie die Karrierechancen besser waren. Die Verbindungen mit ihrem zum Teil offenen, zum Teil unterschwelligen Antisemitismus nahmen ganz selten jüdische Studenten und ›natürlich‹ grundsätzlich keine Frauen auf. Der Anteil der Frauen an der Gesamtheit der Studierenden war allerdings nach wie vor verschwindend gering. Auch das war in den Sozialwissenschaften etwas anders.

Es wäre ein Mißverständnis zu glauben, die Sozialwissenschaftler seien Mitte der 20er Jahre durchgängig ›links‹ orientiert gewesen. Es gab einen nationalistisch orientierten Kreis um Giselher Wirsing, den »Tatkreis«. Alfred Weber hatte einen nationalsozialistisch agitierenden Assistenten namens Eschmann. Arnold Bergsträsser, gerade habilitiert und junger Privatdozent, war deutschnational geprägt. Er verließ allerdings während des Faschismus Deutschland und kehrte erst nach Kriegsende zurück.

Eine herausgehobene Position: Elias' erste Zeit in Heidelberg

Über Elias' erste Zeit in Heidelberg ist wenig bekannt. Er selbst erinnert sich daran, die soziologischen Klassiker aufgearbeitet zu haben: »Die Werke von Troeltsch wie die von Simmel gehörten zum selbstverständlichen Bildungsgut der Soziologen, das ich mir nun, angeregt durch die Heidelberger Atmosphäre, aneignete.«[8] Von seinen ersten Arbeiten berichtet er im »Frankfurter Lebenslauf«: »Ich vollendete zunächst eine größere wissenschaftliche Arbeit über die ›Geschichte des menschlichen Bewußtseins‹, die aus finanziellen Gründen bis heute noch nicht gedruckt worden ist. Ich arbeitete dann vor allem in den Seminaren von Alfred Weber und Karl Mannheim mit und begann eine Arbeit ›Zur Soziologie der entstehenden Naturwissenschaften‹, begab mich, um Material zu sammeln, nach Florenz. Da aber trotz der Befürwortung durch Alfred Weber und Karl Mannheim die ›Notgemeinschaft der deutschen Wissenschaft‹ zur Unterstützung der

---

8 Norbert Elias: Notizen zum Lebenslauf, a.a.O., S. 22.

Arbeit keine Mittel aufbringen konnte, mußte ich die begonnenen Studien vorerst abbrechen.«

Das früheste Dokument, das bisher aus Heidelberg vorliegt, ist ein Foto (Abb. 6), das Elias während eines Ausflugs mit Freunden aus einer sozialistischen Studentengruppe zeigt. Dieses Foto aus dem Jahre 1928 und ein weiteres aus dem Jahre 1930 (s. Abb. 7, S. 110), das aus Anlaß der Heidelberger Abschiedsfeier Mannheims entstand, belegen die intellektuelle Spannweite des Kreises und gleichzeitig die Dichte des soziologischen Diskurses, in dem sich Elias damals befand. Man erkennt auf dem Foto aus dem Jahre 1928 aber auch, daß Elias älter war als die anderen, die mit ihm am Tisch saßen. Er war wie die anderen ein Lernender in Sachen Soziologie, da er aber etwa 10 Jahre älter war als die Mitglieder des Kreises und bereits promoviert hatte, was die anderen noch anstrebten, ergab sich für ihn eine Sonderstellung, die Suse Schwarz[9], spätere Schwarzenberger, mir in einem Brief vom 23. 3. 1987 so beschrieben hat: »Elias war immer der Ruhigste in der Gruppe, auch älter; er machte den Eindruck eines Privatgelehrten.«

Die etwas herausgehobene Position und seine, wie Elias immer wieder betont hat, parteilose Grundhaltung in diesem Kreis von Sozialdemokraten (wie Mark Mitnitzky, der nach New York floh, dort seinen Namen änderte und an der Börse ein Millionenvermögen machte) über Sozialisten (wie Otto Jacobsen, der nach dem Krieg in Heidelberg Redakteur der Rhein-Neckar-Zeitung war) bis zu Kommunisten (wie Boris Goldenberg oder Heinrich Taut, der nach dem Krieg Professor an der Ostberliner Humboldt-Universität wurde) hatte auch damit zu tun, daß Elias mit Mannheim auf gutem Fuß stand – man hatte sich »angefreundet«[10], wie Elias es ausgedrückt hat –, und diesem den Kontakt zu den Studenten erleichterte. Hans Speier, Mannheims erster Doktorand (1928), meinte im Gespräch mit mir, Elias sei Mannheims Assistent gewesen. Ob er dies in formaler Hinsicht war, ist unklar. Entsprechende Personalunterlagen fehlen, sei es, daß keine existierten, sei es, daß sie verlorengegangen sind. Bei dem Status eines jungen Privatdozenten dürfte Mannheim aber wohl keinen Anspruch auf einen Assistenten gehabt haben, vielleicht

---

9 Sie war Assistentin bei dem Historiker Radbruch und wahrscheinlich die erste Universitätsassistentin überhaupt, die es in Heidelberg gab.
10 Norbert Elias: Notizen zum Lebenslauf, a.a.O., S. 23.

Abb. 6: *Die sozialistische Studentengruppe Heidelberg während eines Ausflugs 1928. Von links: Ulrike Otto, Svend Riemer, Georg Schwarzenberger, Hans Gerth, Suse Schwarz, Norbert Elias, Boris Sapir, (?), Heinrich Taut.*

aber auf eine Art wissenschaftliche Hilfskraft auf Teilzeitbasis, wie wir das heutzutage ausdrücken würden.

Daß eine Verbindung dieser Art zu Mannheim bestand, ergibt sich auch aus den Erinnerungen von Richard Löwenthal: »Elias war damals Assistent an der Universität Heidelberg.«[11] Löwenthal charakterisiert auch den Kreis, in dem Elias damals eine etwas herausgehobene Position hatte, und beschreibt dessen Rolle: »Der Kreis war ein informeller Freundeskreis, in dessen Mittelpunkt Elias stand ... Mannheim war ein sehr schwieriger Mensch für Leute, die mit ihm arbeiteten. Elias dagegen ein sehr schwieriger Mensch nach oben hin.«[12] Schon in Heidelberg beginnt Elias mit einer Vermittlungstätigkeit zwischen Mannheim und den Studentinnen und Studenten, die er dann – wie wir noch an einigen Belegen sehen werden – in Frankfurt, als Mannheims offizieller Assistent, fortsetzte und ausbaute.

In Heidelberg war die Hinwendung zu Mannheim noch nicht derart ›professionalisiert‹. Elias war ja auch auf Alfred Weber

[11] Interview ›Richard Löwenthal‹, a.a.O., S. 4.
[12] Ebd.

angewiesen, bei dem er sich mit einer Untersuchung über »Die Bedeutung der Florentiner Gesellschaft und Kultur für die Entstehung der Wissenschaft« habilitieren wollte.[13] Mannheim kam dafür als junger Privatdozent kaum infrage, hatte er doch nicht einmal Prüfungsrecht im Rigorosum, der mündlichen Doktorprüfung. Die mußte im Falle von Hans Speier, der eindeutig Mannheims Doktorand war, ein Historiker übernehmen. Elias war also sowohl bei Mannheim als auch bei Weber im Seminar. Mit dem etwa gleichaltrigen Mannheim aber war er befreundet und half ihm beim Umgang mit den Studenten, wovon beide Seiten profitierten, die Studenten ebenso wie Mannheim.

Mannheim war zu der Zeit ›der‹ aufstrebende junge Mann, ein brillanter Analytiker jeglicher Ideologie. Nichts entging seiner scharfsinnigen Ideologiekritik, kein Gegenstand war vor seinen niveaureichen Analysen sicher. Das änderte aber nichts daran, daß Alfred Weber als der langjährige Ordinarius im Universitätssystem der Mächtigere, institutionell kaum Angreifbare war. Elias beschreibt in den »Notizen« die unterschwellige Rivalität dieser beiden so unterschiedlichen Männer, die deshalb nicht an die Oberfläche kam, weil Webers Position institutionell überlegen war und schäbige Intrigen und Gerede über den anderen – heutzutage oft vorherrschendes Merkmal universitärer Rivalitäten – nicht zum gediegenen akademischen Stil der Heidelberger Geisteswissenschaft gehörten.[14]

---

13 Vgl. Norbert Elias: Notizen zum Lebenslauf, a.a.O., S. 25.
14 A.a.O., S. 36 ff.

Sechstes Kapitel

Erster Auftritt beim Soziologentag in Zürich

Zwischen Webers idealistischer und Mannheims materialistischer Konzeption gab es eindeutige Gegensätze. Diese Gegensätze und auch die Rivalität der beiden Opponenten traten offen zutage auf dem 6. Deutschen Soziologentag, der vom 17. bis 19. September 1928 in Zürich stattfand.

Die Deutsche Gesellschaft für Soziologie war nach Wien (1926) zum zweiten Mal in eine ausländische Stadt gegangen, um dem »internationalen Charakter der Soziologie«[1] gerecht zu werden. Zwei Themenbereiche wurden in jeweils zwei Hauptreferaten behandelt. Paul Hönigswald und Franz Oppenheimer sprachen zum Thema »Wanderung«, Leopold von Wiese und Karl Mannheim über »Konkurrenz«.

Mannheims frühe Prominenz läßt sich leicht erahnen, wenn man feststellt, daß es damals durchaus nicht üblich war, daß ein junger Privatdozent aufgefordert wurde, in einer Plenarsitzung das Korreferat zu einer der ganz bedeutenden Figuren, hier zu dem Herausgeber der Kölner Vierteljahreshefte, dem einflußreichen Leopold von Wiese zu halten. Dieser behandelte das Thema »vorwiegend in soziologisch-systematischer Betrachtung«[2], so der Untertitel seines Vortrages. Seine beziehungssoziologische Untersuchung geriet etwas trocken, wodurch das intellektuelle Feuerwerk, das Mannheim anschließend abbrannte, um so deutlicher erkennbar wurde. Der Vortrag »Die Bedeutung der Konkurrenz im Gebiete des Geistigen«[3] zeigte ihn auf einem Höhepunkt seiner wissenschaftlichen Entwicklung, der Vortrag ist ein Stück Geschichte der Soziologie, der für die Wissenssoziologie sehr wichtig wurde. Ich kann an dieser Stelle nicht den ganzen

---

[1] Leopold von Wiese, zitiert nach Ursula Karger: Institutionsgeschichtliche Zäsuren in der deutschen Soziologie. Dargestellt am Beispiel der Deutschen Soziologentage. Bochum (Diss.) 1978, S. 112.
[2] Leopold von Wiese: Die Konkurrenz, vorwiegend in soziologisch-systematischer Betrachtung. In: Verhandlungen des 6. Deutschen Soziologentages vom 17.-19. 9. 1928 in Zürich. Tübingen 1929, S. 15-35.
[3] Karl Mannheim: Die Bedeutung der Konkurrenz im Gebiete des Geistigen. In: Verhandlungen des 6. Deutschen Soziologentages vom 17.-19. 9. 1928 in Zürich. Tübingen 1929, S. 35-83.

Vortrag referieren, sondern nur einige wichtige Punkte herausgreifen, die für das Verhältnis von Elias zu Mannheim und Alfred Weber von Bedeutung waren.

Mannheim hatte klar herausgestellt, daß »vom Standpunkte der Gesellschaftswissenschaft« – wie er sie verstand, muß man hinzufügen – »jedes historische, weltanschauliche, soziologische Wissen – auch wenn es die absolute Richtigkeit und Wahrheit selbst sein sollte – eingebettet und getragen vom Macht- und Geltungstrieb bestimmter konkreter Gruppen, die *ihre* Weltauslegung zur öffentlichen Weltauslegung machen wollen«[4], sei. Das klang nun sehr nach der Marxschen Basis-Überbauthese. Ganz ohne Zweifel war die Position Mannheims durch Marx vorgeprägt, aber er hatte spezifische Veränderungen und, wie er es verstand, »Synthesen verschiedener Auslegung« vorgenommen.

Mannheim geht vom Denken selbst aus, welches auf soziale und ökonomische Verhältnisse zurückgeführt wird. ›Basis‹ sind deshalb bei Mannheim nicht die materiell-ökonomischen Umstände, sondern die geistige Erfassung und Bewußtwerdung dieser Erscheinungen. Diese prägen die geistigen Elemente des Überbaues und damit die sich unterscheidenden Auslegungen des Seins, die Ideologien. Mannheim konzentrierte den Ideologiebegriff – auch hier in deutlicher Unterscheidung von Marx – nicht auf die Existenz eines durch Klasseninteressen bestimmten falschen Bewußtseins. Es gibt nicht nur Klassen, sondern nach Mannheim auch übergreifende geistige Schichten. Die Ablehnung der Existenz eines falschen Bewußtseins impliziert aber die Absage an ein richtiges, d. h. es existiert nur ein ›relatives‹ Bewußtsein. Anders als Marx interpretiert Mannheim Geschichte nicht auf ein Ziel hin, bei dessen Erreichen das falsche Bewußtsein verschwindet, sondern er sieht in der geschichtlichen Entwicklung einen Prozeß, in dem die Differenzen letztlich nicht aufgelöst werden können.

Auch wenn Mannheim sich in wichtigen Punkten von Marx unterschied, so war seine Position doch eindeutig durch eine materialistische Grundhaltung geprägt. Dies allein schon mußte ihn in Gegensatz zu den etablierten Altvorderen des Faches bringen, hatten die sich doch gerade auf den Marxismus überwindende oder vermeidende Positionen konzentriert. Mannheim ging aber noch einen Schritt weiter, indem er die Wissenssoziologie zur zentralen Disziplin erklärte. Ihre Aufgabe sei es, die Zeit- und

4 Karl Mannheim. Die Bedeutung der Konkurrenz, a.a.O., S. 45.

Standortgebundenheit des Denkens aufzudecken. Sie sei die neue, moderne Wissenschaft, entstanden aus dem sich ausdifferenzierenden Gegensatz von idealistischen und materialistischen Positionen und dem sie verbindenden Konkurrenzkampf. Wissenssoziologie verbessert nicht nur die Formen und Inhalte des Denkens, sondern auch die wissenschaftlichen Konzepte von Geschichtswissenschaft und Soziologie. Die verschiedenen Formen der geistigen Konkurrenz prägen die jeweils zu ihnen gehörige Denkstruktur, »die soziale Struktur (hat) sicherlich eine *mitkonstitutive* Bedeutung für die konkrete Gestalt des seinsverbundenen Denkens«. Die damit einhergehende zeitgenössische »in Verzweiflung treibende Denklage«[5] sei nur durch eine soziologische – und das ist für Mannheim eine wissenssoziologische – Fragestellung befriedigend zu überwinden.

September 1928: Die Kontroverse zwischen Karl Mannheim und Alfred Weber

Alleine die neue Fragestellung war schon diskussionswürdig genug. Mannheim hatte aber für zusätzlichen Zündstoff gesorgt, indem er Alfred Weber, seinen Heidelberger Seniorpartner, direkt angegriffen hatte. Um die verschiedenen, von unterschiedlichen sozialen Strukturen beeinflußten Denklagen innerhalb der Wissenschaft zu belegen, hatte er als Beispiel die unterschiedlichen Stellungnahmen zu dem Problem der Wertfreiheit gewählt. Während der Sozialismus beim Gegner Irrationalität ausmache, der Konservatismus auf dem Primat des Irrationalen geradezu beharre, glaube der Liberalismus, das »Rationale vom Irrationalen reinlich trennen«[6] zu können. Hier zitiert Mannheim Alfred Weber als einen Vertreter des Liberalismus und greift ihn frontal an: »Auch sofern Liberalismus und Demokratie Parteien der Mitte sind, haben sie aus dieser Lagerung heraus einen Antrieb in sich, eine vermittelnde Diskussionsbasis zwischen den Parteien zu schaffen. Der Wille zur Diskussionsbasis kann es nicht zulassen, daß man an Unschlichtbarkeiten existentieller Art glaube, also an Konflikte, die mit Hilfe des reinen Intellekts nicht zu lösen wären. Im Zeichen der prinzipiellen Abtrennbarkeit der Wertung von

[5] Karl Mannheim: Die Bedeutung der Konkurrenz, a.a.O., S. 82.
[6] A.a.O., S. 68.

der Theorie leugnet diese Richtung ursprünglich auch das Phänomen des seinsverbundenen Denkens, also eines Denkens, das per definitionem das Irrationale unablösbar, in die Textur verwoben, enthielte.«[7]

In der den beiden Referaten folgenden Debatte nahmen die meisten Redner hauptsächlich zu dem Referat Mannheims Stellung. Das ging allerdings ganz der hierarchischen Reihenfolge nach. Zuerst sprachen die Geheimräte, als erster der Präsident der Deutschen Gesellschaft für Soziologie, Ferdinand Tönnies, dann Alfred Weber und Werner Sombart. Dann durften die Professoren – nachdem die Redezeit von 20 auf 6 Minuten reduziert worden war – und schließlich einige Doctores das Wort ergreifen, unter ihnen auch Elias, dessen Wortbeitrag die erste gedruckte soziologische Äußerung von ihm ist. Die verschiedenen Aspekte und Facetten dieser Diskussion, die auch eine Fortsetzung der Kontroverse über den Standort der deutschen Soziologie war, wären einer ausführlichen Würdigung wert. Ich nehme hier nur Bezug auf Alfred Webers[8] und Elias'[9] Beiträge, die zeigen, wie sehr sich Elias damals schon in die Kontroverse der Soziologie eingearbeitet und wie er sich zwischen die konfligierenden Positionen begeben hatte bzw. außerhalb dieser Positionen geblieben war.

Alfred Weber, der nach Tönnies sprach, konnte, wie Elias in den »Notizen« berichtet, »seinen Ärger in diesem Fall nur schwer verbergen«[10]. In seiner erregten Erwiderung prangerte er den »sublimierte(n) Intellektualismus« Mannheims an, der zwar in außerordentlicher Grazie und Freiheit sich geriere, aber doch »ganz genau denselben Effekt haben muß und ganz genau zu denselben Resultaten führt, wie der vergröberte Intellektualismus, den die alte materialistische Geschichtsauffassung vertritt«[11]. (Fast erwartet man den Ausruf ›Sie Zivilisationsliterat!‹) Mannheim sei unfähig, das Geistig-Schöpferische als Grundlage

---

7 Karl Mannheim: Die Bedeutung der Konkurrenz, a.a.O., S. 69.
8 Alfred Weber: Beitrag zur Diskussion über »Die Konkurrenz«. In: Verhandlungen des 6. Deutschen Soziologentages vom 17.-19. 9. 1928 in Zürich. Tübingen 1929, S. 88-92.
9 Norbert Elias: Beitrag zur Diskussion über »Die Konkurrenz«. In: Verhandlungen des 6. Deutschen Soziologentages vom 17.-19. 9. 1928 in Zürich. Tübingen 1929, S. 110-111.
10 Norbert Elias: Notizen zum Lebenslauf, a.a.O., S. 44.
11 Alfred Weber: Beitrag zur Diskussion über »Die Konkurrenz«, a.a.O., S. 92.

des Handelns zu verstehen, und seine wissenssoziologische Grundüberlegung, daß es auf die jeweilige Position ankomme, was über einen Gegenstand gewußt, wie über ihn gedacht werde, sei falsch. Es gebe immer nur ein Objekt und ein vollständiges Wissen: »Der Kapitalismus ist ein ganz bestimmtes, einmaliges, klares Objekt. Ich nehme hier einfach seine empirisch-positivistische Wirklichkeit. Meiner Ansicht nach kann es da überhaupt nur ein verschiedenes Herantreten und eine verschiedene Beleuchtung desselben Objektes geben, aber es kann unmöglich verschiedene Objekte und ein verschiedenes Wissen geben«. Vorher hatte er zu diesem Zusammenhang apodiktisch festgestellt: »Ich werde das nie zugeben.«[12]

Elias hat in den »Notizen« diese Kontroverse ausführlich dargestellt, seinen eigenen Beitrag aber nur in einem kurzen Absatz behandelt. Er selbst habe versucht, so schreibt er, »den Gegensatz von Weber und Mannheim (nicht ganz zu Recht) in einem Sinne zu deuten, der mir heute vertrauter ist als Auseinandersetzung zwischen dem Vertreter des Denkens in ewigen Gesetzen und dem Vertreter des Denkens in strukturierten Prozessen«[13]. Nicht ganz zu Recht deshalb, weil er den Gesichtspunkt, daß auch das jeweilige Wissen Ergebnis eines ungeplanten, aber langfristig-strukturierten Prozesses sei, so noch nicht gesehen habe.

Diese Bescheidenheit ist im Angesicht des später ausdifferenzierten Entwurfes der Wissenstheorie[14] ehrenwert, Elias braucht aber dieses ›frühe Licht‹ nicht unter den Scheffel zu stellen. In dem Wortbeitrag finden sich nämlich durchaus Ansätze seiner später ausführlich begründeten eigenständigen Position. Das Denken in Prozessen, die Möglichkeit, einzelne Phasen der prozeßhaften Entwicklung zu unterscheiden und die Betonung der Notwendigkeit, als Soziologe sich einer distanzierten Haltung zur Gesellschaft und zu sich selbst zu befleißigen, dies sind drei wichtige Bestandteile des Eliasschen Werkes, die sich hier bereits erkennen lassen.

---

12 Alfred Weber: Beitrag zur Diskussion über »Die Konkurrenz«, a.a.O., S. 91.
13 Norbert Elias: Notizen zum Lebenslauf, a.a.O., S. 46.
14 Norbert Elias: Engagement und Distanzierung. Arbeiten zur Wissenssoziologie I. Herausgegeben und übersetzt von Michael Schröter. Frankfurt/Main 1983; ders.: Über die Zeit. Arbeiten zur Wissenssoziologie II. Herausgegeben von Michael Schröter. Frankfurt/Main 1984.

Gesellenstück, Teil 1:
Beitrag zur Diskussion über »Die Konkurrenz«

Zunächst spricht Elias allgemein über die Bedeutung des Mannheimschen Ansatzes und verbindet dies mit einer Aussage über eine Weiterentwicklung von geistigen Idealen (er spricht noch nicht von Wissen). »Es scheint«, so sagt er, »zu dem Schicksal der abendländischen Kultur zu gehören, daß innerhalb ihrer aus dem Idealbild, an das die Lebenskraft und das Glück der einen Generationsreihe geknüpft ist, im dialektischen Hin und Her allmählich ein neues Idealbild hervorwächst, durch das jenes ältere im Zentrum angegriffen, aufgelockert und schließlich aufgehoben wird. Das, was wir heute gehört haben, scheint mir der unmittelbare Ausdruck eines solchen Umschlags von einem ganz bestimmten Typus des geistigen Ideals zu einem neuen und anderen zu sein.«[15]

Mannheim, so fährt er dann fort, habe nicht nur eine neue Theorie, sondern ein spezifisch neues »Lebensgefühl« vermittelt, womit, das wird dann im Text deutlich, eine neue wissenschaftliche Grundhaltung im Umgang mit gesellschaftlichen Prozessen gemeint war. »Wer ins Zentrum seiner Betrachtung den ›schöpferischen‹ Menschen rückt, der hat im Grunde noch das Gefühl, für sich *allein* da zu sein, selbst gewissermaßen einen Anfang und ein Ende zu bilden. Wer ins Zentrum die historischen Bewegungen der menschlichen Gesellschaften rückt, der muß auch wissen, daß er selbst weder Anfang noch Ende ist, sondern, wenn man es einmal so ausdrücken darf, ein Glied in der Kette, und es ist klar, daß dieses Bewußtsein seinem Träger eine ganz andere Bescheidung auferlegt, als jene.«[16]

Am Ende seines kurzen Beitrages spricht er noch einmal das Problem des Wissens an, wenn er die Frage stellt, warum Menschen in unterschiedlichen Phasen gesellschaftlicher Entwicklung »gezwungen« sind, Natur in ganz spezifischer Weise zu erleben. »Wir können, ob wir wollen oder nicht, die ›Natur‹ nicht anders erleben, als es unserer geschichtlichen Situation entspricht, ebenso wie der mittelalterliche Mensch gezwungen war, die Natur in ganz anderem Sinne als wir, nämlich als Geisterreich zu erleben.«[17]

15 Norbert Elias: Beitrag zur Diskussion über »Die Konkurrenz«, a.a.O., S. 110.
16 A.a.O., S. 111.
17 Ebd.

Er beendet also seinen kurzen Beitrag mit einer ihm schon vertrauten Forschungsfrage, einer Frage, die auf den Vergleich verschiedener gesellschaftlicher Entwicklungsphasen abzielt. Das war nicht nur methodisch wichtig, sondern erlaubte es ihm, sich am Schluß seines Beitrages, der Sympathie für die Mannheimsche Position erkennen läßt, sich ein wenig aus der aktuellen Kontroverse seiner beiden Heidelberger Bezugspersonen herauszuziehen. Ganz davon abgesehen, daß man die Passage über den schöpferischen Menschen auch als versteckte Kritik an Mannheims Versuch verstehen kann, dem Ideologieverdacht an der eigenen Position durch die These zu entrinnen, einzelnen Mitgliedern der freischwebenden Intelligenz könne es gelingen, sich der Klassenlage, sich dem Sozialgebilde wenigstens teilweise zu entziehen.

Elias hält erkennbar damals schon nichts von der relationistischen Rettung aus dem Relativismus Mannheimscher Prägung und setzt darauf, richtigere Forschungsfragen zu stellen und bessere Untersuchungsmethoden zu entwickeln, was ihn zum Vergleich langfristiger gesellschaftlicher Prozesse und zu einem distanzierteren Verhältnis zu aktuellen gesellschaftlichen wie politischen Kontroversen führt. Nicht umsonst betont er an verschiedenen Stellen, schon damals habe er sich keiner Partei anschließen wollen.[18] Dies ist, wohlgemerkt und um Mißdeutungen vorzubeugen, keineswegs identisch mit Werturteilsfreiheit. Werten und Bewerten läßt sich aus der soziologischen Arbeit, wie Elias sie versteht, ebensowenig heraushalten wie aus der naturwissenschaftlichen. Es kommt auf die kontrollierte und distanzierte Art und Weise an, in der das geschieht, und die prozeßhafte Weiterentwicklung gibt auch der Soziologie die Möglichkeit, von Phase zu Phase besser, d. h. kontrollierter und distanzierter mit Wertungen und Bewertungen umzugehen.

Es gibt einen Fortschritt der Erkenntnis, eine Einsicht, die Elias wohl damals schon, nicht zuletzt gefordert durch die Überlegungen im Rahmen der Dissertationsschrift zur Entstehung und zum Erlernen von Ideen, von Mannheim unterschied. Sicher stimmte er mit diesem überein, daß anstelle der Politisierung der Wissenschaft und der wissenschaftlichen Auseinandersetzung eine wissenssoziologische Ideologiekritik treten müsse. Aber anders als Mannheim, für den sich Wissen auch bei unterschiedlichen sozia-

18 Vgl. u. a. Norbert Elias: Notizen zum Lebenslauf, a.a.O., S. 18.

len Umständen doch immer auf ein und derselben Ebene abspielte, sah Elias damals schon, daß die Relativierung überwunden werden mußte und überwunden werden konnte, wenn man die Struktur des Wissens – oder auch die der Ideologien – in den einzelnen Phasen gesellschaftlicher Entwicklung genauer untersucht.

Gesellenstück, Teil 2: Beitrag zur Diskussion über »Anfänge der Kunst«

Die unterschiedlichen Wissensstrukturen sind auch das Thema eines zweiten Wortbeitrages von Elias auf dem Züricher Soziologentag.[19] In der Debatte am darauffolgenden Tag zu Richard Thurnwalds Referat über »Die Anfänge der Kunst«[20] ergreift er erneut das Wort und stellt eine Verbindung zum Thema des Vortages her. Bei Thurnwald ging es um das Verstehen künstlerischen Ausdrucks bei – damals sogenannten – Primitiven. Elias knüpft an den Schluß seines Beitrages zur Weber-Mannheim-Kontroverse an und fragt, ob man bereits richtig verstanden habe, wie die Primitiven ihre Welt erleben, wenn man es mit den eigenen, modernen Begriffen erklärt habe. Er bezweifelt dieses mit einem Understatement, das ihn bis heute auszeichnet: »... vielleicht ist es nicht unnütz, wenn der Kritiker zuweilen den bescheidenen Hinweis darauf gibt, was noch zu tun ist. Und ich wenigstens glaube also, daß, wenn man von der wissenschaftlichen Terminologie absieht und sich den lebendigen primitiven Menschen gegenüberdenkt, noch sehr viel zu tun ist, um wirklich sagen zu können: wir haben ihn verstanden. Es liegt hier eines der entscheidendsten Probleme, welches bei einer Theorie des Verstehens berücksichtigt werden muß. Das erste, was wir sehen, wenn wir diesen fremden Menschen gegenübertreten, ist, daß wir sie nicht verstehen. Wenn man eine Theorie des Verstehens macht,

---

19 Norbert Elias: Beitrag zur Diskussion über »Anfänge der Kunst«. In: Verhandlungen des 6. Deutschen Soziologentages vom 17.-19. 9. 1928 in Zürich. Tübingen 1929, S. 281-284.
20 Richard Thurnwald: Die Anfänge der Kunst. In: Verhandlungen des 6. Deutschen Soziologentages vom 17.-19. 9. 1928 in Zürich. Tübingen 1929, S. 248-267.

so besteht die Aufgabe also nicht nur darin, zu zeigen, wie es möglich ist, daß der Mensch den Menschen versteht, sondern zugleich zu zeigen, wie es möglich ist, daß wir uns *nicht* verstehen. Und das gilt natürlich nicht nur für das Verhältnis zu Primitiven, das gilt selbstverständlich in anderer Form auch für das Verhältnis unter uns selbst.«[21]

Um die bis dahin eher abstrakt abgehandelten Probleme anschaulich zu machen, erzählt Elias dann eine Anekdote[22], ein didaktischer Schritt, den er bis heute in Reden und Diskussionsbeiträgen, in Aufsätzen und Kommentaren verwendet. Es ist hier die Geschichte von einem französischen General, dem in Afrika die einheimischen Soldaten (also die ›Primitiven‹) den Gehorsam verweigern, als sich eine Sonnenfinsternis ereignet, die es ihnen verbietet, den Vormarsch fortzusetzen. Der General erklärt nun dem Anführer der einheimischen Soldaten den naturwissenschaftlichen Sachverhalt einer Sonnenfinsternis. Als der Scheich sagt, er habe es verstanden, will der französische General – beglückt über seine erfolgreiche Aufklärung – aufbrechen, aber der Scheich sagt, das ginge nicht, denn es sei doch bekannt, wenn die Sonne sich so verfinstere, so komme es daher, daß ein Geist seinen Mantel vor die Sonne halte, und dann dürfte man unmöglich weiterziehen.

Die wissenschaftliche Erklärung, so wertet Elias dann seine Anekdote aus, beschreibt das Nichtverstehen des Scheichs als mythisch oder magisch gebunden. Aber was sei denn damit wirklich erklärt, fragt er dann und stellt fest: »Die Aufgabe des Verstehens scheint es mir zu sein, die Frage zu stellen: Wie erlebt der Primitive selbst die Welt? Warum ist er *gezwungen*, die Welt so und nicht anders zu erleben, und warum sind wir *gezwungen* – wir können nicht anders – die Welt so und nicht anders zu erleben, obwohl wir beide Menschen – wahrscheinlich – von derselben Natur sind? Woher kommt diese Zwangsläufigkeit, diese innere Notwendigkeit, aus der der Primitive einen Baum so und nicht anders – als Geist! – erleben muß und wir ihn nicht mehr als Geist erleben können?«[23]

Zum Schluß seines Beitrages macht Elias, auch hier spätere Ausführungen andeutend, Front gegen die Vorstellung, die heutigen

---

21 Norbert Elias: Beitrag zur Diskussion über »Anfänge der Kunst«, a.a.O., S. 282.
22 A.a.O., S. 282 f.
23 A.a.O., S. 283.

Gesellschaften stellten einen Fortschritt gegenüber den ›Primitiven‹ dar. Das Interesse an ihnen müsse eine andere Intention haben. Anders als die Philosophie, die hauptsächlich jenen Abschnitt der menschlichen Gesellschaft im Auge habe, in dem ein erster Umschlag zur Aufklärung erfolgt sei, d. h. die Antike, hebe die moderne Sozialwissenschaft hervor (hier unterstellt Elias allerdings seine eigene Ansicht), »daß das Menschliche nur verständlich wird, wenn man es in seiner Ganzheit ergreift ..., daß es notwendig ist, um *sich* selbst zu verstehen(,) soweit zurückzugehen in der Erforschung des Menschen als es irgend möglich ist«[24]. In der Tat sei jede Epoche der Menschheit gleich aktuell – eine Aussage, die eine Absage an den evolutionistischen Fortschrittsglauben enthält und gleichzeitig sein späteres zivilisationstheoretisches Forschungsprogramm in ersten Konturen erkennen läßt. Die vergleichende Untersuchung verschiedener Phasen gesellschaftlicher Entwicklung dient dem besseren Verständnis sowohl des jeweiligen Entwicklungsabschnittes als auch der gesellschaftlichen Zusammenhänge, in denen man selbst als Sozialwissenschaftler lebt.

1929/30: Von Heidelberg nach Frankfurt

Mit den zwei Beiträgen auf dem Züricher Soziologentag deutet Elias nicht nur seine spätere Meisterschaft an, sondern unterstreicht zugleich seinen Anspruch, trotz seiner jüdischen Herkunft an einer deutschen Universität eine Professur zu erhalten. Er kann im Disput der Bekannten und Einflußreichen mithalten. Er hat sein Gesellenstück geliefert, knappe vier Jahre, nachdem er begonnen hatte, sich der Soziologie als akademischer Disziplin und als Karriereweg zuzuwenden. Aber noch ist der Weg weit zur Professur, denn bei Alfred Weber steht er erst an vierter oder fünfter Stelle der Habilitanden, was eine Wartezeit von gut 10 Jahren bedeutete.

Doch dann wird Mannheim, etwa ein Jahr nach dem Züricher Soziologentag, auf den Oppenheimer-Lehrstuhl für Soziologie nach Frankfurt berufen. Er bietet Elias an, als sein Assistent mit nach Frankfurt zu gehen. Elias, dem seine Habilitation sehr wichtig ist, sagt zu, nachdem Mannheim ihm versprochen hat, ihn nach drei Jahren Assistentenzeit zur Habilitation zu führen. So

24 Norbert Elias: Beitrag zur Diskussion über »Anfänge der Kunst«, a.a.O., S. 284.

glaubt Elias, den Weg durch das Nadelöhr der akademischen Qualifikation abkürzen zu können, und folgt Mannheim nach Frankfurt.

Vorher zelebriert der Kreis um Elias aber noch am Ende des Wintersemesters 1929/30 eine Abschiedsveranstaltung für Mannheim. Es gelangte ein Theaterstück zur Aufführung, das, wie Richard Löwenthal sich erinnert, kollektiv geschrieben wurde, mit Elias als »spiritus rector«. Das Stück hieß frei nach Aristophanes: »Die Wolken, oder Politik als Wissenschaft«. Das Stück wurde ein großer Erfolg, ganz in der Tradition Heidelberger akademisch-geselliger Festlichkeiten. Marianne Weber, so Löwenthal, sei gerührt gewesen, sie habe nicht geglaubt, daß so etwas in Heidelberg noch möglich wäre. Auch Mannheim habe sich sehr gefreut.[25] Das ehrt ihn, denn das Stück macht sich nicht nur über seine Schüler, sondern auch über ihn ein wenig lustig. So, wenn Sokrates per Telefon von seiner Berufung erfährt: »Denkt euch, ich bin nicht mehr Privatsophist, man ruft mich auf den großen Lehrstuhl« und schließlich seine Frau fragt, was sie denn davon halte und sie ihm – natürlich seine Entscheidung in den Vordergrund stellend – zurät: »Ganz wie Du willst, doch wenn Du mich fragst: Ja!«[26] Wie oft mag sich diese Szene in den Wohnungen deutscher Privatdozenten abgespielt haben.

Richard Löwenthal hatte auch noch Unterlagen über das Stück. Aus seinen Erinnerungen geht auch hervor, daß da nicht ein Kreis blinder Epigonen am Werk war, sondern kritisch-selbstkritische Schüler, durchaus bereit und in der Lage, die eigene und die Position des ›Meisters‹ zu ironisieren. Ein paar Strophen, die eben auch die distanzierte Haltung des ›spiritus rector‹ Elias zu seinem zukünftigen Frankfurter Ordinarius belegen, sollen dieses Kapitel über die Heidelberger Jahre beschließen. Auch wenn Elias' Autorenschaft nur partiell sein mag, sind sie doch ein passender Schlußpunkt seiner ersten fünf Jahre in der Soziologie. Die Strophen heißen:

»Daß Dialektik er uns lehre,
die über Massen gibt Gewalt,
gaben wir Sokrates die Ehre,
besuchten seine Denkanstalt.

25 Vgl. Interview ›Richard Löwenthal‹, a.a.O., S. 3.
26 Ebd.

Abb. 7: Heidelberg 1930: Probe für die Abschlußfeier für Karl Mannheim. Von links: Richard Löwenthal, Boris Goldenberg, Otto Jacobsen, Mark Mitnitzky. Sitzend von links: Norbert Elias, René Cassirer, (?)

Dort lehrte er uns aufzuzeigen
die Sicht des Gegners als beschränkt.
Beschämt muß jeder Laie schweigen,
erfährt von uns er, wie er denkt.

Ist alles aufgelöst so weise,
ob Wissenschaft, ob Religion,
löst selbst sich auf zum Schluß ganz leise
des Meisters eig'ne Konzeption.«[27]

---

27 Interview ›Richard Löwenthal‹, a.a.O., S. 7.

Siebtes Kapitel

Das Ende in Frankfurt

Alles hatte so gut angefangen. Mit der Berufung Karl Mannheims nach Frankfurt hatte Kurt Riezler, der Kanzler der Johann-Wolfgang-Goethe-Universität, einen weiteren entscheidenden Schritt getan, um Frankfurt zum Zentrum der Soziologie zu machen. Im gleichen Jahr 1930, in dem Mannheim von Heidelberg nach Frankfurt kam, wurde für Max Horkheimer ein Lehrstuhl für Sozial-Philosophie eingerichtet, im Oktober 1930 übernahm er die damit verbundene Leitung des Instituts für Sozialforschung. Überhaupt war Frankfurt damals eine der führenden Universitäten, erlebte in den Jahren 1928 bis 1932 eine Blütezeit. Als Paul Tillich 1928 den Ruf auf einen Philosophie-Lehrstuhl an der Universität Frankfurt annahm – eine theologische Fakultät wie an anderen Universitäten gab es nicht –, sah er in ihr »die modernste und liberalste Universität«[1]. Neben dem zielstrebigen Wirken Kurt Riezlers müssen auch der sozialdemokratische und der bürgerlich demokratische Geist der Stadt Frankfurt und die Kulturpolitik des bürgerlich-liberal denkenden preußischen Kultusministers Kurt Becker erwähnt werden, will man den Gründen nachspüren, die Frankfurt in jenen Jahren so anziehend für viele bekannte Gelehrte, aber auch aufstrebende junge Wissenschaftler machte.[2]

Mit den Namen Mannheim, Horkheimer und Tillich sind auch jene Personen benannt, um die sich die geistige Linke gruppierte. Letzterer gehörte nicht zum engeren Kreis des Instituts für Sozialforschung und des Soziologischen Seminars, die im gleichen Gebäude arbeiteten, nämlich in dem Haus Viktoria-Allee 17. Hausherr war Max Horkheimer. Das soziologische Seminar, dessen Direktor Karl Mannheim war, hatte Räume in dem von der Universität angemieteten Erdgeschoß. Ebenfalls dort untergebracht waren das Frankfurter Psychoanalytische Institut sowie das Fi-

---

1 Paul Tillich: Autobiographische Betrachtungen. In: ders.: Begegnungen. Paul Tillich über sich selbst und andere. Gesammelte Werke, Bd. XII. Stuttgart 1971, S. 69.
2 Siehe hierzu Rolf Wiggershaus: Die Frankfurter Schule. Geschichte – Theoretische Entwicklung – Politische Bedeutung. München/Wien 1986, S. 19 ff.

nanzwissenschaftliche Seminar des Nationalökonomen Wilhelm Gerloff.

Assistent von Karl Mannheim: Elias' Wirken am Soziologischen Seminar

Am Soziologischen Seminar nahm Elias also Ostern 1930 seine Tätigkeit als Assistent Karl Mannheims auf. Er hatte bei den Vorbereitungen der Seminare zu helfen, Studenten zu betreuen, den Kontakt zu Theodor Wiesengrund-Adorno zu halten und an seiner Habilitationsschrift zu arbeiten. Theodor Wiesengrund, im Vorlesungsverzeichnis des Wintersemesters 1932/33 als Privatdozent (noch ohne Adorno) verzeichnet, war Horkheimers verlängerter Arm, wenn es um Kontakte zu dem Kollegen Karl Mannheim ging. Horkheimer und Mannheim, das waren zwei verschiedene Welten. Herkunft, Temperament und wissenschaftliche Orientierung unterschieden sie, und soweit sie – was Ehrgeiz und Darstellungskraft betraf – sich ähnlich waren, verstärkte gerade dies die Distanz zueinander. Die Beziehungen zwischen Institut und Seminar waren nicht besonders eng. Man kooperierte da, wo es notwendig war, traf sich im übrigen im ›Kränzchen‹. Das war eine regelmäßige Diskussionsrunde am Institut für Sozialforschung, an der aber auch Außenstehende wie Mannheim, der Universitätskurator Kurt Riezler, der Neurologe Kurt Goldstein und der Pädagoge Karl Mennicke teilnahmen. Dort wurde scharf diskutiert. »Wir sind oft wie die wilden Tiere übereinander hergefallen; man kann sich das kaum vorstellen, in einer Rückhaltlosigkeit, die auch vor den schärfsten Angriffen auf den andern: daß er ideologisch sei oder umgekehrt, daß er bodenlos dächte oder was immer das war, nicht haltgemacht hat; aber ohne daß das der Freundschaft ... den leisesten Abtrag getan hätte.«[3]

Diese Diskussionsrunde war aber kein Solitär, stand nicht allein im Routinealltag der Universität, sondern war Ausdruck eines intellektuellen Klimas, das auch Teile der Frankfurter Bevölkerung miteinschloß. Elias berichtet in seiner Dankesrede nach der Über-

---

3 Theodor Adorno, zitiert nach Wolfgang Schivelbusch: Intellektuellendämmerung. Zur Lage der Frankfurter Intelligenz in den 20er Jahren. Frankfurt/Main 1982, S. 166.

reichung des Theodor W. Adorno-Preises, daß es »gang und gäbe« gewesen sei, »daß Männer und besonders auch Frauen der weiteren städtischen Gesellschaft mehr oder weniger regelmäßig Vorlesungen interessanter und anregender Universitätslehrer besuchten. Die Probleme, die da auftauchten, wurden zum Gesprächsthema bei Partys, bei geselligen Veranstaltungen aller Art...«[4]

Die Vorlesungen Karl Mannheims zogen viele externe Besucher an. Manche, die besonders von vielen Damen der guten Gesellschaft besucht wurden, hießen im internen Jargon ›Schleierkollegs‹. Doch damit hatte Elias wenig zu tun. Wie schon in Heidelberg nahm er sich der Studenten an, vor allem der Doktoranden und der Doktorandinnen. In dem autobiographischen Rückblick von Margarete Sallis-Freudenthal findet sich hierzu eine Passage, die seine Rolle gut beschreibt. Sallis-Freudenthal hatte bei Mannheim eine Doktorarbeit über Haushalt und Hauswirtschaft begonnen. Nach dem frühen Tod ihres Mannes Berthold Freudenthal, einem bekannten Frankfurter Staats- und Strafrechtslehrer, hatte sie wieder ein Studium aufgenommen. Das Dissertationsthema hatte sie, wie sie schreibt, aus »bitter-süßer Neigung und Erfahrung« gewählt, eine Wahl, die vielleicht von Elias beeinflußt war, über dessen Rolle sie folgendes berichtet: »Professor Mannheim hatte aus Heidelberg einen Assistenten mitgebracht, der genau das hatte, was Mannheim nicht besaß. Nicht brillierend wie der faszinierende Erfinder und Verkünder, war Dr. Elias im Gegenteil nach innen gekehrt, gründlich, methodisch und voll uneigennütziger Hilfsbereitschaft für uns alle. Was wir im Kolleg nicht verstanden, erklärte er uns; wenn wir in unseren Arbeiten nicht weiterkamen, so beschäftigte er sich mit unseren Problemen, als ob es seine eigenen wären.«[5] Sie hat ihre Doktorarbeit[6] Ende 1933 abgeschlossen und 1934 veröffentlicht. Danach ist sie nach Palästina ausgewandert. Die Vermutung, daß das Thema

---

4 Norbert Elias: Adorno Rede, a.a.O., S. 39.
5 Margarete Sallis-Freudenthal: Ich habe mein Land gefunden. Autobiographischer Rückblick. Frankfurt/Main 1977, S. 109 f.
6 Katharina Rutschky ist es zu verdanken, daß die Arbeit, die auch für die Diskussion der heutigen Frauenbewegung von Interesse ist, 1986 erneut herausgegeben wurde. Margarete Freudenthal: Gestaltwandel der städtischen, bürgerlichen und proletarischen Hauswirtschaft zwischen 1760 und 1910. Herausgegeben und mit einem Vorwort von Katharina Rutschky. Frankfurt/Main/Berlin 1986.

der Doktorarbeit von Elias beeinflußt war, stützt sich auf zwei weitere Berichte damaliger Doktorandinnen. Gisèle Freund und Ilse Seglow haben übereinstimmende Berichte geliefert, auch was Elias' Rolle zwischen Mannheim und den Studenten angeht, zum Teil mit gleichen Worten. Die heute weltberühmte Fotografin Gisèle Freund war als junge Studentin auf der Suche nach einem Dissertationsthema. Sie war damals schon eine begeisterte Amateurfotografin. »Elias wußte davon ... (Er) schlug ... als Subjekt die soziale Entwicklung der Photographie des 19. Jahrhunderts vor. Er gab mir die Anweisungen, wie ich es anfangen sollte, und ich habe ihm viel zu verdanken, denn schließlich wurde diese Arbeit, als sie abgeschlossen war, der Anlaß zu meinem späteren Beruf.«[7]

Analoges erzählt Ilse Seglow. Die Tochter des Frankfurter Rabbiners Seligman erhielt, wie sie sich erinnert, von Elias den folgenden Rat: »Sie sind eine Schauspielerin gewesen. Dies ist ein Feld, das Sie genau kennen, was immer ein großer Vorteil für eine Soziologin ist.«[8]

Ähnlich hat sich auch Kurt H. Wolff geäußert, der wichtigste Biograph Karl Mannheims. Er war 1930 nach dem Abitur nach Frankfurt gekommen und wollte Dichter werden, Gedichte und Stücke schreiben. Jemand wies ihn auf Mannheim hin, der sei der letzte Schrei, den müßte man einfach hören. So ging er hin. Er war sofort fasziniert von ihm, »hauptsächlich«, so erinnerte er sich, »aus zwei Gründen: Erstens trug er Seidenhemden und zwar hellblaue, zweitens hatte er einen ungarischen Akzent. Beides fand ich absolut hinreißend«[9]. Es versteht sich, daß Wolff dann später auch die wissenssoziologischen Überlegungen Mannheims anregend fand. Er begann eine Dissertation über die Intelligenz seiner Vaterstadt Darmstadt. Wer hier Elias' Prinzip, über etwas

7 Gisèle Freund: Norbert Elias als Lehrer. In: Human Figurations, a.a.O., S. 12-14 (hier: S. 13). Bei der erwähnten Arbeit handelt es sich um: Gisèle Freund: La Photographie en France au dix-neuvième siècle: Etude de sociologie et d'esthétique. Paris 1936. Eine gekürzte deutsche Übersetzung erschien 1968 als Teil der Abhandlung: dies.: Photographie und bürgerliche Gesellschaft. München 1968.
8 Ilse Seglow: Work at a research programme. In: Human Figurations, a.a.O., S. 16-21 (hier: S. 18).
9 Kurt H. Wolff: Wie ich zur Soziologie kam und wo ich bin: Ein Gespräch mit Kurt H. Wolff. Aufgezeichnet von Prof. Dr. Nico Stehr, Edmonton. In: M. Rainer Lepsius (Hrsg.): Soziologie in Deutschland und Österreich 1918-1945. Materialien zur Entwicklung, Emigration und Wirkungsgeschichte (Sonderheft 23 der KZfSS). Opladen 1981, S. 324-346 (hier: S. 324).

zu schreiben, von dem man genauere Kenntnis hat, anklingen hört, hört richtig. Wolff berichtet: »Norbert Elias, Mannheims Assistent, (war mir) *sehr* behilflich ...«[10]

In den Berichten über Elias' Wirken am Soziologischen Seminar kommt als ein Ort, wo entsprechende (Beratungs-)Gespräche stattfanden, das Café Laumer vor, ein, wie Wolfgang Schivelbusch es beschreibt, »bürgerliches Konditorei-Café an der Bokkenheimer Landstraße, Ecke Brentanostraße, beliebt vor allem bei den Soziologen und Philosophen des Instituts für Sozialforschung und des Kreises um Karl Mannheim«[11]. Hier saß man, debattierte nach den Veranstaltungen weiter. Theodor Wiesengrund-Adorno hielt hier seine ›Nachseminare‹. Diese Stunden im Café Laumer haben, wie immer wieder berichtet wird, zu der intellektuellen Ausbildung, wissenschaftlich wie politisch, viel beigetragen, oft sogar weit mehr als die einzelnen Lehrveranstaltungen selbst. Hier war der Ort, wo man die neuesten Thesen der Lehrer und Kollegen diskutierte, neue Entwicklungen in den benachbarten Fächern, in Kunst und Literatur besprach, Amouren begann und wieder beendete, die stilvolle Umgebung genoß, das hervorragende Gebäck eingeschlossen.

Der Faschismus als Schlachtenlärm

Es hatte alles so gut angefangen, und alles nahm zunächst einen positiven Verlauf. Am Himmel der politischen Szene tauchten zwar immer dunklere Wolken auf, die man auch zur Kenntnis nahm und heftig-ablehnend diskutierte, aber – so unwahrscheinlich-merkwürdig es uns heute, da wir die Struktur der damals ablaufenden Entwicklung überschauen, erscheinen mag – den damals in diesen Prozeß einbezogenen links orientierten Wissenschaftlern stand die Gefahr, die ihnen drohte, nicht real vor Augen. Als »Blindheit demgegenüber, was politisch eigentlich vorging«[12] hatte Kurt H. Wolff die Situation charakterisiert. Man wußte wohl um die gefährlichen Ziele der Nationalsozialisten und war auch aufgeschreckt durch die ansteigende Brutalität des politischen Kampfes, von dem man im Café Laumer aber nur den

---

10 Kurt H. Wolff: Wie ich zur Soziologie kam, a.a.O., S. 326.
11 Wolfgang Schivelbusch: Intellektuellendämmerung, a.a.O., S. 163.
12 Kurt H. Wolff: Wie ich zur Soziologie kam, a.a.O., S. 325.

*Abb. 8: Karl Mannheim beim »Nachseminar« im Café Laumer (1932).
Vorne links: Norbert Elias
rechts in der Mitte: Hans Pfauter. (Photo Gisèle Freund)*

Schlachtenlärm vernahm, gelegentlich auch Berichte von Augenzeugen hörte. Dies wohl aber meist als eine Veranstaltung, die sich wie die Bühnendramaturgie der Teichoskopie bediente, jenem Trick, bei dem ein Beobachter von dem Geschehen jenseits einer Mauer berichtet, meist einem Schlachtgetümmel oder anderen Vorgängen, die (zu) viele Darsteller benötigen.

Auch in den Lehrveranstaltungen wurde der aufkommende Faschismus nicht behandelt. Mannheim plante ein Buch über den Liberalismus, gewissermaßen die Fortsetzung seiner Arbeiten über Konservatismus. Im Zusammenhang mit diesen Plänen hatte er bereits 1931 ein interdisziplinäres Seminar angeregt, das im Wintersemester 1932/33 zum vierten Male durchgeführt wurde. An ihm waren neben Mannheim Adolf Löwe, Arnold Bergstraesser und der Historiker Ulrich Noack beteiligt. Die Assistenten wechselten reihum in begleitenden Arbeitsgruppen und nannten sich deshalb »Liberale Fliegergruppe«, was Elias nach der Machtübernahme eine Vorladung durch die SA einbrachte, da die Nazis dahinter eine para-militärische Gruppe vermuteten. Außerdem las Mannheim im Wintersemester 1932/33 über »Kultur und Gesellschaft. Historische Analysen des Zusammenhangs von Wirtschafts-, Sozial- und Geisteswissenschaften«.

Es war nun nicht nur – wie Sven Papcke nachgewiesen hat – bei Mannheim so, daß der aufkommende Faschismus nicht zum Thema universitärer Lehrveranstaltungen gemacht wurde – sei es, daß man sich unzuständig fühlte, sei es, daß man die Dynamik der aufkommenden Bewegung unterschätzte oder das Thema allgemein abwies. Papcke zitiert dazu aus einem Brief von Elias vom 15. November 1982: »Man diskutierte schon gelegentlich den italienischen Faschismus. Aber den Nationalsozialismus unter Hitler nahm man in den akademischen Kreisen, die ich kannte, als politische Bewegung nicht ganz ernst. Weil er vulgär, barbarisch und mit seinen schrillen Stimmen, seiner Philosophie für Halbgebildete, seinen schreienden Symbolen auf Menschen der alten Bildungstradition eigentlich recht fremdartig wirkte, ... fiel es, soweit ich mich entsinnen kann, niemandem ein, ihn zum Thema soziologischer Veranstaltungen oder Untersuchungen zu machen.«[13]

Gewiß, man war nicht unpolitisch – ganz im Gegenteil – und sicher auch nicht ohne böse Vorahnungen. So begann z. B. die Leitung des Instituts für Sozialforschung frühzeitig, Vermögenswerte ins Ausland zu verlagern. Aber insgesamt ist doch festzustellen, daß diejenigen, die damals in den politischen Entwicklungsprozeß miteinbezogen waren, sich über dessen Struktur und Richtung nicht so im klaren waren, wie wir es uns heute sind beim geschichtlichen Untersuchen jenes Prozesses, der aus dem 19. Jahrhundert über den Ersten Weltkrieg und durch die Zeit der Weimarer Republik bis hin zur Machtübernahme durch die Nationalsozialisten am 30. 1. 1933 führte. Aber noch war es nicht soweit.

Die Habilitationsschrift: Der höfische Mensch und die höfische Gesellschaft

Voller Vertrauen in die Möglichkeiten, die ihm seine Tätigkeit am Soziologischen Seminar eröffnete, arbeitete Elias an seiner Habilitationsschrift. Alle nahmen an, wie sich Margarete Sallis-

---

13 Sven Papcke: Weltferne Wissenschaft. Die deutsche Soziologie der Zwischenkriegszeit vor dem Problem des Faschismus/Nationalsozialismus. In: ders. (Hrsg.): Ordnung und Theorie: Beiträge zur Geschichte der Soziologie in Deutschland. Darmstadt 1986, S. 168-222 (hier: S. 188, Anm. 89).

Freudenthal erinnert, »daß er Mannheims Privatdozent werde«[14]. So war es in Heidelberg geplant worden, und nichts schien dem im Wege zu stehen. Horkheimer stellte Elias auf dessen Bitte ein zusätzliches Zimmer im Institut für Sozialforschung zur Verfügung und erlaubte ihm die Benutzung der Bibliothek des Instituts. Dort schrieb er seine Habilitationsschrift, von der eine ausgearbeitete Fassung 1969 bei Luchterhand als »Die höfische Gesellschaft« erschien. Inzwischen ist 1983 bei Suhrkamp eine Taschenbuchausgabe erschienen.

Allerdings muß man davon ausgehen, daß der jetzt vorliegende Text nicht identisch ist mit der seinerzeitigen Habilitationsschrift. Diese hatte den Titel »Der höfische Mensch«. Als Untertitel bei seinem Gesuch um Zulassung als Habilitand hatte Elias »Ein Beitrag zur Soziologie des Hofes, der höfischen Gesellschaft und des absoluten Königtums« angegeben. Margarete Freudenthal hat die Arbeit zitiert.[15] Laut Eintrag auf dem Gesuch war ihr aus nicht mehr nachvollziehbaren Gründen das Manuskript am 17.6.1934 ausgehändigt worden.

Die heute vorliegende Fassung »Die höfische Gesellschaft« (1969) enthält eindeutig Teile, die später geschrieben sind. So z.B. solche, in denen als Beleg das später geschriebene Buch »Über den Prozeß der Zivilisation« herangezogen wird, und auch Schlußteile einzelner Kapitel, die eine ausgefeiltere Argumentation enthalten als die Problemstellung in der ersten Fassung vermuten läßt. Es sind dies meist auch Teile, bei denen plötzlich die Fülle der Anmerkungen abbricht und nicht mehr Bezug genommen wird auf zeitgenössische und historische Texte. So ist mit großer Wahrscheinlichkeit das Kapitel »Zur Soziogenese der aristokratischen Romantik im Zuge der Verhofung«, in dessen Mittelpunkt die Entstehung und Bedeutung des Romans »L. Astrée‹ von Honoré d'Urfé‹ stehen, nicht Bestandteil des ersten Textes über »Der höfische Mensch« gewesen, denn es fehlt bei ihm ein Anmerkungsapparat, ein Verfahren, das Elias erst später praktiziert hat, das aber bei einer Habilitationsschrift wohl auch nicht angemessen gewesen wäre.

So lassen sich Teile des Buches, die mit an Sicherheit grenzender Wahrscheinlichkeit Teile der Habilitationsschrift waren, identifi-

---

14 Margarete Sallis-Freudenthal: Ich habe mein Land gefunden, a.a.O., S. 110.
15 Margarete Freudenthal: Gestaltwandel der städtischen, bürgerlichen und proletarischen Hauswirtschaft, a.a.O., S. 15 (Anm. 6).

zieren. Allerdings ist es wenig sinnvoll, das Buch heute in alte und neue Abschnitte aufzuteilen. Es ist eine Einheit, deren Grundlage eine frühere Bearbeitungsstufe ist. Diese beschäftigte sich mit der zentralen Bedeutung, die der Hof und die höfische Gesellschaft im 17. und 18. Jahrhundert in Europa hatten. In ihr greift Elias gleich zu Beginn einen Aspekt auf, der ihn schon in seinem Beitrag für die Blau-Weiß-Blätter und in seinem Züricher Diskussionsbeitrag zu Thurnwalds Referat »Die Anfänge der Kunst« beschäftigte. Damals hatte er kritisiert, heutiges evolutionistisches Denken verhindere ein adäquates Verständnis der Kunst der Primitiven. Jetzt stellt er fest, »ein Nachklang der bürgerlichen Kampfstellung gegen den Hof und die durch das Hofleben geprägten Menschen ... verstellt wohl heute noch oft den Blick für die repräsentative Bedeutung der Höfe und der höfischen Gesellschaft« (HG, 62).[16] So macht er denn gleich zu Anfang deutlich, daß zeitgenössische Versuche über den höfischen Adel, er nennt Franz Oppenheimer, Max Weber und Werner Sombart, nicht ausreichen können. Zu Oppenheimers Einschätzung der Hofhaltung als »verfeinertem Geschmack«, »perversem Luxus« bemerkt er z. B., daß dessen Tatsachen und Bewertungen »nicht eigentlich falsch« sind (wohl die vorsichtige Formulierung eines Habilitanden), aber »die Perspektive ... verdeckt völlig den Gesamtzusammenhang, aus dem sie hervorgingen, und aus dem allein sie zu verstehen sind« (HG, 63). Ähnlich distanziert er sich von Weber und Sombart.

Elias erzählt in der ihm damals schon eigenen klaren Sprache, die Soziologismen vermeidet, ohne den soziologischen Gehalt aus dem Auge zu verlieren, die Geschichte der Entstehung des absolutistischen Hofes Ludwigs XIV. Er beginnt bei dessen Vorgängern Heinrich IV. und Ludwig XIII. und zeigt, wie sich »ganz allmählich und sehr langsam ... der Charakter des Hofes als einer Versorgungsorganisation des Adels und zugleich als eines Herrschaftsinstruments des Königs gegenüber dem Adel« (HG, 281) herausbildete. Die höfische Gesellschaft wurde die Eliteformation des zentralisierten, absolutistischen Staates.

Das Interessante an dieser langfristig-strukturierten Entwicklung der Verhöflichung ist, daß die Beteiligten im Verlauf dieses Prozesses immer mehr aufeinander angewiesen wurden. Diese

---

16 Die Fundorte der Zitate zu »Norbert Elias: Die höfische Gesellschaft, a.a.O.« werden in diesem Kapitel im Text mit (HG, Seitenzahl) angegeben.

langsame Umwandlung eines ehemals »primär naturalwirtschaftlich fundierten Krieger- und Gutsherren-Adels als Spitzenschicht (in) eine primär geldwirtschaftlich fundierte höfische Aristokratie« (HG, 366) ist nicht planvoll geschehen, sondern ergab sich aus den ambivalenten Machtbeziehungen zwischen König und Adel. Der Adel benötigte den König zum Erhalt seiner Privilegien und eines standesgemäßen Lebens, der König dagegen benötigte den Adel »vor allem auch als unentbehrliches Gewicht in der Spannungsbalance der Schichten, die er beherrschte« (HG, 309). Begriffe wie Feudaladel und Aristokratie bekommen so eine empirisch-theoretische Bedeutung, d. h. ihre Beziehungen zueinander und die Strukturwandlungen der Gesamtgesellschaft kommen klarer zutage und erlauben gleichzeitig ein besseres Verständnis der berufsbürgerlich-städtisch-industriellen Gesellschaft, die auf diese vorerst letzte nicht-bürgerliche Figuration folgte. Die Entwicklung der ambivalenten Spannungsverhältnisse ist für Elias auch ein Beleg dafür, daß die Marxsche Vorstellung, die Geschichte sei eine Geschichte von Klassenkämpfen, »sich bei näherer Betrachtung zwar nicht als unrichtig, aber wohl als einseitig« (HG, 269) erweist.

Zum soziologischen Gehalt dieser Theorie gehört auch der Hinweis, daß sich nicht nur die Organisationsformen, sondern auch die Beteiligten, die in dem langfristigen Prozeß miteinander verflochtenen Menschen, ändern. Zwar stehen die Verhaltensänderungen der Menschen noch nicht im Mittelpunkt dieser Untersuchung, aber vorhanden ist dieser Teil des Entwicklungsprozesses menschlicher Gesellschaften bereits. Das, was man als höfische Kultur bezeichnen kann, ist ein »Aspekt der Entwicklung der höfischen Gesellschaft als einer aus dem gesamten sozialen Felde deutlich herausgehobenen Eliteformation« (HG, 280 f.). Deren Gebaren, Sprechen, Leben und Geschmack verändert sich und wird schließlich zur höfischen Etikette, der die Beteiligten folgen mußten, obgleich sie sie manchmal als Last empfanden. Sie taten dies – und darin wird das Aufeinanderangewiesensein der Menschen, das seinen Ausdruck auch in den Regulierungen individueller Affekte hat, deutlich –, »weil jede Handhabung, jeder Schritt ein Privileg bestimmter Personen oder Familien im Verhältnis zu anderen darstellte« (HG, 310). Jede Änderung eines einzelnen Teils der Etikette konnte unabsehbare Folgen haben. Wie stark die Etikette das Leben der höfischen Menschen bestimmte, wird in einem zentralen Kapitel deutlich, in dem Elias »Wohnstrukturen als Anzeiger gesellschaftlicher Strukturen« untersucht. Dies ist ein Kapitel, das in der Habilitationsschrift enthalten gewesen sein muß, denn Margarete Freudenthal zitiert in ihrer Dissertation von 1934 die Habilitationsschrift an einer Stelle, wo sie über Anordnung und Stil von Repräsentationsräumen schreibt.

Indem Elias der immanenten Struktur einer zurückliegenden Epoche nachspürt, entfernt er sich ein wenig von den aktuellen politischen Auseinandersetzungen. Da er vor den Zeitabschnitt der Industrialisierung zurückgeht, der damals im Mittelpunkt sozialwissenschaftlicher Forschung stand, kann er sich auch so ein wenig den Zwängen entziehen, die sich für das politische Engagement der damaligen Sozialwissenschaftler ergaben. Wenn er der berufsbürgerlichen Gesellschaft das zivilisatorische und kulturelle Gepräge der höfischen Gesellschaft gegenüberstellt, will er gleichzeitig auch einen Zugang schaffen zu einem besseren Verständnis gegenwärtig existierender Kulturen und zivilisatorischer Formen des Zusammenlebens.

Elias' Zugang zu den aktuellen Problemen ist indirekter, historisch entzerrt und erlaubt so eine bessere Selbstdistanzierung von jenen Problemen, mit denen das Leben in der eigenen Gesellschaft verbunden ist. Durch den Verzicht auf den direkten Zugriff auf aktuelle Entwicklungen wird der unvorbereitete Leser nicht unmittelbar angesprochen. Das ist ein gewichtiger Unterschied zu manchen Publikationen Gleichaltriger, wie z. B. von Herbert Marcuse, der sich ja auch mit Problemen von Kultur und Gesellschaft, aber zentral im Kapitalismus, beschäftigte. Obwohl Elias bis in die 80er Jahre zeitgenössische Probleme umging, bedeutet dies keineswegs, daß seine empirisch-theoretischen Modelle nicht geeignet wären, dies zu erklären oder Lösungsmöglichkeiten aufzuzeigen. Mit seinem Buch »Humana conditio«[17] hat er gezeigt, daß er durchaus in der Lage ist, seine langfristigen Analysen aus vergangenen Epochen in aktuelle Probleme der Weltpolitik zu verlängern. Auch die Untersuchungen in Winston Parva, die er zusammen mit John L. Scotson während seiner Zeit als Hochschullehrer in Leicester durchführte[18], zeigen deutlich,

---

17 Norbert Elias: Humana conditio. Beobachtungen zur Entwicklung der Menschheit am 40. Jahrestag eines Kriegsendes (8. Mai 1985). Frankfurt/Main 1985.
18 Norbert Elias/John L. Scotson: The Established and the Outsiders, a.a.O.

daß die ambivalenten Spannungsverhältnisse zwischen verschieden mächtigen Gruppen und Personen sich nicht nur am Hofe Ludwigs XIV., sondern auch zwischen mächtigeren Etablierten und machtschwächeren Einwohnergruppen nachweisen lassen.[19]

Die erarbeiteten Modelle der höfischen Gesellschaft lassen sich erstaunlich gut für die Untersuchung moderner Entwicklungen nutzen. Ich will zwei solcher Ansätze kurz vorstellen. Sie betreffen erstens den Königsmechanismus, also die Art und Weise, wie ein Zentralherr seine Macht erringt, ausbaut und erhält, sowie zweitens den Zusammenhang von Sozialverhalten und Grundrißgestaltung von Wohnhäusern bzw. Wohnungen. Für das erste Modell wird das Verhältnis von zentraler Staatsverwaltung und kommunaler Selbstverwaltung, für das zweite die Entwicklung von Wohnungsgrundrissen seit 1850 als Beispiel und Beleg herangezogen.

Exkurs in die Gegenwart, Teil 1: Zentralisierungsschübe und kommunale Selbstverwaltung

Ein kurzer Blick auf die Entwicklung, die zu der heutigen Form der kommunalen Selbstverwaltung in der Bundesrepublik geführt hat, zeigt bereits, daß einer der wichtigsten Meilensteine die Städteordnung des Freiherrn vom Stein im Rahmen der preußischen Reformgesetzgebung des Jahres 1808 war.[20] Die davorliegende Zeit, also das frühe und hohe Mittelalter, hatte eine Fülle von unterschiedlichen Ausprägungen des Verhältnisses zwischen Selbstregierung in den Städten und einer unterschiedlich starken – oder man könnte auch sagen, in manchen Zeiten unterschiedlich schwachen – Zentralgewalt gekannt. Die Einführung der kommunalen Selbstverwaltung in Preußen zu Anfang des 19. Jahrhunderts bedeutete einen qualitativen Unterschied gegenüber den mittelalterlichen Formen kommunaler Autonomie.

Mit der preußischen Städteordnung war eine rechtliche Fixierung für ein Machtverhältnis, bzw. genauer, für eine unausgewo-

---

19 Siehe dazu auch Hermann Korte: Die etablierten Deutschen und ihre ausländischen Außenseiter. In: Materialienband II, a.a.O., S. 261-279.
20 Siehe hierzu u. a. Heinrich Heffter: Die deutsche Selbstverwaltung im 19. Jahrhundert. Geschichte der Ideen und Institutionen. Stuttgart 1950.

gene Machtbalance geschaffen, die zunächst den Kommunen einen nicht unwesentlichen Grad an Autonomie verlieh. Die preußischen Reformen hatten zum einen eine wirtschaftliche Notwendigkeit, zum anderen sollten für den Bürger bessere Einwirkungschancen auf die Verwaltung ermöglicht werden, um ihn so zu motivieren, an den Geschicken des Staates Anteil zu nehmen. Untersucht man, welches Schicksal die so geschaffene kommunale Autonomie hatte, erkennt man schnell, daß die Ausgestaltung der kommunalen Selbstverwaltung schon nach wenigen Jahren eher eine Verringerung dezentraler Autonomie zum Ergebnis hatte.

In der zweiten Hälfte des 19. Jahrhunderts kommt es dann zu einer mit erheblichen Kontroll- und Koordinationskompetenzen ausgestatteten zentralen Bürokratie. Die Industrialisierung, die mit großen Bevölkerungszuwanderungen verbunden war, die einzelne Gemeinden vor erhebliche Probleme und Belastungen stellte, machte koordinierende Hilfen zentraler Instanzen notwendig. Deutlich ablesbar ist dies z. B. an der Kreisreform des Jahres 1872, wo einer eng umschriebenen Autonomie der städtischen Gemeinden die umfassende Autorität der zentralen Staatsgewalt gegenübergestellt wurde.

Langfristig betrachtet wurde das Prinzip der kommunalen Selbstverwaltung von dem Moment seiner Konstituierung an immer mehr eingeschränkt. Erst die Weimarer Verfassung brachte mit ihrer Demokratisierung des staatlichen Lebens wieder eine Veränderung des Verhältnisses von Staat und Gemeinden zugunsten letzterer.[21] Allerdings kann man in der kurzen Zeit bis 1933 deutlich sehen, wie das kommunale Selbstverwaltungsrecht wiederum nach und nach eingeschränkt und beschnitten wurde. Dies begann schon mit der Finanzreform von 1920, mit der ein Weg beschritten wurde, der die Gemeinden in Abhängigkeit von Dotationen und stets zu knapp bemessenen zentralstaatlichen Zuwendungen brachte. Vor allem die ständige Vermehrung der staatlichen Auftragsangelegenheiten ohne entsprechende Ausstattung mit Finanzmitteln reduzierte die kommunale Selbstverwaltung auf ein Minimum. Mit der Gründung der Bundesrepublik Deutschland erhielt die kommunale Selbstverwaltung mit Artikel 28, Abs. 2 des Grundgesetzes eine rechtlich starke Stel-

---

21 Siehe hierzu u. a. Hans Herzfeld: Demokratie und Selbstverwaltung in der Weimarer Epoche. Stuttgart 1957.

lung. Die Rekonstruktion der kapitalistischen Wirtschaftsordnung machte es zunächst notwendig, Engagement und Identifikation vor Ort zu unterstützen. Es wurde eine relativ dezentralisierte Landschaft akzeptiert, in der Gemeinden und Kreise größere Kompetenzen im Verhältnis zu den Zentralinstanzen hatten als jemals zuvor. Aber Mitte der 60er Jahre kommt es dann zu einer Veränderung des Spannungsverhältnisses zwischen Zentralinstanzen und kommunaler Selbstverwaltung, zu einem Zentralisierungsschub zugunsten der staatlichen Zentralinstanz. Dies läßt sich am Stabilitätsgesetz von 1967 und dem Gemeindefinanzreformgesetz, mit dem die Finanzhoheit der Gemeinden eingeschränkt und zentraler Lenkung unterstellt wurde, deutlich erkennen. Ebenso haben die seit Anfang der 70er Jahre reichlich durchgeführten kommunalen Neuordnungen durch territoriale Maßstabsvergrößerungen weniger dem vordergründigen Ziel größerer Bürgernähe gedient, sondern eher zur Entstehung von Koordinationsaufgaben bei den übergeordneten Zentralinstanzen geführt.[22]

Betrachtet man den Zeitraum von 180 Jahren seit den Stein-Hardenbergschen Reformen, so kann man sehen, daß die Zentralinstanz immer wieder Versuche unternommen hat, einmal erteilte dezentrale Befugnisse wieder an sich zu ziehen. Das gelingt aber nur bis zu einem gewissen Maß. Zwei grundlegende Vorgänge sind zu beobachten. Immer dann, wenn der Zustand des Staates intensivere Aktivitäten vor Ort notwendig macht, sei es um wirtschaftliche Folgen eines Krieges und/oder Legitimationskrisen zu überwinden, werden Befugnisse an dezentrale, kleinere Machtzentren abgegeben. Diese Befugnisse werden aber dann wieder zurückgefordert, wenn die Umstände es erlauben.

Dabei sind es keine abstrakten Denkfiguren wie soziale Systeme, die für die Änderungen sorgen, sondern Menschen, Menschengruppen und die zwischen ihnen herrschenden Machtverhältnisse. Manfred Huppertz hat in einer gut dokumentierten Arbeit gezeigt, daß hinter den Verschiebungen der Machtbalan-

---

[22] Ausführlicher siehe hierzu Hermann Korte: Funktionswandel, bürgerliches Engagement und Identifikationsmöglichkeiten im kommunalen Raum. In: Akademie für Raumforschung und Landesplanung (Hrsg.): Die Kommune als Partner der Raumordnung und Landesplanung. 18. Wissenschaftliche Plenarsitzung, 1979 in Augsburg (Forschungs- und Sitzungsberichte Bd. 135). Hannover 1980, S. 43-50.

cen im 19. Jahrhundert die Auseinandersetzung zwischen den etablierten, meist noch aristokratischen Staatseliten und den aufstrebenden wirtschaftsbürgerlichen Gruppen stand. Beide Gruppen waren in einem ähnlich ambivalenten Spannungsverhältnis verflochten wie seiner Zeit Ludwig XIV. und der höfische Adel. Huppertz schreibt: »Die Angehörigen des Wirtschaftsbürgertums, die seit der Mitte des 19. Jahrhunderts die entscheidenden Positionen in der kommunalen Selbstverwaltung besetzten, hatten in diesem Bereich eine doppelte Aufgabe zu erfüllen. Auf der einen Seite war die städtische Selbstverwaltung der politische Bereich in der deutschen Gesellschaft des 19. Jahrhunderts, in dem die bürgerlichen Gruppen zunächst den Ton angaben. Diese lokale Vorrangstellung verteidigten die bürgerlichen Gruppen gegen die Eingriffe der Staatseliten, die sich vornehmlich aus adeligen und nichtwirtschaftsbürgerlichen Gruppen rekrutierten. Beide Gruppen, die Staatseliten wie die wirtschaftsbürgerlichen Gruppen, waren zur Aufrechterhaltung ihrer jeweiligen Existenz gegenseitig aufeinander angewiesen.«[23] Eine Untersuchung dieser Art über die Machtbalancen bzw. die gesellschaftlichen Gruppen, die in entsprechenden ambivalenten Spannungsverhältnissen zueinander standen, fehlt für die Zeit seit dem Ersten Weltkrieg noch. Interessant an einer solchen Untersuchung wäre, ob, wann und durch wen die alten Staatseliten abgelöst wurden und wer an ihre Stelle getreten ist. Sicher hat das auch damit zu tun, daß die notwendigen empirischen Erhebungen einen großen Mittelaufwand benötigen würden. Anders ist dies bei dem Zusammenhang von Raumstruktur und sozialem Verhalten.

Exkurs in die Gegenwart, Teil 2: Der Zusammenhang von Raumstruktur und sozialem Verhalten

Mit einer Untersuchung der Wohnungsgrundrisse der hofischen Häuser – Palais, Hotel und Maison – hatte Elias gezeigt, daß die »Einheiten aufeinander bezogener Menschen« sich auch immer in »räumlichen Kategorien« ausdrücken. Denn »jeder Art eines ›Beisammen‹ von Menschen entspricht eine bestimmte Ausgestal-

---

23 Manfred Huppertz: Städteentwicklung im Staatsbildungsprozeß. Analysen zur Genese städtischer und staatlich-gesellschaftlicher Figurationen am deutschen Beispiel. Versuch einer Modellbildung. Frankfurt/Main 1986, S. 455.

tung des Raumes, *wo* die zugehörigen Menschen, wenn nicht insgesamt, dann wenigstens in Teileinheiten tatsächlich beisammen sind oder sein können. Und so ist also der Niederschlag einer sozialen Einheit im Raume, der Typus ihrer Raumgestaltung eine handgreifliche, eine ... sichtbare Repräsentation ihrer Eigenart.« (HG, 70 f.)

Es hat sich gezeigt, daß die Untersuchungen über die differenzierten Formen des Zusammenlebens der adeligen Menschen, d. h. die von Elias vorgeführte Art des empirischen Zugangs und seine erarbeiteten Modelle des Zusammenhangs von menschlichen und räumlichen Figurationen sich gut für die Untersuchung anderer Wohnformen und der Gründe für die Veränderung von Wohnungsgrundrissen nutzen lassen. Heutige Untersuchungen profitieren allerdings davon, daß in dem noch zu behandelnden Buch »Über den Prozeß der Zivilisation« die Verfeinerung der Sitten, die Entwicklung von Schamgrenzen und die Verschiebung von körperlichen und emotionalen Äußerungen hinter einen Schutzwall von Distanzierungsmöglichkeiten in die Untersuchungen von Wohnungsgrundrissen und der Organisation des Zusammenlebens einbezogen werden können. Die Verhaltensveränderungen und -stilisierungen sind in der ›Höfischen Gesellschaft‹ zwar auch schon angesprochen, aber noch nicht so gründlich und modellhaft ausgearbeitet. Um den Prozeß der Entstehung der Zivilisationstheorie darstellen zu können, werden hier nur diejenigen Arbeiten oder Teile von Arbeiten vorgestellt, die an Kapitel der Habilitationsschrift »Der höfische Mensch« anschließen. Auf weitergehende Arbeiten, wie etwa die detailreichen Untersuchungen von Peter Gleichmann, werde ich später noch hinweisen.

Verfolgt man die Entwicklung der Grundrisse von Arbeiterwohnungen, wie es Ursula Kanacher[24] getan hat, dann fällt z. B. auf, daß ab Mitte der 20er Jahre des 20. Jahrhunderts der Zugang zur Wohnung nicht mehr unmittelbar von der Straße aus erfolgt, sondern durch einen Flur. Dies ist nun nicht nur ein Architekteneinfall, sondern ist – wie Kanacher zeigt – Teil eines Bündels von Entwicklungslinien, die mit der Herausbildung der berufsbürgerlichen Gesellschaft einhergehen. An dieser Stelle

---

24 Ursula Kanacher: Wohnstrukturen als Anzeiger gesellschaftlicher Strukturen. Eine Untersuchung zum Wandel der Wohnungsgrundrisse als Ausschnitt gesellschaftlichen Wandels 1850 bis 1975 aus der Sicht der Eliasschen Zivilisationstheorie. Frankfurt/Main 1987.

seien insbesondere die Prozesse der Intimisierung, Kolonisation und Rationalisierung genannt.

Die Trennung von Haushalt und Arbeit, ein Vorgang, den Friedrich Tenbruck zu Recht als »von ungeheurer und fortwirkender Bedeutung«[25] genannt hat, war ein wichtiger Grund für die Entstehung der modernen Kleinfamilie mit ihrer stärker auf Emotionalität ausgerichteten Binnenstruktur. Kanacher schreibt zu dem Prozeß der Intimisierung: »Das veränderte ›Gefühlsklima‹ in der Familie, verbunden mit einer Betonung des Privaten, Intimen und Behaglichen, wurde mehr und mehr der ›harten‹ und ›gefühllosen‹ Realität des Erwerbslebens entgegengesetzt. Das Bedürfnis nach einer Abgrenzung der familiären Sphäre innen von der Berufswelt draußen führte zuerst in den großbürgerlichen und bürgerlichen Schichten zu einer Aufwertung des Wohnbereichs.«[26]

Dies zeigte sich auch in der Grundrißentwicklung im Arbeiterwohnungsbau, wenn auch mit einer gewissen zeitlichen Verzögerung im Vergleich mit den Wohnungen des Bürgertums. Kanacher kennzeichnet die wachsende Ordnung und die Adaption von großbürgerlichen und bürgerlichen Lebensweisen durch die jeweils sozial, politisch und wirtschaftlich schwächeren Bevölkerungsschichten mit dem Begriffspaar Kolonisation und Assimilierung.

Der Rationalisierungsschub in der Industrie (beispielsweise erste Fließbänder, Teilautomation, bürokratische Organisationsstrukturen in der Großindustrie) findet ebenfalls seinen Ausdruck in der Wohnungsgestalt, abzulesen z. B. an Grundrissen für Küchen, deren Veränderungen bis heute interessante Verflechtungen mit gesamtgesellschaftlichen Veränderungen zeigen. In der industriell gestalteten Küche der 20er Jahre, »in der Anlage und Ausgestaltung des Arbeitsortes und -platzes ›Küche‹ nach den Prinzipien der in Industrie und Verwaltung durchgeführten Taylorisierung, verräumlichen sich die zunehmenden Zwänge zur Reflexion, Selbstkontrolle und Langsicht«[27]. Das Erlernen des richtigen, d. h. planerisch-disziplinierten Denkens und Handelns,

---

25 Friedrich Tenbruck: Raumordnung. In: Zeitschrift für Politik XIII (1966), S. 113-144 (hier: S. 129).
26 Ursula Kanacher: Wohnstrukturen als Anzeiger gesellschaftlicher Strukturen, a.a.O., S. 258.
27 A.a.O., S. 261.

schlägt sich dann in Kochbüchern und Haushaltsratgebern nieder, was deutlich macht, daß auch ein empirisches Vorgehen sinnvoll wäre, das von solchen Ratgebern seinen Ausgang nimmt.

Es liegt auf der Hand, daß sich die Rationalisierung von Arbeitsvorgängen, die Durchorganisation von teilbaren Bewegungsabläufen auch in der Grundrißgestaltung von industriellen Produktionsstätten und in Bürogroßräumen aufzeigen lassen müßte. Zu letzterem liegt eine gut recherchierte Studie von Hans-Joachim Fritz vor, der die Entwicklung von Büroarbeit, Büropersonal und Büroräumen vom frühen Mittelalter bis zur heutigen Zeit untersucht hat.[28]

Seit dem frühen Mittelalter, als sich langsam Gebietsstaaten entwickelten, Grenzen eingehalten wurden, der Geldverkehr organisiert und Steuerpflichten nachgehalten werden mußten, gab es Kontore und entsprechende Angestellte. Aber erst mit der Industrialisierung entstand im 19. Jahrhundert eine Büroorganisation, die zu einem bürokratischen Gewissen führte. Dies geschah mittels spezifischer Kontrollformen und entsprechender Disziplinierungsmaßnahmen. Diese führten dann dazu, daß die bürokratischen Funktions- und Kompetenzzuweisungen nach und nach verinnerlicht wurden. Jener preußische Beamte entstand, der nun nicht mehr kontrolliert werden mußte. Er war die Inkarnation der Kontrolle, nach innen und nach außen. Diesen sozialen Prozessen entsprachen, wie Fritz zeigt, auch Veränderungen in den Grundrissen der Büroräume.

Erst die »Verhäuslichung« der Beamtenschaft, Fritz übernimmt hier einen Begriff von Peter Gleichmann[29], machte es möglich, die Büroarbeit zu industrialisieren. Sie konnte nun zum Massenphänomen werden, gesteuert von einer kleinen, aber sehr mächtigen Gruppe von Oberbeamten. Die Schreibsäle entstanden. Fritz zeigt, wie physische und psychische Belastungen schließlich dysfunktionale Ausmaße annahmen und deshalb in den letzten 30 Jahren klimatisierte, begrünte Bürolandschaften entstanden, die den einzelnen vom Gefühl der direkten Kontrolle befreiten. Im Zentrum dieser Bürolandschaft steht nun anstelle des Oberbeam-

28 Hans-Joachim Fritz: Menschen in Büroarbeitsräumen. Über langfristige Strukturwandlungen büroräumlicher Arbeitsbedingungen mit einem Vergleich von Klein- und Großraumbüros. München 1982.
29 Siehe u. a. hierzu: Peter Gleichmann: Die Verhäuslichung körperlicher Verrichtungen. In: Materialienband I, a.a.O., S. 254-278.

ten das Rechenzentrum, das eine ebenso effektive Kontrolle ermöglicht. Die soziale und räumliche Organisation ist jetzt auf Bildschirmarbeitsplätze abgestimmt, was wiederum neue Machtverhältnisse schafft. Der in den letzten 20 Jahren aus verschiedenen Gründen so gepflegte horizontale Kooperationsstil wird nun aufgrund von – durchaus begrüßten – Systembedingungen von vertikalen Hierarchisierungen abgelöst. Wer den Zentralrechner kontrolliert, kontrolliert auch alles andere.[30] Nach der Monopolisierung von Gewalt, Steuerrecht und Planungsmitteln, wie sie Elias in »Über den Prozeß der Zivilisation« beschrieben hat, folgt nun die Monopolisierung von Wissen und Information.

Diese Verweise auf die in den letzten Jahren erschienenen Untersuchungen belegen zweierlei. Erstens behindert die Eliassche Fixierung auf zurückliegende Phasen der gesellschaftlichen Entwicklung nicht die Fortführung in jüngere Phasen[31] oder die Anwendung auf aktuelle gesellschaftliche Entwicklungen. Schon in der Habilitationsschrift wird deutlich, daß es sich bei seinen empirisch-theoretischen Untersuchungen immer auch um Beiträge zu einer soziologischen Zentraltheorie handelt – einer Theorie, die sich zugleich als Synthese verschiedener Ansätze versteht. Sind es beim »Höfischen Menschen« noch im wesentlichen Soziologie und Geschichtswissenschaft, tritt später noch die Psychologie hinzu. Das Denken und Arbeiten in Synthesen entspricht – und darauf beruht wohl auch die Offenheit für weitere Forschungsarbeiten – den synthetischen Leistungen der untersuchten Menschen und Menschengruppen, die eben auch nicht nur ein bestimmtes Problem zu lösen haben, sondern Bündel von Problemen, deren Lösungen dann Synthesen auf höherem Niveau sind. Die Arbeit des Wissenschaftlers entspricht so den langfristigen Entwicklungen in den menschlichen Gesellschaften. In der Habilitationsschrift untersucht Elias noch eingeengt den »Prozeß

---

30 Siehe hierzu: Hermann Korte: Bedingungen und Folgen der Computerunterstützung am Arbeitsplatz. In: Walter Ehler u. a. (Hrsg.): CAD – Architektur automatisch. Texte zur Diskussion. Bauweltfundamente 76. Braunschweig 1986, S. 60-67.
31 Einen Beleg dafür, daß auch neuzeitliche Manierenbücher als empirisches Material entsprechend genutzt werden können, hat vorgelegt: Volker Krumrey: Entwicklungsstrukturen von Verhaltensstandarden. Eine soziologische Prozeßanalyse auf der Grundlage deutscher Anstands- und Manierenbücher von 1870 bis 1970. Frankfurt/Main 1984.

der Verhöflichung«, später dann, wie wir sehen werden, auf einer höheren Syntheseebene den »Prozeß der Zivilisation«.

Die Möglichkeiten zu weiterer Forschung belegen zweitens aber auch, daß Elias am Beginn eines hoffnungsvollen Lebens als Sozialforscher stand. Die ersten Stufen hatte er mit Doktorgrad und der eingereichten Habilitation schon so gut wie genommen. Katharina Rutschky hat hypothetisch einen Lebensweg von Margarete Freudenthal weitergesponnen und dabei auch erwähnt, Anfang der 60er Jahre hätte sie, mittlerweile emeritiert, noch Seminare mit Norbert Elias durchgeführt. Wir wissen, daß daraus nichts geworden ist. Freudenthal ging 1934 nach der Promotion nach Palästina, Elias bereits im Frühsommer 1933 nach Frankreich. Zuvor hatten sie eine gemeinsame Reise in die Schweiz unternommen, um mögliche Berufschancen zu erkunden, jedoch ohne Erfolg. Freudenthal hat wohl auch Elias zu überreden versucht, (mit ihr zusammen) nach Palästina zu gehen. In ihrer Autobiographie berichtet sie von einem langen Gespräch mit Elias, das im November oder Dezember 1932 stattgefunden habe. Aber Elias entpuppte sich für sie als »theoretischer Zionist (was schon sehr viel war)«. Er sei einer jener Zionisten gewesen, von denen ein Witz sage: »Zionisten sind Leute, die mit dem Geld eines zweiten einen dritten nach Palästina schicken.«[32]

Das plötzliche Ende

Man kann den Einschnitt, den der Entschluß, nach Frankreich ins Exil zu gehen, für Elias und seine Lebensplanung bedeutete, nicht richtig verstehen, wenn man sich nicht klar macht, wie nahe er schon seinem Ziel gekommen war, das er seit Beginn des Studiums anstrebte: an einer deutschen Universität Professor zu werden. Er hatte seine Habilitation so gut wie abgeschlossen. Die Arbeit war eingereicht, Mannheim von der Fakultät zum Gutachter bestimmt, und der Oberpräsident der Provinz Hessen-Nassau hatte bereits auf Antrag von Elias mitgeteilt, daß er gegen seine Zulassung als Privatdozent keine Bedenken zu erheben habe. Es fehlte nur noch die Probevorlesung, dann konnte er Privatdozent werden und war so auf dem besten Wege, einen Lehrstuhl, den Olymp deutscher Gelehrsamkeit, zu erklimmen.

32 Margarete Sallis-Freudenthal: Ich habe mein Land gefunden, a.a.O., S. 117.

Alles hatte in Frankfurt so gut angefangen, alles war fast planmäßig verlaufen und dann das plötzliche Ende. Zur Probevorlesung ist es nicht mehr gekommen. Die Ernennung Adolf Hitlers zum Reichskanzler und die Machtübernahme durch das Ermächtigungsgesetz setzten sehr schnell Aktivitäten in Gang, die die Gleichschaltung der Universitäten und ihre Säuberung von Juden und kritischen Wissenschaftlern – hauptsächlich von Marxisten, aber nicht nur von ihnen – zum Ziel hatten.

Aber selbst jetzt schien man die Gefahr nicht ganz ernst zu nehmen. Der bürgerliche Hochmut konnte sich einfach nicht vorstellen, welche Katastrophe den Menschen unter Hitlers Führung drohte. Kurt H. Wolff berichtet von einem Gespräch mit Mannheim vom Februar 1933, den er zufällig auf der Straße getroffen und darauf angesprochen habe, nun müsse man wohl weggehen. Was Mannheim aber nicht so richtig ernst nahm, »denn Hitler sei derartig verrückt, daß er sich nicht länger als 6 Wochen halten könne«[33]. Dies war sicherlich kein individueller Irrtum Mannheims, sondern drückte eine allgemeine, unter Intellektuellen verbreitete Einstellung zum Nationalsozialismus und seinem Führer aus.

Die 6 Wochen waren bald vorüber. Am 13. März, ziemlich genau 6 Wochen nach der Machtübernahme, wurde das Institut für Sozialforschung geschlossen. Schon 3 Wochen später beschloß die Universität, die Verbindung zum Institut aufzulösen. Mit dem Institut für Sozialforschung wurde auch das Seminar für Soziologie geschlossen. Nun ging Mannheim nach England; er wäre sowieso im Zuge des sogenannten »Gesetzes zur Wiederherstellung des Berufsbeamtentums« sowohl aus ›rassischen‹ als auch aus politischen Gründen vom Dienst suspendiert worden.

Elias verließ einige Wochen später als Mannheim Frankfurt und ging zunächst nach Frankreich. Wie viele andere reiste auch er mit kleinem Gepäck. Er wußte nicht so recht, was er mit sich anfangen sollte. Zunachst blieb noch die gern genährte Hoffnung, daß man in einiger Zeit zurückkehren könne. Aber daraus, das wissen wir heute, wurde nichts. Die Nationalsozialisten festigten von Monat zu Monat ihre Macht, und die Universitäten wurden gleichgeschaltet, wie es so treffend hieß. Das Schicksal der Universitäten spiegelt sich in einer Heidelberger Szene wieder, die Alfred Weber Edgar Salin erzählt hat und die dieser in

33 Kurt H. Wolff: Wie ich zur Soziologie kam, a.a.O., S. 325.

einer kleinen Rückerinnerung an seine Heidelberger Zeit berichtet hat: »Nach der Machtübernahme habe der Studentenführer Dozenten und Studenten auf dem großen Universitätsplatz zusammengerufen, sei auf den Balkon getreten und habe kommandiert: ›Universität Heidelberg! Stillgestanden!‹.«[34] So kam es dann auch – in Heidelberg und anderswo.

---

34 Edgar Salin: Dem lebendigen Geist. In: Merian XX (1967), H. 2 (Schwerpunktthema: Heidelberg), S. 78-84 (hier: S. 84).

Achtes Kapitel
Das große Buch

> »Man muß etwas Neues machen,
> um etwas Neues zu sehen.«
> Georg Christoph Lichtenberg

Zu den Selbstverständlichkeiten unseres alltäglichen Lebens gehört es, daß wir mit Messer und Gabel essen. Das war nicht immer so. Als im 13. Jahrhundert eine byzantinische Prinzessin die ihr am Hofe zu Venedig angebotene Nahrung mittels einer kleinen Gabel – aus Gold und mit zwei Zacken – zu Munde führte, war man entsetzt. Der Skandal rief die Priester auf den Plan, die sogleich Strafen des Himmels beschworen, was scheinbar auch Erfolg hatte, denn bald wurde sie von einer schlimmen Krankheit befallen. Für den heiligen Bonaventure (ca. 1217-1274) war klar, daß dies eine Züchtigung Gottes für eine Person sei, die Gottes eigene Speisen nicht mit den Fingern essen wollte.

So oder ähnlich mag Elias diese kleine Geschichte erzählt haben, als er im Spätherbst 1935 bei seinem Studienfreund Alfred Glucksmann und dessen Frau in Cambridge zu Gast war. Es war sein erster Besuch bei den Freunden, die ihm den Brief eines Engländers besorgt hatten, mit dem er nach Großbritannien einreisen konnte. Glucksmann und Elias hatten sich 1922 in Breslau kennengelernt, wahrscheinlich als Angehörige der jüdischen Jugendbewegung. Jedenfalls erwähnt Glucksmann in seinen Erinnerungen an die erste Zeit mit Elias »a common interest in Jewish problems«[1]. 1925 trafen sie sich erneut in Heidelberg, wurden Freunde, die in einen regen Gedankenaustausch traten. Der Mediziner Glucksmann beschäftigte sich mit Problemen von Anatomie und Entwicklungsgeschichte und diskutierte mit Elias und anderen die philosophischen, politischen und soziologischen Probleme seiner Forschungen, wobei er dem Einfluß seines Freundes Elias besondere Bedeutung zumaß.

Glucksmann war schon 1933 nach England geflüchtet und konnte Elias so behilflich sein, von Paris nach England überzusiedeln. Nun machte Elias seinen ersten Besuch und erzählte von

---

[1] Alfred Glucksmann: Norbert Elias on his Eightieth Birthday. In: Human Figurations, a.a.O., S. 9-10 (hier: S. 9).

seinen Arbeiten. Die Anekdote mit der byzantinischen Prinzessin und der Gabel diente ihm – wie auch später bei anderen Gelegenheiten[2] – als Illustration, um deutlich zu machen, was er mit Zivilisationsprozessen meinte, die er begonnen hatte zu untersuchen.

Nach der Flucht nach Paris hatte Elias seine wissenschaftlichen Arbeiten fortgesetzt. Zwar waren die Verhältnisse jetzt ungünstiger und beschwerlicher als in Frankfurt – ich werde im nächsten Kapitel noch darauf zurückkommen – aber er hoffte ja – wie viele andere auch – auf ein baldiges und glückliches Ende der Hitler-Herrschaft und auf seine Rückkehr nach Frankfurt und tat das, was er konnte: wissenschaftlich arbeiten, um nicht den Anschluß zu verlieren und die Universitätskarriere demnächst fortsetzen zu können.

Die Entdeckung der Manierenbücher

Elias nahm das Material seiner Habilitationsschrift und begann, diese Untersuchung der Entwicklung von Adel, Königtum und höfischer Gesellschaft auszubauen. Er tat dies in mehrfacher Hinsicht. Erstens vergrößerte er den regionalen Bezug. Neben die französische Entwicklung stellte er die in England und Deutschland. Dann fand er zweitens in Manierenbüchern und Ratgebern für Etikette aussagekräftiges empirisches Material und nutzte all dies, und das ist ein dritter Punkt, zu theoretischen Einsichten, die über jene der Habilitationsschrift, wie z. B. zum Königsmechanismus oder zum höfischen Verhalten, hinausführten. Der Soziogenese des Staates wurde die Psychogenese des Individuums komplementär gegenübergestellt.

Am wichtigsten war aber in dieser Phase der Arbeit die Entdeckung der Bedeutung und Nützlichkeit der Manierenbücher. Schon in der Habilitationsschrift war ja deutlich geworden, daß das Verhalten gemäß der höfischen Etikette Funktionen für den sozialen Gesamtzusammenhang des Adels hatte und daß sich die Ausprägung von Affekten und Gefühlen in den einzelnen Phasen gesellschaftlicher Entwicklung unterschied. Nun untersuchte Elias diesen Tatbestand genauer und entwickelte das Modell des Zivilisationsprozesses. Vorläufiges Endergebnis waren dann die

[2] So etwa in einem Interview in: Le Nouvel Observateur, 29. 5. 1974.

zwei Bände von »Über den Prozeß der Zivilisation«. Als Elias dem Ehepaar Glucksmann die Geschichte der Gabel erzählte, tat er dies, so Alfred Glucksmann in seiner Erinnerung, »to analyse the process of civilization«[3]. So wird er vielleicht auch auf die Unterschiede beim Gebrauch von Messer und Gabel hingewiesen haben.

Seit dem frühen Mittelalter gab es zahlreiche Anweisungen, wie bei Tisch mit dem Messer umzugehen sei. Dabei darf man sich unter einem ›Messer‹ zu der damaligen Zeit kein Tafelmesser heutiger Art vorstellen: an der Spitze stumpf und gerade so scharf, daß nicht zu zähes Fleisch und weiches Gemüse damit geschnitten werden können. Damals war das wohl eher ein scharfer und spitzer Dolch, dessen Gebrauch bei Tisch über die Jahrhunderte immer mehr reglementiert wurde, bis er gänzlich verschwand und, von der Oberschicht ausgehend, dem Platz machte, was wir heute ein Eßbesteck nennen. Dabei kann man über die Jahrhunderte sehen, daß sich die Menschen immer größere Beschränkungen auferlegten. So z. B. das Verbot, die Spitze gegen andere Teilnehmer des Essens zu richten.

Überbleibsel derartiger Beschränkungen, die ja den Sinn hatten, aus einer lebensbedrohenden Waffe langsam einen Gegenstand höfischer Etikette zu machen, finden sich auch heute noch. So sind z. B. auf skandinavischen Verkehrsschildern, die Gasthäuser ankündigen, gekreuzt *Löffel* und Gabel zu sehen. Auch wird in schwedischen und nordischen Haushalten weit weniger das Messer benutzt als bei uns Deutschen, die wir auf entsprechenden Verkehrsschildern *Messer* und Gabel zeigen. Das zeigt nicht nur die langfristigen Wirkungen zurückliegender Phasen des Zivilisationsprozesses, sondern auch, daß es nationalspezifische Unterschiede gibt, die erklärt werden müssen und – dank Elias – auch erklärt werden können.

Die Zivilisierung beim Gebrauch des Messers bei Tisch ist ein jahrhundertelanger Prozeß, der mit einiger Einfühlung auch von Laien nachvollzogen werden kann. Die Bändigung brutaler Angriffslust des Einzelnen im höfischen Zeremoniell und später durch bürgerlichen Anstand begleitet die Entstehung staatlicher Gewaltmonopole. Bei der Gabel ist die Sache etwas komplizierter, scheint doch der Gedanke, fettige Speisen nicht mit den Fingern, sondern mit einem Instrument aus der allen gemeinsamen

[3] Alfred Glucksmann: Norbert Elias on his eightieth birthday, a.a.O., S. 10.

Schüssel zu angeln, so naheliegend und vernünftig, daß man dahinter keinen besonderen Zivilisationsprozeß vermutet, der weit über Nützlichkeitserwägungen hinausreicht. Und doch ist die Einführung der Gabel zutiefst mit prozeßhaften Veränderungen der Psyche der Individuen verbunden.

In dem Kapitel »Über den Gebrauch der Gabel beim Essen« geht Elias im ersten Band einfühlsam der Frage nach, warum es uns heutzutage unzivilisiert, unerzogen und irgendwie barbarisch-kannibalisch vorkommt, Speisen mit den Fingern zum Mund zu führen. Vordergründig ist der Grund klar: So etwas ist unhygienisch und unappetitlich. Dies sind Gründe, wie Elias sagt, die in die Kategorie Peinlichkeitsgefühl und Scham gehören, und es ist die Entstehung dieser Affektkontrollen, für die die Einführung der Gabel ein Beispiel ist. Der Grund, warum bestimmte Verhaltensweisen im Verlauf des Mittelalters immer stärker mit Unlustgefühlen belegt wurden, sieht Elias in einer langsamen, aber durchschlagenden und weitgreifenden Veränderung des Unbewußten der Menschen, die zu einer Distanz zum eigenen Körper und zu denen der anderen führte. »Die Gabel«, so schreibt Elias, »ist nichts anderes als die Inkarnation eines bestimmten Affekt- und Peinlichkeitsstandards. Als Hintergrund der Wandlung, die sich in der Eßtechnik vom Mittelalter zur Neuzeit hin vollzieht, taucht wieder die gleiche Erscheinung auf, die auch in der Analyse anderer Inkarnate dieser Art zutage trat: eine Wandlung des Trieb- und Affekthaushaltes.« (I, 171)[4]

Wir finden auch in diesem kurzen Abschnitt – und das ist ein grundlegendes Merkmal der Argumentationsweise von Elias – zwei verallgemeinernde Bemerkungen. Zum einen den Hinweis, daß sich diese Zivilisierung der Sitten von einem »engen Kreis« höfischer Menschen langsam in der gesamten Gesellschaft, also von oben nach unten, verfestigt hat. Und zweitens, daß sich dieser langfristige Zivilisationsprozeß heutzutage bei der Sozialisation der Kinder wiederholt. Dies geschieht aber so, daß das Verhalten, das in die gleiche Form und Richtung gezwungen wird, den Aufwachsenden nahezu »als etwas ›Inneres‹, ihnen gleichsam von Natur mit auf den Weg Gegebenes« (I, 173) erscheint. Der prozeßhaft zustandegekommene Standard wird – und das ist

---

[4] Die Fundorte der Zitate zu »Norbert Elias: Über den Prozeß der Zivilisation, Band I und II, a.a.O.« werden in diesem Kapitel im Text mit (Band, Seitenzahl) angegeben.

kennzeichnend für den Zivilisationsprozeß – überhaupt nicht mehr als Fremdzwang verstanden, er ist zum Selbstzwang geworden, dessen Einhaltung individuelle Kontrollmechanismen übernommen haben, die nur noch selten der Unterstützung von außen bedürfen. Daß dieser Prozeß niemals zu Ende ist und langfristige Veränderungen mit einschließt, ist dabei selbstverständlich, denn die Bestandsaufnahme bezieht sich nicht auf das Ende eines Prozesses, sondern jeweils auf eine historische oder aktuelle Phase eines langfristigen Prozesses, dessen Anfänge ebensowenig bestimmbar sind wie sein Ende.

Am Schluß des kleinen Abschnitts »Über den Gebrauch der Gabel beim Essen« findet sich eine Zusammenfassung, die viel von den Absichten und Ergebnissen der Arbeit wiedergibt. »Auf diese Weise vollzieht sich also der geschichtlich-gesellschaftliche Prozeß von Jahrhunderten, in dessen Verlauf der Standard der Scham- und Peinlichkeitsgefühle langsam vorrückt, in dem einzelnen Menschen in abgekürzter Form von neuem. Wenn man darauf aus wäre, wiederkehrende Prozesse als Gesetz auszudrücken, könnte man in Parallele zu dem biogenetischen von einem soziogenetischen und psychogenetischen Grundgesetz sprechen.« (I, 174)

Aus dem vorstehenden Zitat wird eine der Grundregeln deutlich, nach denen Elias vorgeht. Gesellschaftliche Regelungen und individuelle Handlungsweisen, ihre Inhalte und Formen, sowie deren Veränderungen, lassen sich nur dann adäquat untersuchen und verstehen, wenn die Langfristigkeit des »geschichtlich-gesellschaftlichen Prozesses von Jahrhunderten« zentral wird. Dabei kann man nun nicht sagen, dies sei nur eine methodische Grundregel, denn das würde die Einsicht in die Notwendigkeit der Untersuchung langfristiger gesellschaftlicher Veränderungen fälschlicherweise auf einen, sicherlich vorhandenen, Aspekt begrenzen. Es ist die Feststellung eines empirischen Sachverhaltes *und* gleichzeitig auch eine theoretische Aussage.

Daß man langfristige Entwicklungen in allgemeine Prozeßmodelle zusammenfassen kann, ist eine in der Soziologie durchaus nicht immer geteilte Position. Gleiches gilt für die mitenthaltene Feststellung, daß Veränderungen der Gesellschaft das Normale sind und nicht etwa Abweichungen von der gesellschaftlichen Norm darstellen, wie es strukturfunktionale Theorien des sozialen Wandels behaupten. Nicht ohne Ironie und Ärger schreibt

Elias, wie schon im ersten Kapitel erwähnt, in der Einleitung der zweiten Auflage von 1969, daß die Soziologie sich den Irrweg der nordamerikanischen Systemtheorie strukturfunktionalistischer Ausprägung hätte ersparen können, wenn man seine Ausführungen aus den 30er Jahren rechtzeitig zur Kenntnis genommen hätte.

Wer den ersten Band aufschlägt und dabei die Einleitung zur zweiten Auflage zunächst überspringt, wird solche grundsätzlichen Angaben und Ausführungen vermissen. Für den Leser akademischer Abhandlungen etwas ungewohnt beginnt Elias nämlich nicht mit der Darlegung seiner Absichten, der Vorstellung seiner theoretischen Position und den daraus abgeleiteten Forschungshypothesen nebst Angaben zu methodischem Vorgehen. Vielmehr beginnt er mit einer Sachfrage, genauer mit Fragen zu einem tatsächlich existierenden Sachverhalt und entwickelt, die Fragestellung und die Sachverhalte ausweitend, seine Konzeption, oder – um es auch hier genauer zu sagen – seine Konzeption erschließt sich dem Leser nach und nach. So wie Elias sie mit dem Tatsachenmaterial vorstellt, beginnt sie im Kopf des Lesers Konturen anzunehmen. Dabei ist man, wenn man diesen Ablauf überprüft, immer wieder von Elias' sprachlichen Möglichkeiten überrascht und entwickelt bald Bewunderung für seine Sicherheit beim Zugriff auf zentrale Punkte.

Transformationsphasen und Klassenkämpfe

Den Inhalt des ersten Kapitels habe ich im ersten Kapitel bereits zum Teil berichtet. Ich will das hier nicht wiederholen, sondern nur den Anfang des Buches und die Entwicklung der Fragestellung schildern. Zunächst wird auf Seite 1 gezeigt, daß der Begriff der Zivilisation das Selbstbewußtsein des christlichen Abendlandes widerspiegele: »Er faßt alles zusammen, was die abendländische Gesellschaft der letzten zwei oder drei Jahrhunderte vor früheren oder ›primitiveren‹ zeitgenössischen Gesellschaften voraus zu haben glaubt.« (I, 1 f.) Dann wird diese scheinbare Sicherheit aber aufgebrochen durch den Hinweis, daß die Zivilisation bei den verschiedenen europäischen Nationen nicht das gleiche bedeutet. Solche Unterschiede kämen z. B. dadurch zum Ausdruck, daß man im Deutschen statt Zivilisation Kultur sage.

Die dann folgenden Ausführungen sind den bereits im ersten Kapitel dargestellten Gründen für die unterschiedliche Bedeutung der Worte Zivilisation im Englischen und Französischen und des Wortes Kultur im Deutschen gewidmet. Man kann an diesem Vorgehen ein weiteres Prinzip der Eliasschen Vorgehensweise ablesen. Im Vergleich erschließt er sich und dem Leser zentrale Punkte. Nicht nur aus dem Vergleich unterschiedlicher Phasen eines gesellschaftlichen Prozesses, sondern auch durch die Gegenüberstellung ähnlicher Prozesse in verschiedenen Gesellschaften lassen sich wichtige Elemente und Gründe der Veränderungen finden.

In diesem ersten Kapitel spielen die Manierenbücher noch keine Rolle, mehr im Mittelpunkt steht die Sprache und die Bedeutung, die ihre Verbreitung und die Dichtkunst haben. Französisch ist die Sprache des Adels, der höfischen Oberschicht. Deutsch hat keinen guten Ruf, gilt als grob, eben als unzivilisiert. Dabei gab es kaum wirkliche nationale Gegensätze. Ob deutscher, französischer oder englischer Abstammung, in der Oberschicht sprach man französisch und hatte, wie Elias in einem Aufsatz über Barocklyrik 1987 schreibt, zu andersstaatlichen Mitgliedern der europäisch-höfischen Eliteformation eine größere Affinität als zu den Angehörigen der unteren Schichten des eigenen Landes. Daß man gegeneinander Krieg führte, war dabei kein Gegensatz. »Im Gegenteil«, schreibt Elias, »kriegerisch-militärisches Verhalten bildete einen Aspekt der höfischen Zivilisation. Das ständische Gemeinsamkeitsgefühl der höfisch-zivilisierten Menschen fand in den Ritualen ihres Verhaltens Ausdruck, ob sie sich im Krieg oder im Frieden begegneten.«[5]

Es ist kein Wunder, daß die Entwicklung der deutschen Sprache ein Hauptpunkt der Bemühungen des Bürgertums war, zu Ansehen und Einfluß zu gelangen. Dabei stand nicht nur die Übermacht der französischen Sprache dagegen, sondern auch der Tatbestand, daß Deutschland im 17. Jahrhundert ein armes, von Kriegen verwüstetes, elendes Land war. Dies war bei den europäischen Nachbarn ganz anders, für die dieses Jahrhundert staatliche Macht und gesellschaftlichen Reichtum brachte. Sicher war, wie Elias im Prozeßbuch richtig feststellt, die literarische Bewe-

---

5 Norbert Elias: Das Schicksal der deutschen Barocklyrik. Zwischen höfischer und bürgerlicher Tradition. In: Merkur XXXXI (1987), S. 451-468 (hier: S. 452).

gung – von Klopstock bis Lessing, von den Dichtern des Sturm und Drang bis zum Hainbund – keine politische, nicht auf politische Aktionen ausgerichtete Bewegung. Aber sie ist, und das zeigt Elias überzeugend, »im eminentesten Sinn des Wortes Ausdruck einer sozialen Bewegung, einer Transformation der Gesellschaft« (I, 21).

So spannt Elias auf wenigen Seiten den Bogen von einer scheinbar einfachen Ausgangsfrage zu den Problemen, mit denen sich die Soziologen seit Comte und Marx beschäftigten. Der revolutionäre Übergang vom Feudalismus zum Bürgertum, wie er von vielen untersucht worden war, wird mit den Worten von Elias zu einer Transformationsphase in einer langfristigeren, gesellschaftlichen Entwicklung. Es ist eine bestimmte Distanz in seinen Untersuchungen. Er nimmt nicht Partei, bewertet nicht, sondern er arbeitet die einzelnen Faktoren heraus und kommt langsam zu verallgemeinernden Aussagen, die er später dann in Modellen zusammenfassen wird.

Auch das, was bei Marx Klassenkampf genannt wird, kommt bei Elias durchaus vor. So, wenn er beschreibt, wie das aufstrebende mittelständische Bürgertum bei allem Interesse, die Barrieren nach oben abzubauen, gleichzeitig peinlichst darauf achtet, daß den unteren Schichten der Aufstieg weiterhin verwehrt bleibt. Die Klassenschranken der bürgerlichen Gesellschaft werden so in die Darstellung mit aufgenommen, ohne daß der ideologische Kampfbegriff der Klasse, der er ja auch in der Wissenschaft war und ist, benutzt werden muß. Die Probleme des aufsteigenden Bürgertums werden bei Elias trotz der Kürze des ersten Kapitels treffender dargestellt als in mancher Theorie der bürgerlichen Gesellschaft. Er zeigt nämlich auch, daß das Bürgertum in seinen Bemühungen, die unteren Schichten abzuwehren, in einem widersprüchlichen Dilemma gefangen blieb, was gleichzeitig die Frage beantwortet, warum in Deutschland der Adel so lange mächtig und einflußreich blieb. »... wie jede mittelständische Schicht, so war auch diese auf eigentümliche Weise gefangen: Sie konnte nicht daran denken, die Mauern, die den Weg nach oben verschlossen, zu zerbrechen, aus Angst, die Mauer, die sie selbst von dem unteren Volk trennte, würde beim Sturm mitzerfallen«. (I, 23)

Dabei war es zunächst die intellektuelle Schicht, »die als erste bürgerliche Formation in Deutschland ein ausgesprochen bürgerliches Selbstbewußtsein, spezifisch mittelständische Ideale und ein prägnantes, gegen die höfische Oberschicht gerichtetes Begriffsarsenal entwickelte« (I, 33). Dieses »Begriffsarsenal« war gekennzeichnet durch »das rein Geistige« (I, 32). Es entwickelte sich in Wissenschaft und Philosophie, Religion und in den schönen Künsten. Bereits hier kommt jene Tendenz zum Ausdruck, zwischen der Bildung und Kultur, »als dem eigentlich Wertvollen, und dem Politischen, Wirtschaftlichen, Gesellschaftlichen einen starken Strich zu ziehen, ganz im Gegensatz zu den Parolen des aufsteigenden Bürgertums in Frankreich und England« (I, 32). Elias fährt dann fort und hat hier wohl bereits die Theorie der Staatenbildung im Kopf, die dann am Ende des zweiten Bandes steht: »Das eigentümliche Schicksal des deutschen Bürgertums, seine lange politische Ohnmacht, die späte Einigung zur Nation, alles das hat dann immer von neuem Impulse in der gleichen Richtung gegeben und die Begriffe, die Ideale in dieser Richtung verfestigt.« (I, 32 f.)

Aus alledem ergibt sich ein besseres Verständnis für die Antithese von Zivilisation und Kultur, wie sie z. B. in dem Schmähbegriff »Zivilisationsliteraten« bei Thomas Mann zum Ausdruck kam. Diese soziologische Erklärung wäre schon allein lesenswert, aber sie ist bei Elias nur der Vorspann zu seinem eigentlichen Vorhaben. Er will nicht unpersönliche Objekte wie Zivilisation und Kultur untersuchen, sondern spezifische Veränderungen von Menschen diagnostizieren und erklären. Er löst sich nach und nach von dem gängigen Gebrauch des Begriffes Zivilisation und beginnt den Leser auf sein eigentliches Anliegen aufmerksam zu machen. So etwa auf seine Absicht, auch mit den Erfahrungen der Krise der 20er und 30er Jahre und dem offensichtlichen Rückfall in barbarische Formen der Herrschaft zu einem besseren Verständnis dessen zu gelangen, was man Zivilisation nennt. Er fragt, was es mit ihr auf sich hat und weist daraufhin, daß mit ihr bei den Individuen spezifische Zivilisationsnöte auftreten, Belastungen des einzelnen, die sich von denen der Menschen in früheren Zeiten deutlich unterscheiden. »Aber man kann nicht sagen«, schreibt Elias in der Einleitung zur ersten Auflage, »daß wir schon ganz verstehen, warum wir uns eigentlich quälen. Wir fühlen, daß wir mit der Zivilisation in bestimmte Verstrickungen hineingeraten sind, die weniger zivilisierte Menschen nicht kennen; aber wir wissen auch, daß diese weniger ›zivilisierten‹ Menschen ihrerseits oft von Nöten und Ängsten geplagt werden, unter denen wir nicht mehr, oder jedenfalls nicht mehr in gleich starkem Maße leiden. Vielleicht kann man das alles etwas klarer sehen, wenn man versteht, wie eigentlich solche Zivilisationsprozesse vor sich gehen.« (I, LXXX)

Manches ist also bereits der Einleitung zur ersten Auflage zu entnehmen. Ich finde es aber faszinierend, wie man auch ohne Kenntnis der Einleitung nach und nach bei der Lektüre zu den zentralen Fragestellungen des Buches und Absichten des Autors hingeführt wird. Nachdem die Soziogenese der Begriffe Kultur und Zivilisation abgehandelt, in ihren Unterschieden und Gegensätzen dargestellt und schließlich der Umschlag von sozialen zu nationalen Konzepten beschrieben worden ist, macht Elias am Ende des ersten Kapitels auf einen wichtigen Umstand aufmerksam. Anders als zu Beginn des Prozesses, als die Gestaltung und Modellierung der Gefühle gezielt vorbereitet bzw. betrieben wurden, ist ab dem Ende des 18. Jahrhunderts das Bewußtsein von dem vorangehenden Prozeß der Zivilisation im Schwinden. Man nimmt nun das zeitgenössische Verhalten als gegeben hin; wie man zu ihm gelangt ist, wird uninteressant. »Man nimmt sein Ergebnis einfach als einen Ausdruck der eigenen, höheren Begabung; die Tatsache, daß und die Frage, wie man im Verlauf vieler Jahrhunderte zu einem zivilisierten Verhalten gekommen ist, interessiert nicht«. (I, 63)

Psychogenese und Psychoanalyse

Elias beginnt vor dem Zeitpunkt, als der Begriff Zivilisation noch gar nicht vorhanden war, untersucht, wann er auftaucht, ›bewußt wurde‹ und schließlich ganz selbstverständlich wird. Man könnte hier bereits hinzufügen, ›unbewußt‹ wird, auch wenn Elias diese Pointe dem Leser beim Übergang zum zweiten Kapitel noch vorenthält, aber die dann folgenden elf Abschnitte seines 2. Kapitels, die den Rest des ersten Bandes füllen, haben eben nicht nur die »Zivilisation als eine spezifische Veränderung des menschlichen Verhaltens« – so der Titel – zum Thema, sondern auch die Modellierung dessen, was Freud das Unbewußte genannt hatte. Bei der Zusammenfassung im zweiten Band wird Elias dann feststellen: »... die ganze Richtung der Verhaltensänderung, der ›Trend‹ der Zivilisationsbewegung ist überall der gleiche. Immer drängt die Veränderung zu einer mehr oder weniger automatischen Selbstüberwachung, zur Unterordnung kurzfristiger Regungen unter das Gebot einer gewohnheitsmäßigen Langsicht, zur Ausbildung einer differenzierteren und festeren ›Über-Ich‹-Apparatur.« (II, 338)

Außer bei den allgemeinen Erkenntnissen der Psychoanalyse knüpft Elias vor allem bei einem Gedanken Freuds an, den dieser in seiner Auseinandersetzung mit Marx und dem Marxismus 1933 in der »Neuen Folge der Vorlesungen zur Einführung in die Psychoanalyse« veröffentlicht hatte. Ein Prozeß der Zivilisation – Freud verwendet auch den Begriff Kultur – existiere neben der Entwicklung der ökonomischen Notwendigkeiten. In ihm und durch ihn würden Triebziele verschoben, das Empfinden und Verhalten der Individuen verändert. Freud schreibt dazu: »Wenn jemand im Stande wäre, im einzelnen nachzuweisen, wie sich diese verschiedenen Momente, die allgemeine menschliche Triebanlage, ihre rassenhaften Variationen und ihre kulturellen Umbildungen unter den Bedingungen der sozialen Einordnung, der Berufstätigkeit und Erwerbsmöglichkeiten gebärden, einander hemmen und fördern, wenn jemand das leisten könnte, dann würde er die Ergänzung des Marxismus zu einer wirklichen Gesellschaftskunde gegeben haben.«[6]

Seit den Tagen der Auseinandersetzung mit seinem Philosophielehrer Hönigswald war die Geschichte der Menschen und ihres Bewußtseins Elias' Thema gewesen: Wie entstehen im Verlauf der Geschichte Ideen, wie kommt es, daß die Griechen Natur anders erlebten als Menschen der Romantik, warum erscheint den sogenannten Primitiven ein Baum als Geist, uns aber nicht, wieso unterwerfen sich Aristokraten einem höfischen Ritual, das sie bei aller Zivilisiertheit deutlichen Zwängen unterwirft? Dies sind alles Fragen, die Freud zwar nicht beantworten kann bzw. nicht versucht zu beantworten, und doch stellt Elias fest, daß er viel »den vorausgehenden Forschungen Freuds und der psychoanalytischen Schule verdankt«. Er hält im selben Zusammenhang aber auch fest, es gebe »nicht unbeträchtliche Unterschiede zwischen dem ganzen Ansatz Freuds und dem der vorliegenden Untersuchungen ...« (I, 324).

6 Sigmund Freud: Neue Folge der Vorlesungen zur Einführung in die Psychoanalyse. In: Gesammelte Werke, Band XV. Frankfurt/Main 1969, S. 194.

Was verdankt Elias Freud? Zwei Hinweise in den Arbeiten waren für ihn von besonderer Bedeutung. Erstens, daß aller innerer Zwang, aller Selbstzwang in der Menschheitsgeschichte zunächst äußerer Zwang, Fremdzwang war und zweitens, daß die psychogenetische Entwicklung jedes Individuums in gewisser Weise die Wiederholung der Menschheitsgeschichte im einzelnen Menschen ist. Und die Unterschiede? Elias interessiert vor allem die langfristige Entwicklung der Zwänge unter soziologischer Perspektive, die Soziogenese, und er benutzte zweitens anderes empirisches Material.

Freuds Methode, bei der Suche nach den verdrängten Vorgängen der Affektmodellierung beim einzelnen Individuum in psychoanalytischen Sitzungen Äußerungen der Patienten aufzuzeichnen und dann entsprechend auszuwerten, hatte für Elias keinen Wert. Er mußte nach anderem Material suchen, aus dem sich der langfristige Prozeß der Zivilisation als ein Prozeß der Veränderung der Außenzwänge in Selbstzwänge herausarbeiten ließ. Es mußte Material sein, an dem sich die langfristigen Veränderungen der inneren Natur des Menschen zeigen lassen. Dieses Material fand Elias in den Manierenbüchern. Das ist der eigentliche Grund für die ausführliche Erörterung der verschiedenen Umgangsformen. So amüsant und lehrreich die einzelnen Kapitel zu den Veränderungen der Verhaltensregeln beim Essen, bei den natürlichen Bedürfnissen, beim Schneuzen und Spucken, im Schlafraum und bei den Beziehungen zwischen Männern und Frauen im einzelnen auch sein mögen, der Zweck der Darstellung ist ein ganz spezifischer. Elias nutzt all das Material, das er vorstellt, um an ihm gewissermaßen im Zeitraffer die langfristigen Verlagerungen der Zwänge von außen nach innen vorzuführen.

Nach seinen eigenen Berichten ist ihm erst in England und zwar im traditionsreichen Lesesaal des Britischen Museums – Marx schrieb hier u. a. »Das Kapital« – der Gedanke gekommen, Manierenbücher in dieser Weise auszuwerten. Einige waren ihm durchaus bekannt gewesen; die Darstellung der Regeln der Etikette am absolutistischen französischen Königshof hatte entsprechende Lektüre notwendig gemacht. Aber erst im Vergleich zeitlich auseinanderliegender Auflagen verschiedener Manierenbücher, die sich, wie alles, was bis dahin gedruckt worden war, in dieser ungewöhnlichen Bibliothek fanden, kam ihm der geniale Gedanke, dieses Material ähnlich zu nutzen wie die Psychoanalytiker die Aufzeichnungen der Patientengespräche, nämlich zum Sichtbarmachen unbewußt gewordener Prozesse der Triebregulierung der Affekte und Gefühle.

Bei dem Beispiel der Regeln für den Umgang mit Messer und Gabel ist das schon angesprochen worden. Elias interessierte nicht die kulturhistorische Oberfläche der Verhaltensänderungen. Nicht die Veränderung der Benimmstandards ist wichtig, sondern inwieweit sich daran die Entstehung und die Veränderung von Peinlichkeits- und Schamgrenzen und die Zurückdrängung aggressiver Triebe nachweisen lassen als Ausdruck des allgemeinen Prozesses der Verlagerung der Zwänge von außen nach innen.

Es gehört zu den gängigen Mißverständnissen, denen das zweibändige Werk ausgesetzt ist, man kann sogar sagen, es ist das Mißverständnis par exellence, daß es immer wieder als kulturgeschichtliche Arbeit eingestuft und entsprechend behandelt wird. Manches mag ungewollt dazu beigetragen haben, vor allem sicher die Tatsache, daß 1939 zunächst der erste Band allein erschien und auch in den USA 1977 aufgrund unglücklicher Umstände zunächst nur die Übersetzung des ersten Bandes erhältlich war.

Aber dies alles kann allein nicht ausreichen, das Mißverständnis »Kulturgeschichte« zu erklären. Wer halbwegs aufmerksam auch nur den ersten Band liest, kann eine solche vielleicht zu Beginn der Lektüre vorhandene Einschätzung eigentlich nicht aufrechterhalten. Schon die Auseinandersetzung mit den Begriffen Kultur und Zivilisation müßte aufmerksam machen, erst recht aber die einzelnen Kapitel zu den verschiedenen Verhaltensregeln, die doch jeweils auch verallgemeinernde Aussagen enthalten, schrittweise auf ein theoretisches Modell hinarbeiten. Denn dies ist kennzeichnend für die Eliassche Argumentationsweise. Sie enthält einen ständigen Wechsel induktiver und deduktiver Aussagen und wechselt fast unbemerkt von der empirischen Analyse zur theoretischen Modellbildung und umgekehrt. Auch enthält die Einleitung – und übrigens auch der Anmerkungsapparat – genügend Aussagen zu dem, was man heute das zentrale Erkenntnisinteresse nennen würde.

Trotzdem hält sich das Mißverständnis. Mal wird Elias als Kulturhistoriker, mal als ›historischer‹ Soziologe klassifiziert. Die erste Bezeichnung stammt meist von Soziologen, die zweite meist von Historikern. In beiden Fällen ist die Absicht klar. Die Klassifizierung dient dazu, die Nichtbefassung, die Irrelevanz für das eigene Fach zu begründen. Interessanterweise finden sich die Mißverständnisse am häufigsten bei Soziologen und Historikern, weniger bei Psychologen, denen die Vorgehensweise wohl am ehesten einleuchtet. Auch bei Soziologen und Historikern gibt es inzwischen adäquate Formen der Auseinandersetzung mit Elias. Man kann aber beobachten, daß die Mißverständnisse zunehmen, je näher man den mächtigen Zentraltheorien und ihren Vertretern kommt.

Das hat seinen Grund in der Tatsache, daß Elias in dem Buch zum ersten Mal – und seitdem immer wieder – ausführlich begründet einen Paradigmawechsel fordert: Von einer statischen Betrachtungsweise sozialer Systeme zur Untersuchung langfristiger Prozesse, von der einzelnen Disziplin zu übergreifenden menschenwissenschaftlichen Untersuchungen auf höherer Syntheseebene, weg von der Vorstellung des einzeln handelnden Menschen hin zu der Figuration miteinander verflochtener Menschen, fort von der Eindimensionalität historisch materialistischer Analysen und Modelle hin zu einer Disziplingrenzen überwindenden Sozialwissenschaft. All das muß in Teilen wie als Ganzes die mächtigen Zentraltheorien von Soziologie und Geschichtswissenschaften herausfordern. Da die Eliassche Leistung auch in der Erreichung eines relativ hohen Syntheseniveaus liegt, kann man den Herausforderungen auch nicht auf dem mittlerweile üblich gewordenen Weg der eklektizistischen Einvernahme begegnen. Es bleibt deshalb nur die abweisende Etikettierung, wie man sie neuerdings wieder bei nordamerikanischen Soziologen, so sie überhaupt den Namen Elias schon mal gehört haben, antrifft. Oder man macht einen weiten Bogen um das Werk von Elias, wie es die beiden anderen Fixsterne am deutschen Soziologenhimmel, Jürgen Habermas und Niklas Luhmann, praktizieren.

Wandlungen in den Einstellungen zu den Beziehungen von Männern und Frauen

Den Exkurs über Formen der Rezeption oder besser, der Nicht-Rezeption, könnte man noch fortsetzen. Dies würde uns aber von der Entstehungsgeschichte fortführen, und außerdem ist darüber schon gearbeitet worden.⁷ Ich will hier damit fortfahren aufzuzeigen, wie Elias das empirische Material der Manierenbücher nutzte, um seine Prozeßtheorie am Beispiel der Zivilisation zu entwickeln, und was die wichtigsten Ergebnisse waren. Über Eßsitten habe ich schon berichtet. Aus der Fülle der anderen Beispiele will ich noch auf die Wandlungen in der Einstellung zu den Beziehungen von Männern und Frauen eingehen.

Einen breiten Raum nehmen in dem entsprechenden Abschnitt (I, 230-263) die sogenannten Kolloquien des Erasmus von Rotterdam ein. Diese Einführung in das Leben, die Erasmus zunächst für den achtjährigen Sohn seines Verlegers geschrieben hatte, erschien erstmals 1522 und erfuhr zwei Jahrhunderte lang immer neue, hohe Auflagen. Erst im 19. Jahrhundert kam verstärkt Kritik auf, denn mittlerweile hatte sich in allen Lebensbereichen eine deutliche Veränderung vollzogen. Nun war es nicht mehr selbstverständlich, in einer Erziehungsschrift für Heranwachsende z. B. von Dirnen und den Häusern, in denen sie leben, zu schreiben. Zu Erasmus' Zeiten gehörten sie zum öffentlichen Leben. Nun, im 19. und 20. Jahrhundert existierten sie zwar immer noch, waren aber wie hinter Kulissen verschwunden. Im Mittelalter blieb nichts vor den Kindern verborgen. Nun entstanden Bereiche der Heimlichkeit, vor den Kindern wurde eine Mauer errichtet, die die Heranwachsenden von jeglichen Äußerungen über Sexualität und die dazugehörigen Praktiken abschottete.

Im Mittelalter war es bei der Eheschließung selbstverständlich, daß die Brautleute durch Verwandte und Gäste ans Ehebett geleitet wurden, sich mit Hilfe der Anwesenden entkleideten und »das Bett beschritten« wurde. Gegen Ende des Mittelalters, berichtet Elias, ändert sich dies langsam. Zunächst legten sich die Brautleute in Kleidern aufs Ehebett. Dann unterblieb auch dies. Daß heute manchmal die Brautleute an die Tür zum Schlafzimmer oder auch nur noch bis zur Wohnung begleitet werden, der Bräutigam die Braut über die Schwelle trägt und dann die Tür schließt, ist ein Teil dieses langfristigen Prozesses der Errichtung von Scham- und Peinlichkeitsschwellen im Umgang mit der Geschlechtlichkeit der Menschen.

---

7 So vor allem von Johan Goudsblom: Aufnahme und Kritik der Arbeiten von Norbert Elias, a.a.O.; zur Resonanz in benachbarten Disziplinen siehe auch: Peter Gleichmann: Norbert Elias – aus Anlaß seines 90. Geburtstags. In: KZfSS XXXIX (1986), S. 406-417.

In einer neueren Untersuchung über die Sozio- und Psychogenese von Eheschließungsvorgängen vom 12. bis zum 15. Jahrhundert hat Michael Schröter, anknüpfend an Elias' Hauptwerk, frühe Formen der heute bei uns üblichen Form der formellen Eheschließung untersucht.[8] Die Soziogenese der Ehe enthält als wichtige Elemente die sich wandelnden Machtbalancen zwischen Mann und Frau, Eltern und Sohn/Tochter sowie die Zurückdrängung nachbarschaftlicher Kontrolle zugunsten eines neuen Verhältnisses von Fremd- und Selbstkontrolle. »Mit der abnehmenden Macht von Familien- und Nachbarschaftsgruppen wird die Verantwortung für diese Triebkontrollen immer mehr den einzelnen Menschen zugeschoben; es werden Selbstapparaturen aufgebaut, die diese Aufgabe erfüllen. Die Entwicklungen einer wachsenden Individualisierung von Eheschließungen, später bis hin zur Partnerwahl, und einer wachsenden Sexualverdrängung sind zwei Seiten einer Medaille.«[9]

Wir sehen bereits an dieser Stelle, daß die langsame Verschiebung von Fremd- zur Selbstkontrolle einhergeht mit der Ausgestaltung staatlicher und, in diesem besonderen Fall, kirchlicher Regelungen. Zunächst sind Eheschließungen Vorgänge zwischen »Familienvertretern«. »Die persönlich begründeten Integrationseinheiten der Verwandtschaft, Herrschaft, Nachbarschaft fungieren als einzige und letzte Einheiten der sozialen Kontrolle.«[10] Ab dem 13. Jahrhundert wird dann die familiäre, nachbarschaftliche Eheschließung durch eine kirchlich-staatliche Eheschließungszeremonie schubweise überlagert. »Man kann, mit einem Wort, die Einführung der priesterlichen Trauung nicht verstehen, wenn man sie nicht als Ausdruck eines Fortschritts auf dem Wege der Staatenbildung begreift, die sich wohl immer und überall hauptsächlich auf Kosten der Macht von Familienverbänden vollzieht.«[11]

---

8 Michael Schröter: »Wo zwei zusammenkommen in rechter Ehe ...« Sozio- und psychogenetische Studien über Eheschließungsvorgänge vom 12. bis 15. Jahrhundert. Mit einem Vorwort von Norbert Elias. Frankfurt/Main 1985.
9 A.a.O., S. 397 f.
10 A.a.O., S. 380.
11 A.a.O., S. 386 f.

Zivilisierung und Triebregulierung: Die Trennung von intimer und öffentlicher Sphäre

Am Ende des Unterkapitels über die Wandlungen der Einstellung in den Beziehungen von Mann und Frau schreibt Elias: »Die Ausrichtung der Zivilisationsbewegung auf eine immer stärkere und vollkommenere Intimisierung aller körperlichen Funktionen, auf ihre Einklammerung in bestimmten Enklaven, ihre Verlegung ›hinter verschlossene Türen‹ hat Konsequenzen sehr verschiedener Art. Eine der wichtigsten dieser Konsequenzen, die gelegentlich schon am Beispiel anderer Triebformen hervortrat, zeigt sich an der Zivilisationskurve der Geschlechtlichkeit besonders deutlich: das ist die eigentümliche Gespaltenheit des Menschen, die sich um so stärker abzeichnet, je entschiedener der Schnitt zwischen den Seiten des menschlichen Lebens wird, die öffentlich, nämlich im gesellschaftlichen Verkehr der Menschen, sichtbar werden dürfen, und jenen, die es nicht dürfen, die ›intim‹ oder ›geheim‹ bleiben müssen... Es scheiden sich mit anderen Worten im Leben der Menschen selbst mit der fortschreitenden Zivilisation immer stärker eine intime oder heimliche Sphäre und eine öffentliche Sphäre, ein heimliches Verhalten und ein öffentliches Verhalten voneinander. Und diese Spaltung wird den Menschen so selbstverständlich, daß sie ihnen selbst kaum noch zum Bewußtsein kommt.« (I, S. 261 f.)

Die Veränderung des menschlichen Verhaltens, der Empfindungen und Affekte wird von Elias als ein Teil des Prozesses der Zivilisation dargestellt. Zivilisation, das ist zunächst die langfristige Umwandlung der Außenzwänge zu Innenzwängen. Es ist ein langfristiger Prozeß, der nicht nach einem rationalen Plan zielgerichtet verläuft, dessen bisherige Struktur und Richtung aber erforscht, dargestellt und für die Analyse und Diagnose gegenwärtiger und die Prognose zukünftiger Phasen der gesellschaftlichen Entwicklung benutzt werden kann.

Die Aufdeckung dieses Zivilisationsprozesses und das Modell der langfristigen Veränderung der Affekte und Triebe wäre allein schon eine Pioniertat gewesen und müßte als große und innovative Leistung in der Geschichte der Soziologie eingestuft werden. Es gab in der Rezeption dieses Ansatzes auch zeitweise die Tendenz, sich damit zu begnügen. Vor allem wohl deshalb, weil damit scheinbar ein durchaus gesuchter Zugang zur Psychoanalyse eröffnet wurde, bei dem die eigene Psyche des einzelnen Wissenschaftlers nicht miteinbezogen werden mußte. Diese Versuche meist jüngerer Sozialwissenschaftler waren aber nicht von Bestand. So einfach und problemlos läßt sich die Psychoanalyse denn doch nicht vereinnahmen. Auch wurde bald deutlich, daß bei aller Bedeutung des dargestellten Modells des Zivilisationsprozesses die eigentliche Leistung von Elias darin bestand, daß er mit seiner Prozeßtheorie die langfristigen Verhaltensänderungen der einzelnen Menschen in Beziehung zu den langfristigen Veränderungen der Gesellschaft brachte, die die vielen einzelnen Menschen miteinander bilden.

Dabei reicht schon der Begriff ›Beziehung‹ nicht aus, um den von Elias dargestellten Tatbestand angemessen zu bezeichnen. Vielmehr müßte man, um genauer zu formulieren, von einer Verflechtung sprechen. Das Wort Beziehung verleitet dazu, voreilig einseitige Bezüge zu vermuten, hierarchische oder zeitliche Abfolgen im Sinne eines ›erstens-zweitens‹ oder ›wichtig-weniger wichtig‹ zu unterstellen. Es ist jedoch so, daß die Veränderungen der Verhaltensstandards der einzelnen Menschen mit bestimmten Veränderungen im Aufbau der Menschengesellschaft verflochten sind – und umgekehrt (um auch diese Formulierung vor Fehldeutungen abzusichern). Ich will dies an einem Beispiel erläutern, das einen Teil des zweiten Bandes von »Über den Prozeß der Zivilisation« ausmacht: Der Entstehung von stabilen Zentralorganen in Form von Gewalt- und Steuermonopolen.

Konkurrenz und Interdependenz

Bei der Entstehung von stabilen Zentralorganen handelt es sich um einen Prozeß der sozioökonomischen Funktionsteilung und der Staatenbildung, den man auch mit den Begriffen ›Konkurrenz‹ und ›Interdependenz‹ kennzeichnen könnte. Die Entwicklung der mittelalterlichen Feudalgesellschaften zu den europäischen absolutistischen Staaten ist ein *Ausschnitt* aus dem langfristig-strukturierten, ungeplanten Prozeß der Zivilisation. Wenn Elias bei seiner Analyse der abendländischen Staatenbildung bei den mitteleuropäischen Feudalgesellschaften des frühen Mittelalters beginnt, darf man dies nicht so verstehen, als sei dies der Anfang der Entwicklung, gewissermaßen der Nullpunkt. Auch dieser Entwicklungsschritt hat Vorläufer: es fällt deshalb schwer, einen Anfang festzulegen.

Die frühe Phase der Entwicklung ist gegenüber späteren europäischen Entwicklungsphasen durch die Dominanz der Naturalwirtschaft, den geringen Grad des Geldgebrauches, der Handelsverflechtungen, der Arbeitsteilung, einen geringen Grad der Staatsbildung und der Pazifizierung bestimmt, wobei letztere vor allem durch den geringen Grad der Monopolisierung von psychischer Gewalt und ein entsprechend hohes Maß an körperlicher Bedrohung und beständiger Unsicherheit des einzelnen gekennzeichnet ist.

In dieser historischen Situation ist der König oder ein ihm vergleichbarer Zentralherr, entsprechend seiner eingeschränkten militärischen und ökonomischen Stärke, den Territorialherren nicht überlegen. »Die Herrschaftsapparatur in dieser Phase der Gesellschaft hatte entsprechend der Wirtschaftsstruktur einen anderen Charakter als in jener Zeit, in der es ›Staaten‹ im genaueren Sinne des Wortes gab ... Die Könige auf der einen Seite waren gezwungen, die Verfügungsgewalt über die Teilgebiete ihrer Herrschaft an einzelne Andere zu delegieren. Der Stand der Kriegs-, Wirtschafts- und Transportorganisation ließ ihnen keine andere Wahl. Die Gesellschaft bot ihnen keine Geldsteuerquellen von solchem Ausmaß, daß sie ein besoldetes Heer oder die delegierten Beamten auch in ferneren Gebieten durch ein Geldgehalt von sich abhängig zu halten vermocht hätten. Sie konnten ihnen zur Besoldung, als Belohnung oder Belehnung nur Boden zuweisen ...« (II, 18 ff.).

Wer ständig bedroht ist, kann nicht langfristig planen; wer ständig kämpfen muß, für den ist eine Zivilisierung der Angriffslust gefährlich oder sogar tödlich. In dieser Phase der Entwicklung bestimmen Fremdzwänge das Leben der Menschen. Aber gerade aus der Verpflichtung zum Kampf, aus der Konkurrenz mit anderen, ergibt sich eine Dynamik der Entwicklung, die von den einzelnen Beteiligten aber nicht planvoll gesteuert werden kann, sondern in die sie eingebunden, mit der sie verflochten sind.

In längeren Friedenszeiten führt nämlich der Zwang zur Ausstattung der Krieger mit Bodeneigentum bei gleichzeitigem geringen Grad der Einflußmöglichkeiten des Königs zu Autonomie- und Autarkiebestrebungen der kleineren Territorialherren, damit zu vielen Machtzentren und so auch zu einer Blickrichtung gegen den Zentralherren. Der König war nur durch mehr oder minder großen Druck auf die Territorialherren in der Lage, seine Interessen gegen die ihren durchzusetzen. Da er aber in vielen Situationen nicht über die notwendigen Machtmittel verfügte, war er praktisch abhängig von der Motivation seiner Vasallen. Die Besitzverhältnisse waren gegenüber späteren gesellschaftlichen Phasen, die über einen hohen Grad an Stabilität des Machtapparates einer Zentralinstitution verfügten, durch die tatsächliche *individuelle* Stärke, d. h. durch die physische Gewalt des Einzelnen, seine Verfügungsgewalt über Boden und seine Angewiesenheit auf Dienste geprägt. Das Recht war also noch stark *individualisiert*.

Die sozioökonomische Voraussetzung für diese Verflechtung bildete die im Mittelalter vorherrschende Natural- und Hauswirtschaft. Naturalwirtschaft wird hier verstanden als eine enge Koppelung der Gütergewinnung und Konsumtion ohne Zwischenhandel und vor allem ohne Geld. »Die Struktur der Zentralorgane korrespondiert dem Aufbau der Funktionsteilung und Verflechtung. Die Stärke der zentrifugalen, auf lokale, *politische* Autarkie gerichteten Tendenzen in den vorwiegend naturalwirtschaftenden Gesellschaften entspricht dem Grad der lokalen, *ökonomischen* Autarkie.« (II, 35) Erst durch sozioökonomische Differenzierungsprozesse, d. h. durch die Verlängerung des Weges von der Gütergewinnung zum Verbrauch und der damit notwendig gewordenen Einführung des Geldes, kann dieser Mechanismus der Feudalisierung außer Kraft gesetzt werden.

Infolge der einsetzenden Geldwirtschaft nehmen die sozioökonomischen Differenzierungen der gesellschaftlichen Funktionen wie der Interdependenz der feudalen Territorien zu, was zur wachsenden Notwendigkeit einer staatlichen Zentralverwaltung führt. Die dieser Situation innewohnende Entwicklungsdynamik führt in Mitteleuropa bei wachsender Bevölkerung, Verfestigung des Bodenbesitzes und Schwierigkeiten bei der äußeren Expansion zu einer verschärften Konkurrenzsituation, d. h. zu kriegerischen Auseinandersetzungen um Subsistenz- und Produktionsmittel im Inneren, wobei der einzelne Fürst oder Ritter sich dem sozialen Zwang nicht entziehen konnte, wollte er nicht früher oder später abhängig oder besiegt werden.

Dieser langfristige, ungeplante soziale Prozeß der Staatsbildung führt zunächst zu einer Verkleinerung der Zahl der Konkurrenten, dann zur Monopolstellung einzelner Fürsten und schließlich zur Herausbildung des absolutistischen Staates mit der Monopolisierung der physischen Gewalt durch die Institutionen des Königtums. Der Prozeß der Staatsbildung ist verflochten mit den Prozessen der sozioökonomischen Funktionsteilung, dem Übergang von der Natural- zur Geldwirtschaft, der Zunahme der Arbeitsteilung, der Handelsverflechtungen, der Verstädterung und somit dem sozialen Aufstieg des Bürgertums, des dritten Standes. Aber er ist auch verflochten mit dem anderen Strang des Zivilisationsprozesses, der Veränderung der psychischen Strukturen der beteiligten Menschen. Ebenso wie die Schaffung von gewaltfreien Räumen Voraussetzung für eine systematische, langfristig-orientierte ökonomische Berechenbarkeit und Planung oder die marktorientierte Produktion von Gütern ist, so führen die frühen Prozesse der Kommerzialisierung und der frühen Industrialisierung über das Steuermonopol der Zentralherren zu einem Anstieg ihrer Einnahmen, zu der Möglichkeit, Söldner anzuwerben, neue Waffentechniken zu entwickeln, sowie allgemein zur Erhöhung ihrer Chancen, ihr Gewaltmonopol zu vergrößern oder damit ihre Macht zu sichern. Für den kleineren oder mittleren Adel bedeutet dagegen das Wachstum der Geldwirtschaft ein Steigen der Preise und damit bei gleichzeitigem Verfall der festen Grundrente eine Abnahme ihres Einkommens. Das bedeutete den langsamen Verlust des Machtmittels, des effizienten Einsatzes von Waffen und damit der Macht. So geraten sie in eine wachsende Abhängigkeit: aus ehemals freien Kriegern und Lehnsleuten werden schließlich Höflinge und Hofbeamte. An dieser Stelle wird dann auch deutlich, warum Elias sich bereits in seiner Habilitationsschrift und dann im Prozeßbuch so ausführlich mit den höfischen Menschen und ihrer Etikette beschäftigt hat.

Zivilisations- und Staatsbildungsprozeß

Die Verlagerung von Außenzwängen in Selbstzwänge: nichts anderes ist gemeint, wenn von höfischem Verhalten die Rede ist. Man muß jetzt planen statt kämpfen. Das Gewaltmonopol des Staates erlaubt Langsicht und entsprechend lange Handlungsketten. Andererseits ermöglicht die Zügelung der Affekte eine Erweiterung der Denk- und Handlungsmöglichkeiten. Die höfischen Menschen sind die ersten, die ein Verhalten praktizieren, das auf Langsicht, Kalkül, Selbstbeherrschung basiert. Sie sind, so gesehen, die ersten ›modernen‹ Menschen einer neuen Zeit, oder anders ausgedrückt, die höfische Gesellschaft bildete für mehrere Jahrhunderte die »Modellwerkstatt« der legitimen Verhaltensmuster.

Dieser Prozeß mag in den einzelnen mitteleuropäischen Gesellschaften unterschiedlich verlaufen sein, aber, so schreibt Elias, »wie immer diese Unterschiede im einzelnen zustandekommen, die ganze Richtung der Verhaltensänderung, der ›Trend‹ der Zivilisationsbewegung ist überall der gleiche. Immer drängt die Veränderung zu einer mehr oder weniger automatischen Selbstüberwachung ...« Diese Textstelle wurde bereits oben, allerdings noch unvollständig, angeführt. Nachdem die soziogenetischen Stränge des Zivilisationsprozesses dargelegt wurden, kann dieses Zitat nun vervollständigt werden: »Immer drängt die Veränderung zu einer mehr oder weniger automatischen Selbstüberwachung, zur Unterordnung kurzfristiger Regungen unter das Gebot einer gewohnheitsmäßigen Langsicht, zur Ausbildung eines differenzierteren und festeren ›Über-Ich‹-Apparates. Und gleich ist auch – im Großen gesehen – die Art, wie diese Notwendigkeit, augenblickliche Affekte fernerliegenden Zwecken unterzuordnen, sich ausbreitet: Überall werden zunächst kleinere Spitzenschichten, dann immer breitere Schichten der abendländischen Gesellschaft von ihr erfaßt«. (II, 338)

Die Entstehung von Gewalt- und Steuermonopolen, die sich dann im weiteren Verlauf der europäischen Entwicklung zu Monopolen der Planungsmittel und des Wissens weiterentwickeln, hat Elias in dem Modell des Monopolprozesses zusammengefaßt. Eine zentrale, zu Recht immer wieder zitierte Textstelle beschreibt und erklärt diesen Prozeß der Monopolisierung so: *»Wenn in einer größeren, gesellschaftlichen Einheit ... viele der kleineren, gesellschaftlichen Einheiten, die die größere durch ihre Interdependenz bilden, relativ gleiche, gesellschaftliche Stärke haben und dementsprechend frei – ungehindert durch schon vorhandene Monopole – miteinander um Chancen der gesellschaftlichen Stärke konkurrieren können, also vor allem um Subsistenz- und Produktionsmittel, dann besteht eine sehr große Wahrscheinlichkeit dafür, daß einige siegen, andere unterliegen und* daß als Folge davon nach und nach immer weniger über immer mehr Chancen verfügen, daß immer mehr aus dem Konkurrenzkampf ausscheiden müssen und in direkte oder indirekte Abhängigkeit von einer immer kleineren Anzahl geraten. Das Menschengeflecht, das sich in dieser Bewegung befindet, nähert sich also, falls keine hemmenden Anordnungen getroffen werden können, einem Zustand, bei dem die faktische Verfügungsgewalt über die umkämpften Chancen in einer Hand liegt; es ist aus einem System mit offeneren Chancen zu einem System mit geschlosseneren Chancen geworden.« (II, 144 f.)

Elias beschreibt – darauf habe ich bereits mehrfach hingewiesen – nicht etwa Endzustände eines Zivilisationsprozesses. Auch dieser Prozeß der Monopolisierung bildet nicht den Schlußpunkt, sondern enthält wiederum bereits eine spezifische Entwicklungsdynamik. Die zunehmenden Abhängigkeitstendenzen stärken nämlich auf der anderen Seite die Rolle der Abhängigen als Kollektiv. Von einer bestimmten Größe seines Territoriums an ist der Monopolinhaber nicht mehr in der Lage, ohne die Kooperationsbereitschaft seiner Untergebenen zu regieren. »Je umfassender und je arbeitsteiliger mit anderen Worten ein Monopolbesitz wird, desto sicherer und desto ausgeprägter strebt er einem Punkt zu, bei dem der oder die Monopolherren zu Zentralfunktionären eines funktionsteiligen Apparats werden, mächtiger vielleicht als andere Funktionäre, aber kaum weniger abhängig und gebunden als sie.« (II, 148)

Ab einem bestimmten Grad der Akkumulation von Besitz ist also der Monopolist durch den hohen Grad der sozio-ökonomischen Funktionsteilung und durch die größere Angewiesenheit auf die Dienste anderer gezwungen, eine Verteilung des Besitzes, z. B. in der heutigen Form der Lohnzahlung, vorzunehmen. Um diese Chancen setzt wiederum ein Konkurrenzkampf ein, der nun aufgrund der strukturellen Veränderungen der Gesellschaft einen gebundeneren, vom Monopolisten kontrollierten und gelenkten Charakter bekommen hat. Die Monopolisierung der physischen Gewalt und der Steuereinnahmen führt zu einer strukturellen Veränderung der Verteilungskämpfe, zum Beispiel in der heutigen Form der Tarifauseinandersetzungen. Durch die zunehmende sozio-ökonomische Differenzierung der Gesellschaft bekommt das Zentralorgan zum einen den Charakter eines »*obersten Koordinations- und Regulationsorgans für das Gesamte der funktionsteiligen Prozesse*« (II, 225), zum anderen entwickelt es sich durch die wachsende Interdependenz der Menschen zu einer notwendigen, nicht mehr auflösbaren Instanz. So sehr wir am Ende des 20. Jahrhunderts über das Koordinationsorgan Staat und seine Bürokratie (die Regulationsorgane) auch stöhnen mögen, ganz ohne Staat und Bürokratie läßt sich die Existenz von hochmodernen, d. h. stark funktionalisierten und differenzierten Gesellschaften nicht mehr denken.

Das Entstehen stabiler Steuer- und Gewaltenmonopole, d. h. die Soziogenese der mitteleuropäischen Staaten, verläuft komplementär zu einer wachsenden sozio-ökonomischen Funktionsteilung, einer zunehmenden Verflechtung und einer spezifischen, psychischen Entwicklung der diese Verflechtungen gemeinsam bildenden Menschen.

Zu Beginn der Darstellung dieses Ausschnittes der Staatsbildungsprozesse hatte ich geschrieben, man könne ihn auch mit den zentralen Begriffen ›Konkurrenz‹ und ›Interdependenz‹ kennzeichnen. Der Tatbestand der Konkurrenz ist wohl deutlich geworden, vielleicht ist es aber nützlich, noch einige Worte über die Interdependenz hinzuzufügen. Genauer muß es – wie immer bei Elias – eigentlich heißen: Die Interdependenz der Menschen. Die Entwicklungsdynamik, die der Konkurrenzsituation eigen ist, kann nur deshalb ihre langfristige Wirkung erzielen, weil die beteiligten Menschen interdependent sind. Sie können nicht ohne die anderen Menschen denken und handeln. Ich möchte an den Unternehmer Mehrländer erinnern, von dem im vierten Kapitel ›Kindheit, Jugend, Reifezeit‹ im Zusammenhang mit Elias' Tätigkeit in der Industrie berichtet wurde. Auch dieser Unternehmer war auf seine Konkurrenten fixiert, entwickelte aus der Interdependenz mit der Konkurrenz seine Geschäftspolitik.

Im Mittelpunkt der Soziologie: Menschen und ihre Verflechtungen

Der Prozeß der Zivilisation erhält seinen Antrieb aus der Konkurrenz interdependenter Menschen und Menschengruppen um Macht. Elias schreibt: »Die Angst vor dem Verlust oder auch nur vor der Minderung des gesellschaftlichen Prestiges ist einer der stärksten Motoren zur Umwandlung von Fremdzwängen in Selbstzwänge.« (II, 366) Es ist also die Interdependenz der Menschen, die den Zivilisationsprozeß bestimmt und ihm, wie Elias feststellt, »*eine Ordnung von ganz spezifischer Art*« aufzwingt. Es ist »*eine Ordnung, die zwingender und stärker ist, als Wille und Vernunft der einzelnen Menschen, die sie bilden*. Es ist diese Verflechtungsordnung, die den Gang des geschichtlichen Wandels bestimmt; sie ist es, die dem Prozeß der Zivilisation zugrunde liegt« (II, 314) und, so muß hinzugefügt werden, allen gesellschaftlichen Veränderungen.

Hieraus ergeben sich für die Soziologie Folgerungen, von denen die wichtigste die ist, daß im Mittelpunkt aller Forschung Menschen und die gesellschaftlichen Verflechtungen, die sie miteinander bilden, stehen müssen: »Die ›Umstände‹, die sich ändern, sind nichts, was gleichsam von ›außen‹ an den Menschen herankommt; die ›Umstände‹, die sich ändern, sind die Beziehungen zwischen den Menschen selbst.« (II, 377)

Anders als bei Max Weber, der auch langfristige Entwicklungen, z. B. der Rationalisierung, der Entstehung zentraler Herrschaft oder der Städtebildung, untersucht hatte, kommt es bei Elias nicht zur Formulierung einer abstrakten Handlungslehre, die von den Menschen absieht. Auch vermeidet Elias die bei Max Weber für gelegentliche Ratlosigkeit sorgende Etikettierung ›soziales‹ Handeln. Es gibt kein nicht-soziales Handeln von Menschen. Bei Elias sind es immer die Menschen mit ihren emotionalen und rationalen Lebensäußerungen, die einmal freundlich, einmal feindlich miteinander leben. Hieraus ergibt sich ein vielschichtiges Handlungsgeflecht, das Entwicklungen hervorbringen kann, die u. U. keiner der beteiligten Menschen so geplant hatte: »Diese Verflechtung von Handlungen und Plänen vieler Menschen aber, die überdies kontinuierlich von Generation zu Generation weitergeht, sie selbst ist nichts Geplantes. Sie ist nicht aus den Plänen und Zwecksetzungen einzelner Menschen und auch nicht nach deren Muster zu verstehen. Hier hat man es mit Erscheinungen, mit Zwängen und Gesetzmäßigkeiten eigener Art zu tun.« (II, 476)

Anders auch als bei Max Weber ist dies für Elias kein Grund zum Pessimismus. Max Webers Furcht vor dem ›stahlharten Gehäuse‹ moderner Rationalität und bürokratischer Herrschaft teilt er nicht. Nur im Zusammenleben mit anderen Menschen kann sich die Individualität des einzelnen entfalten: »Das Miteinanderleben der Menschen, das Geflecht ihrer Absichten und Pläne, die Bindungen der Menschen durcheinander, sie bilden, weit entfernt die Individualität des Einzelnen zu vernichten, vielmehr das Medium, in dem sie sich entfaltet. Sie setzen dem Individuum Grenzen, aber sie geben ihm zugleich einen mehr oder weniger großen Spielraum.« (II, 477)

Der Verlust des Prozeßcharakters: Mißverständnisse des Figurationsbegriffes

Von seinen Grundeinsichten ausgehend, die in den späteren Schriften – ich nenne hier vor allem »Was ist Soziologie?« und den Aufsatz »Zur Grundlegung einer Theorie sozialer Prozesse« – immer wieder ausgeführt und detailliert weitergeführt werden, hat es sich seit Mitte der 70er Jahre eingebürgert, von einer Eliasschen Figurationssoziologie zu sprechen. Offensichtlich in dem Bestreben, eine treffende, von anderen soziologischen Richtungen sich abgrenzende Bezeichnung für diesen neuen Ansatz zu finden, hat man vor allem in Holland diese Bezeichnung gewählt und auch eine Arbeitsgruppe des holländischen Soziologenverbandes entsprechend bezeichnet. Aber auch in Deutschland wurde der Begriff eingeführt. So trafen sich an Eliasschen Arbeiten Interessierte beim 20. Deutschen Soziologentag in Bremen in einer ad-hoc-Gruppe »Zivilisationsprozeß und Figurationssoziologie«.

Elias hat den Begriff ›Figuration‹ in »Über den Prozeß der Zivilisation« nicht benutzt. Als er in Münster 1965 seine Einführungsvorlesung hielt, sprach er von Konfigurationen. Erst Anfang der 70er Jahre hat er, um sich von dem auch in der Biologie üblichen Begriff der Konfiguration abzusetzen, begonnen, von Figurationen zu sprechen. Er hat die Etikettierung ›Figurationssoziologie‹ zwar ziemlich kommentarlos hingenommen, hat aber auf einer Veranstaltung besagter ad-hoc-Gruppe in Bremen über »Soziale *Prozeß*modelle auf mehreren Ebenen« gesprochen.

Die Bezeichnung ›Figurationssoziologie‹ verleitet dazu, das Denken in Prozessen aus dem Auge zu verlieren und sich dieser für Soziologen immer noch schwierigen Aufgabe unbewußt-zufällig oder auch bewußt-zielstrebig zu entziehen. Vor allem führt diese Bezeichnung bei Dritten zu Mißverständnissen. Das fulminanteste Beispiel lieferte der Kölner Soziologe Hartmut Esser durch seinen Versuch, zwischen dem ahistorischen methodologischen Individualismus und der Prozeßtheorie von Elias nicht nur Ähnlichkeiten, sondern Übereinstimmungen festzustellen.[12] Esser konzentrierte sich auf die vermeintlich gesondert existierende »Figurationssoziologie« und verzichtete darauf, den Prozeßcharakter der Figurationen zu erörtern.

Essers Versuch war vielleicht nicht einmal unfreundlich oder abwertend-kritisch gemeint, aber fixiert auf seine methodologischen Grundregeln ist ihm der eigentliche wissenschaftliche Charme der Eliasschen Prozeßtheorie entgangen. Immerhin hatte dieser Vorgang zur Folge, daß Elias in einer Art stillem Protest einen Kommentar zu Karl Poppers »Logik der Forschung«[13] veröffentlichte, die eine der Grundlagen der Esserschen Methodologie ist. Daraus entwickelte sich dann eine heftige Kontroverse, an der sich neben Esser[14] auch Hans Albert[15], den man wohl zu Recht als den ›deutschen Popper‹ bezeichnet, und andere Positivisten beteiligten. Die kritischen Gegenargumente veranlaßten Elias dann zu einem weiteren Beitrag zu der Diskussion mit – wie er es nannte – »wirklichkeitsblinden Philosophen«[16], in dem er die Grundlagen einer sich von den Naturwissenschaften notwendigerweise unterscheidenden Menschenwissenschaft erklärt.

Versuche der Kritik

Man muß zugestehen, daß sich die beschriebenen Auseinandersetzungen auf hohem Niveau abspielen, wenn man sie mit manchen anderen Versuchen der Kritik an Elias vergleicht, die sich meist – und wohl nicht zufällig – auf seine Theorie von der

12 Hartmut Esser: Figurationssoziologie und Methodologischer Individualismus: Zur Methodologie des Ansatzes von Norbert Elias. In: KZfSS XXXVI (1984), S. 667-702.
13 Karl Popper: Logik der Forschung. Tübingen (8) 1984.
14 Hartmut Esser: Logik oder Metaphysik der Forschung? Bemerkungen zur Popper-Interpretation von Elias. In: ZfS XIV (1985), S. 257-264.
15 Hans Albert: Mißverständnisse eines Kommentators. Zu Norbert Elias, Das Credo eines Metaphysikers. Kommentare zu Poppers »Logik der Forschung« (ZfS 2/1985). In: ZfS XIV (1985), S. 265-267.
16 Norbert Elias: Wissenschaft oder Wissenschaften? Beitrag zu einer Diskussion mit wirklichkeitsblinden Philosophen. In: ZfS XIV (1985), S. 268-281.

langfristig-ungeplanten Veränderung der menschlichen Psyche beziehen. Artur Bogner hat sich mit dieser Kritik zutreffend auseinandergesetzt, wenn er feststellt, daß der gegen Elias immer wieder zu hörende Vorwurf, er habe die Entstehung »bewußtseinszugänglicher Normen«[17] oder »die aus Einsicht stammende, flexible und Ich-zugängliche Verinnerlichung von Normen«[18] vernachlässigt, wohl eher in der ›petitio principii‹ der Kritiker zu suchen sei. Abgesehen davon, daß Elias eine ausschließlich bewußtseinslose Veränderung der Außen- zu Innenzwängen nicht behauptet habe, könnten sich die kritischen Intellektuellen unbewußte Normbildung wohl überhaupt nicht vorstellen. Bogner hält dem entgegen, daß »eine ›aus Einsicht stammende‹ und ›Ich-zugängliche Verinnerlichung‹ dem Freudschen Begriff gerade jenen kritischen Stachel nehmen (würde), der genau darin besteht, daß die verinnerlichten Bestandteile dem Bewußtsein nicht oder höchst unvollständig zugänglich sind«[19].

Ebenso deutlich und ebenso zu Recht weist Bogner einen weiteren, gern erhobenen und gern gehörten Einwand zurück. Elias, so ist immer wieder zu hören, vernachlässige das Bürgertum und die Phase des Kapitalismus, die Hauptgebiete soziologischen Interesses seit Mitte des 19. Jahrhunderts. Den beiden Hauptrichtungen der deutschen Soziologie, dem Marxismus einerseits und der Soziologie Max Webers andererseits, lag die Vermutung eines grundlegenden Unterschieds zwischen der Ära des Bürgertums und des Kapitalismus und der davor liegenden Zeitabschnitte zugrunde. Wenn nun Elias' Konzentration auf höfische Gesellschaften als »Vernachlässigung« des Bürgertums kritisiert würde, so stelle dies, so Bogner, »den historischen und systematischen Zusammenhang seines Diskurses auf den Kopf. Es ist hauptsächlich polemische Absicht, wenn Elias' Analyse die Aristokratie in den Brennpunkt der Aufmerksamkeit rückt – als Korrektiv nämlich gegen die Hauptströmung soziologischen Denkens, die zu

---

17 Andreas Wehowski: Uns beweglicher machen als wir sind – Überlegungen zu Norbert Elias. In: Ästhetik und Kommunikation VIII (1977), H. 30, S. 8-18 (hier: S. 10).
18 Axel Honneth, Hans Joas: Soziales Handeln und menschliche Natur. Anthropologische Grundlagen der Sozialwissenschaften. Frankfurt (Main)/New York 1980. S. 119.
19 Artur Bogner: Zivilisation und Rationalisierung. Ein Vergleich der Zivilisationstheorien Max Webers, Norbert Elias', Max Horkheimers und Theodor W. Adornos. Diss. (Bielefeld) 1986, S. 74 f.

ausschließlich die Bourgeoisie als den Schöpfer der modernen Welt angesehen hat.«[20]

Man sollte Bücher, die man kritisiert, nach Möglichkeit ganz lesen. Durchblättern und Handauflegen reicht nicht aus. Wer »Über den Prozeß der Zivilisation« ganz liest, findet vor allem gegen Ende des zweiten Bandes und in den Anmerkungen manch hilfreichen Hinweis, mit dem Elias sein Vorgehen für diejenigen erklärt, denen es im Text noch nicht klar geworden ist. Das war zur Zeit der Abfassung des Manuskriptes sicherlich nur eine kleine Zahl. Allgemein war man gebildet und ausgebildet genug, die kritische Zielrichtung einer Arbeit auch ohne besondere Hinweise zu erkennen. Die intellektuell-akademischen Milieus waren noch eng miteinander verflochten, und wenn man Elias' Biographie betrachtet und die verschiedenen Stationen seines akademischen Lebens kennt, dann kann man verstehen, daß er auf entsprechende Hinweise im großen und ganzen verzichten konnte, so wie er dies schon bei der Habilitation getan hatte, in der sich auch nur vereinzelte Bemerkungen dieser Art finden.

Aber man kann nicht sagen, es fehle an derartigen Hinweisen, die den kritischen Leser zufriedenstellen können. Dies gilt auch für den Vorwurf, er habe das Bürgertum unberücksichtigt gelassen. »Man findet«, so schreibt Elias im zweiten Band, »in den Köpfen der Mitlebenden oft die Vorstellung verfestigt, das Bürgertum sei der ›Urheber‹ oder der ›Erfinder‹ des rationaleren Denkens. Hier sind, um des Kontrastes willen, bestimmte Rationalisierungsvorgänge im Lager des Adels geschildert worden.« Und damit nun niemand den wiederum falschen Schluß ziehen kann, Elias setze lediglich den Adel an die Stelle des Bürgertums, fährt er fort: »Wandlungen dieser Art haben nicht in der einen *oder* anderen Schicht ihren ›Ursprung‹, sondern sie entstehen im Zusammenhang mit den Spannungen *zwischen* verschiedenen Funktionsgruppen eines sozialen Feldes und *zwischen* den konkurrierenden Menschen innerhalb ihrer.« (II, 394)

In diesem Kapitel habe ich versucht, »das große Buch« in wichtigen Einsichten und Ergebnissen vorzustellen. Auf eine umfassende Inhaltsangabe habe ich verzichtet, da dies auf 30 bis 40 Seiten angemessen nicht zu erreichen ist. Entweder wird die Darstellung dann so allgemein, daß schließlich nichts mehr erkennbar ist oder so verfremdet, daß der Eliasschen Darstellung Gewalt ange-

20 Artur Bogner: a.a.O., S. 68 f.

tan würde. Zivilisierung, Monopolisierung und Staatenbildung sind sicher ein Hauptargumentationsstrang, aber eben nur ein Ausschnitt. Es gibt noch weitere inhaltliche Schwerpunkte (z. B. die Bedeutung der Bevölkerungsentwicklung) und viele Hinweise auf die Auseinandersetzung mit zeitgenössischer Soziologie (wie z. B. mit dem Idealtypus Max Webers), die zusätzliche Argumente liefern, das Buch selber ganz zu lesen. Dieses Kapitel jedenfalls kann und will die Lektüre nicht ersetzen. Am Ende dieses Kapitels soll noch zwei Fragen nachgegangen werden. Es sind dies Fragen, die oft in Diskussionen über das Eliassche Werk gestellt werden. Einmal ist oft unklar, wie seine Prozeßtheorie der europäischen Zivilisation auf heutige Probleme Anwendung finden kann, und zweitens wird oft gefragt, welche Bedeutung, welchen Stellenwert die Eliassche Prozeßtheorie für die Soziologie oder allgemein die Sozialwissenschaften hat, welche ihre Wurzeln sind und was Elias von anderen sozialwissenschaftlichen Autoren des 19. und 20. Jahrhundert unterscheidet.

Die Schwierigkeit, und damit wenden wir uns der ersten Frage zu, die Soziologen mit der Anwendung der Eliasschen Vorschläge haben, liegt darin begründet, daß sie in der Regel gewohnt sind, mit abstrakten Begriffen zu arbeiten. Am deutlichsten kommt dies bei den Idealtypen Max Webers zum Ausdruck, die abstrakte Beschreibungen einer möglichen Realität sind. Es sind gedankliche Konstruktionen, die Soziologen glauben erfinden zu müssen, um Ordnung in eine vieldeutige Umwelt zu bringen. Max Weber entfernt sich mit den Idealtypen von der Wirklichkeit in der Hoffnung, über Abstraktionen Einsicht in und Verständnis für gesellschaftliche Verhältnisse zu gewinnen. Sie basieren zwar auf z. T. umfangreichen empirischen Studien, sind aber realitätsabgewandte Abstraktionen.

Eine neue Synthesestufe

Wer die Eliasschen Begriffe wie Monopolmechanismus, Zivilisationsprozeß und Staatenbildung nun in dieser traditionellen Weise als Abstraktionen interpretiert, verbaut sich den Zugang zu einer Anwendung auf heutige Probleme der gesellschaftlichen Entwicklung. Elias' Begriffe sind nicht das Ergebnis empirisch-analytischer Verallgemeinerungen, sondern Ergebnis und inhaltsreicher Ausdruck seiner Syntheseleistung. Wissenschaftliche Synthese, wie Elias sie versteht, ist die Verknüpfung historischer Studien, psychoanalytischer Theorie und soziologischer Konzeptionen und weiterer sozialwissenschaftlicher Forschungsansätze. Das ist aber kein methodologischer Selbstzweck oder Standard, sondern auf eine angemessenere Erklärung gesellschaftlicher Verhältnisse bezogen. Verfolgt man die einzelnen Arbeiten seit seiner Studienzeit, dann kann man sehen, wie er den Rahmen, die Spannweite seiner Synthese ausweitet und gleichzeitig immer höhere Stufen der Integration verschiedener Erklärungsteile erreicht und damit zu immer besseren Erklärungen kommt. Es gelingt ihm damit viel besser als mit jedem analytischen Verfahren, die tatsächliche Ordnung langfristiger Strukturveränderungen herauszuarbeiten. Damit entfernt er sich aber nicht von der Realität, sondern kommt ihr im Gegenteil immer näher.

Wer diesen Weg weitergehen will, sollte seine innovativen Arbeitsergebnisse und Vorschläge nicht künstlich reduzieren und als »Abstraktionen« mißverstehen. Sie sind ein »Arbeitsrahmen« für weitere »synthesegeleitete Untersuchungen«[21] noch nicht ausreichend geklärter Probleme. Und zu diesen Problemen gehört auch, daß im Verlauf der gesellschaftlichen Entwicklung es den Sozialwissenschaftlern immer mehr Mühe macht, genügend Distanz gegenüber ihrem Untersuchungsgegenstand, nämlich der Gesellschaft, in der sie engagiert leben, aufzubringen. Sicherlich gelingt dies heute schon viel besser als im 19. Jahrhundert, aber die Orientierung am distanzierten Verhalten ist heute noch nicht genügend und noch dazu nur unterschiedlich entwickelt. Das Begriffspaar »Engagement und Distanzierung«, das Elias für dieses Problem formuliert hat, ist eben auch keine Abstraktion, sondern die Synthese aus vielfältigen Untersuchungen auf verschiedenen Ebenen. Das Begriffspaar ist umfassend genug, um die Gesamtproblematik zu beschreiben, und es ist gleichzeitig eine Aufforderung zu weiterer Arbeit.

Denn auch das unterscheidet Elias von der traditionellen Soziologie: Seine Begriffe sind nicht als abschließende Mitteilungen zu verstehen. Formulierungen wie die von Max Weber, mit denen er das Ergebnis des Staatsbildungsprozesses auf den Begriff bringt: »Staat soll ein politischer Anstaltsbetrieb heißen, wenn und inso-

21 Herbert J. Schubert: Zeit als Instrument der Sozialforschung. Frankfurt/Main 1987, S. 84.

weit sein Verwaltungsstab erfolgreich das Monopol legitimen physischen Zwangs für die Durchführung der Ordnung in Anspruch nimmt«[22], solche scheinbar abschließend gültigen Definitionen wird man bei Elias nicht finden. Er benennt nicht wie Max Weber »soziologische Grundbegriffe«, mit denen man vermeintliche Ordnung in die vermeintliche Unordnung gesellschaftlicher Verhältnisse bringen kann, sondern grundlegende Probleme der Menschen und der Gesellschaft, die sie miteinander bilden. Und so ist auch das Begriffspaar »Engagement und Distanzierung« problemorientiert und offen für weitere Arbeiten – für Arbeiten, die nicht der Verbesserung des Begriffs dienen, sondern den Blick schärfen für die prozeßhafte Veränderung der Gesellschaft, und die versuchen, die erklärbaren Ursachen der Veränderung immer besser zu verstehen.

Von Kritikern derartiger Arbeiten in der Nachfolge von Elias wird oft bedauert, daß sie die Syntheseleistung des Buches »Über den Prozeß der Zivilisation« nicht erreichen. Dies ist eine unbillige Kritik. Denn erstens ist es so einfach nicht, ein klassisches Werk der sozialwissenschaftlichen Literatur zu schreiben; dies ist die große Ausnahme, und zweitens sind die vielen Einzelarbeiten eine notwendige, wenn auch nicht hinreichende Voraussetzung dafür, neuere Arbeiten hervorzubringen, die eine neue, höhere Synthesestufe erreichen. So gesehen sind Arbeiten über verschiedene Zivilisationsprozesse (wie die von Stephen Mennell über die Zivilisierung der Eßlust)[23], über die Machtverhältnisse zwischen Etablierten und Außenseitern (wie die von Valentina Stefanski über die Polen im Kohlebergbau)[24] oder die Entwicklung der Sozialwissenschaften zwischen Engagement und Distanzierung (wie die von Annette Treibel über das Distanzierungsniveau eines Teilbereiches der Sozialwissenschaften, der soziologischen Ausländerforschung)[25] nicht etwa ›Fingerübungen in Elias‹, sondern doppelte Notwendigkeit. Sie sind notwendige Weiterarbeit und

22 Max Weber: Soziologische Grundbegriffe. 5., erneut durchgesehene Auflage mit einer Einführung von Johannes Winkelmann. Tübingen 1981, S. 91.
23 Stephen Mennell: Über die Zivilisation der Eßlust. In: ZfS XV (1986), S. 406-421.
24 Valentina-M. Stefanski: Zum Prozeß der Emanzipation und Integration von Außenseitern: Polnische Arbeitsmigranten im Ruhrgebiet. Dortmund 1984.
25 Annette Treibel: Soziologie zwischen Engagement und Distanzierung: Bestandsaufnahme und Kritik der westdeutschen Ausländerforschung. Eine theoretische und empirische Untersuchung. Bochum (Diss.) 1986.

gleichzeitig notwendige Voraussetzung für ein umfassenderes Verständnis der in steter Veränderung befindlichen Menschengesellschaften.

Manches von dem, was zur Beantwortung der ersten Frage geschrieben worden ist, kann auch zur Klärung der zweiten herangezogen werden. Dies wird am Beispiel des Begriffs der Synthese besonders deutlich. Einerseits beschreibt er einen Forschungsweg, ohne eine festlegende Terminologie zu entwickeln, andererseits werden aus ihm die Besonderheit der Eliasschen Menschenwissenschaft und die Unterschiede zu den existierenden sozialwissenschaftlichen Positionen und Vorgehensweisen deutlich. Am Beispiel des Begriffs ›Natur‹ hat Elias die Bedeutung des Begriffs Synthese anschaulich erklärt.

Der Begriff ›Natur‹ ist »auf der einen Seite das oberste Symbol für die Einheit der Ordnung, die alle möglichen Gegenstände der Naturwissenschaften miteinander verbindet. In diesem Sinn drückt er eine hohe Stufe der Distanzierung und Realitätskongruenz aus«[26]. Daß in den Menschenwissenschaften diese Stufe noch nicht erreicht ist, hängt damit zusammen, daß der Gesellschaftsbegriff viel stärker als der Naturbegriff von affektivem Engagement bestimmt wird. Zwar ist selbst der Naturbegriff noch immer auch eine Antwort auf Gefühlsbedürfnisse der Menschen. Diese Mischung von Realitätskongruenz und Phantasie, von Distanzierung und Engagement ist jedoch beim Begriff ›Gesellschaft‹ viel stärker als beim Naturbegriff von Phantasie und Engagement bestimmt.

Elias' Bedeutung für die Soziologie im engeren und die Sozialwissenschaften im weiteren Sinne liegt einmal darin, daß er einen Weg weist zu inhaltsreicheren und objektadäquateren Begriffen und damit die Möglichkeit eröffnet, auf einer höheren Syntheseebene zu einem besseren Verständnis der Menschengesellschaften zu gelangen. Wenn er nicht mehr vom Monopolkapitalismus und den ihm unterstellten Mechanismen, sondern vom Prozeß der Monopolisierung spricht, erreicht er ein höheres Syntheseniveau, das frühere Erklärungen einerseits einschließt, andererseits aber ausweitet und gleichzeitig überholt.

Elias bricht mit der traditionellen soziologischen Begriffsbildung, die gleichzeitig Ausdruck bestimmter Vorstellungen von

---

26 Norbert Elias: Über die Natur. In: Merkur XXXX (1986), S. 469-481 (hier: S. 473).

den Gesellschaften ist, die Menschen miteinander bilden. Wobei das herausragende Merkmal dieser Unterschiede ist, daß Elias keine begrifflichen Unterschiede zwischen Individuum und Gesellschaft macht. Er bricht mit der langgehegten Vorstellung, es gebe »die Gesellschaft« und »das selbständige Individuum«. Für seine Untersuchungen der »Gesellschaft der Individuen« bedarf es deshalb auch nicht länger des Unterschiedes zwischen einer strukturfunktionalen und einer handlungstheoretischen Ebene. Ein Text mit dem Titel »Die Gesellschaft der Individuen« war bereit, 1939 auf einem Beiblatt der ersten Ausgabe von »Über den Prozeß der Zivilisation« für eine schwedische Zeitschrift angezeigt worden, aber nicht erschienen. Elias hat dann in den 40er und 50er Jahren immer wieder an dem Text gearbeitet und aus dieser Periode ist ein zweiter Text in das 1987 erschienene Buch[27] aufgenommen worden. Schließlich gibt es noch einen dritten Teil aus dem Jahr 1986. Thema aller drei Texte ist eine grundlegende Frage der Soziologie: inwiefern und warum die Organisationsebene der Gesellschaft mehr ist als die Summe der Individuen, die diese Gesellschaft miteinander bilden. Vergleicht man die drei Texte miteinander, so kann man sehen, wie über diesen Produktionsprozeß von fast 50 Jahren die Perspektive der langfristigen Entwicklung immer zentraler wird. Man könnte mit anderen Worten auch sagen, daß seine soziologische Prozeßtheorie immer mehr in den Vordergrund tritt. Durch die Überwindung der klassischen begrifflichen Gegensätze von Handlung und Struktur erreicht er eine höhere Syntheseebene. Das bedeutet aber gleichzeitig, daß die überwundenen Syntheseebenen zu dem Prozeß der Wissensentwicklung hinzugehören. Hieraus ergeben sich gelegentlich Mißverständnisse, wenn im Sinne der eigentlich überwundenen Entwicklungsstufe des Wissens versucht wird, eine Handlungsebene oder eine Strukturebene aus den Eliasschen Arbeiten herauszupräparieren. Solche Versuche sind ein Rückschritt und gleichzeitig ein Beleg dafür, daß die Erarbeitung einer neuen Position nicht gleichbedeutend ist mit ihrer Anerkennung.

In dem Aufsatz »Über die Natur« greift er auch eine Frage auf, die ihn schon Anfang der 20er Jahre in seiner Dissertation und in dem Beitrag für die Führerzeitung des jüdischen Wanderbundes »Blau-Weiß« beschäftigt hatte. Gibt es überhaupt für menschli-

---

27 Norbert Elias: Die Gesellschaft der Individuen. Herausgegeben von Michael Schröter. Frankfurt/Main 1987.

che Gesellschaften die Chance zu überleben, wenn sie sich auf a priori vorhandenes Wissen, das den Menschen gewissermaßen gattungseigen ist, wenn sie sich nur auf das verlassen, was Philosophen transzendentale Wahrheit nennen? Die Antwort ist nein. Menschen müssen von ihren Müttern und Vätern »wirklichkeitskongruentes Wissen«[28] lernen, ohne das sie nicht überleben können.

Im Prozeß der gesellschaftlichen Entwicklung ist die Entwicklung des Wissens ein relativ autonomer Teil. Indem Elias den Prozeßcharakter nachweist, indem er zeigen kann, daß die Stufen des menschlichen Bewußtseins (auch dies ist ein früh aufgegriffenes Problem) richtiger als die Entwicklung des Verhältnisses von Engagement und Distanzierung der Menschen zu sich, den anderen Menschen und der Natur untersucht werden müssen, zeigt sich auch die zweite herausragende Besonderheit seines Buches im Vergleich zu den traditionellen Positionen. Der Nachweis langfristiger Veränderungen der Einstellungen ist nur ein Aspekt, nur eine Linie der Entwicklung komplexer Gesellschaften. Erst die Verflechtung von Soziogenese und Psychogenese, von Zivilisierung, Monopolisierung und Staatenbildung erlaubt eine adäquatere Einbindung der einzelnen Aspekte in den Gesamtzusammenhang der Entwicklung von Menschengesellschaften.

Das Denken in Prozessen und in Verflechtungen gehört zusammen. Erst in dieser Kombination kann Elias jenen Synthesegrad erreichen, der ihm eine Beantwortung der in jungen Jahren gestellten Forschungsfragen erlaubt. Er findet nicht nur seine frühen Zweifel über die Bedeutung von Gedankenkonstruktionen zur Erklärung gesellschaftlicher Probleme bestätigt, sondern er findet auch heraus, wie und nach welchem Muster sich Denken, Handeln und Fühlen der Menschen im Zusammenhang mit der Entwicklung der Gesellschaften, die sie miteinander bilden, verändern. Um dieses neue, mit den Traditionen der Soziologie brechende Paradigma entwickeln zu können, bedurfte es eines Prozesses der Veränderung seines Wissens, seiner eigenen Haltungen und Empfindungen. So wie sich im Kind die Veränderung der Außen- zu Innenzwängen wiederholt, mußte sich im Wissenschaftler Elias die langsame Veränderung des Verhältnisses von Engagement und Distanzierung, die den langfristigen Prozeß der Wissensvermehrung und der Entstehung moderner Wissenschaf-

28 Norbert Elias: Über die Natur, a.a.O., S. 469.

ten begleitete, wiederholen. Er mußte viel lernen, sich Kenntnisse aneignen aus benachbarten Disziplinen, ein höheres Distanzierungsniveau erreichen, um schließlich das Grundgerüst der Entwicklung von Menschengesellschaften in so komplexer Weise nachweisen zu können, wie es vorher noch keinem gelungen war.

Das beantwortet auch manche Frage nach den Wurzeln seiner Prozeßtheorie. Es sind dies meistens Fragen, die insgeheim die Behauptung oder den Wunsch ausdrücken: Von irgend jemand muß er das doch haben, jemand muß ihn doch beeinflußt und geprägt haben. Den meisten Arbeiten zur Begriffsgeschichte fällt es leicht, vielerlei Spuren aus soziologischen Ansätzen, psychologischen Forschungen und historischen Darstellungen und manchen anderen Disziplinen nachzuweisen. Das ist nur zu verständlich, denn Elias übernimmt die verschiedenen Teileinsichten in seine, ein höheres Syntheseniveau erreichenden theoretischen Einsichten. Daß er »von der Notwendigkeit, das Neue, was sichtbar wurde, durch neue Worte auszudrücken, ... so beschränkten Gebrauch als möglich gemacht« (I, LXXXI) hat, verleitet manchmal diejenigen, die an Begriffen und nicht an Problemen orientiert sind, zu dem Mißverständnis, hier gäbe es Einflußlinien zu älteren Wissenschaftlern, deren Arbeiten Elias aufgenommen habe. Sobald man einzelne Entwicklungslinien verläßt, sieht man sehr schnell, daß es sich um 10, 20, vielleicht sogar um 30 Namen handeln muß, und daran wird schon klar, wie unwesentlich dieser Gesichtspunkt für das Verständnis des Gesamtwerkes ist.

Wenn man genauer hinsieht, erkennt man bald, daß mit einer solchen Vorgehensweise das Besondere der Eliasschen Leistung nicht erfaßt werden kann. Was hilft es, sich auf seine Freud-Rezeption zu konzentrieren und sie zu untersuchen, was hilft es nachzuweisen, daß schon Max Weber gezeigt hat, daß die Entstehung und Entwicklung moderner Staaten identisch sei mit der Erlangung und Behauptung des physischen Gewaltmonopols, was hilft es zu zeigen, daß sich bei Mannheim der Gedanke findet, Veränderungen setzten sich von oben nach unten durch? Denn damit ist weder der langfristige Prozeß der Zivilisierung noch der enge Zusammenhang zwischen Zivilisierung und Monopolisierung aufgedeckt und noch keineswegs der Nachweis geführt, daß der ökonomische Prozeß der Monopolbildung nur ein Spezialfall der Monopolisierung in allen menschlichen Verflechtungsordnungen ist.

Das ist das Besondere und Bedeutende bei Elias. Früh an Forschungsfragen, an Problemen der Entwicklung von Menschengesellschaften orientiert, sammelt er ein, was sich an Erkenntnis am Wege (über Breslau, Freiburg, Heidelberg und Frankfurt) findet und nutzt alle diese Wissensbestandteile zu einer Innovation, deren Bedeutung vergleichbar ist mit den Innovationen des 19. Jahrhunderts durch Comte und Marx. Es ist eine Innovation, die zu seiner Zeit ohne Beispiel ist, obgleich doch alle anderen, mit denen er zusammen studiert und diskutiert hat, dieselben Informationen und Einsichten zur Verfügung hatten.

Ähnlich wie Marx könnte er sagen: ›Was nun mich betrifft, so gebührt mir nicht das Verdienst, die Gegenstände von Soziologie, Geschichtswissenschaft und Psychologie entdeckt zu haben. Was ich neu tat, war erstens nachzuweisen, daß die Entwicklung der Gesellschaften ein langfristiger, relativ ungeplanter, aber strukturierter Prozeß ist, daß zweitens die einzelnen Teile des Prozesses wie Zivilisierung, Monopolisierung und Staatenbildung aufeinander bezogen sind und drittens die Menschen, die diese Gesellschaften miteinander bilden, in sich verändernden Verflechtungen leben‹. Und er könnte hinzufügen: ›Wer soziologische Konzepte auf Menschen bezieht, d. h. den Ausgangspunkt nicht beim einzelnen Individuum oder in abstrakten Systemen sucht, sondern bei den Verflechtungen, die die Menschen miteinander bilden, wer Soziogenese und Psychogenese in ihrer Verflochtenheit miteinander berücksichtigt und untersucht, und wer schließlich die relative Ungeplantheit der sich ändernden Verflechtungen der Menschen beachtet, der findet einen Weg aus den Dualismen und Dichotomien der heutigen Soziologie.‹[29]

Elias' Land Utopia

Elias hat seinen Weg gefunden. Am Ende eines langen Werklebens kann er sagen, daß er geschafft hat, was er sich als junger Mensch vornahm und was er in seiner Einleitung zu »Über den Prozeß der Zivilisation« als den Versuch bezeichnete, »zwischen der Scylla dieses ›Statismus‹, der alles geschichtlich Bewegte wie

---

29 Ein umfassender Vergleich zwischen Elias und der zeitgenössischen Soziologie findet sich in: Johan Goudsblom: Soziologie auf der Waagschale. Frankfurt/Main 1979.

etwas Bewegungsloses und Ungewordenes auszudrücken neigt, und der Charybdis jenes ›historischen Relativismus‹ hindurchzusteuern, der in der Geschichte nur einen beständigen Wechsel sieht, ohne zu der Ordnung dieses Wechsels und zu der Formungsgesetzlichkeit der geschichtlichen Gebilde vorzudringen« (I, LXXVII). Elias hat diese Enge hinter sich gelassen.

Bleibt ein letzter Punkt. Oscar Wilde hat einmal im Hinblick auf die Sozialwissenschaften im 19. Jahrhundert geschrieben, keine Landkarte sei zu etwas nutze, die nicht auch das Land Utopia enthalte. Will heißen, alle Wissenschaft vom Menschen lohnt sich nicht, wenn sich das Leben der Menschen nicht auch verbessern soll. Auch bei Elias findet sich der Hinweis auf das bessere, dem Menschen angemessenere Leben – jedoch nicht in dem Sinne der politischen Vision. Das lag Elias immer fern. Mag sein, daß Peter Gleichmann recht hat mit seiner Einschätzung, »Über den Prozeß der Zivilisation« gehöre in die große Gattung der intellektuellen Reaktionen auf den NS-Staat.[30] Man kann das Buch auch so einstufen. Ganz sicher aber war es keine ›spontane‹ Reaktion, wie Gleichmann ebenfalls vermutet. Elias' Pläne waren langfristiger entstanden und langfristiger angelegt. Sein Land Utopia ist, für den Menschen »*ein dauerhaftes Gleichgewicht* (zu finden) *oder gar den Einklang zwischen seinen gesellschaftlichen Aufgaben, zwischen den gesamten Anforderungen seiner sozialen Existenz auf der einen Seite und seinen persönlichen Neigungen und Bedürfnissen auf der anderen*« (II, 454). Das ist, was wir – und er – mit »Glück« und »Freiheit« beschwören.

---

30 Peter Gleichmann: Norbert Elias – aus Anlaß seines 90. Geburtstags, a.a.O., S. 408.

Neuntes Kapitel

Hoffen und Warten

> »Es gibt kein Scheitern«, sagte er leise, »es gibt nur ein Fortschreiten ... Wir sind immer auf dem Weg, hinter die Dinge zu kommen.«
>
> Botho Strauß: »Der junge Mann«

Bei der Ausreise nach Frankreich hatte sich Elias wohl kaum vorgestellt, daß die lange und manchmal bittere Zeit eines mehr als 30jährigen Exils vor ihm lag. Es dauerte 21 Jahre, bis er eine Stellung als Universitätslehrer fand und dann noch einmal 10 Jahre, bis er in Deutschland – 1964 beim »Max-Weber-Soziologentag« in Heidelberg – wieder vor ein akademisches Publikum treten konnte. Weitere 13 Jahre vergingen dann noch, bis ihm 1977 die Stadt Frankfurt – mittlerweile war er 80 Jahre alt geworden – mit der Verleihung des Adorno-Preises jene Anerkennung zuteil werden ließ, auf die er so lange hatte warten müssen. In der ganzen Zeit hat Elias nie aufgegeben. Sich selbst nicht und auch nicht seine Zuversicht, den Menschen mit seiner Wissenschaft zu einem besseren Verständnis ihrer gesellschaftlichen Existenz zu verhelfen.

Die Jahre im Exil wären ein eigenes Buch wert. Viel zu wenig ist bislang dazu öffentlich gemacht worden. Hoffen und Warten war das einzige, das den meisten bis zum Kriegsende blieb. Und auch danach war oft die Zeit des Zweifelns und Ängstigens nicht zu Ende. Wer in den 30er Jahren das Glück gehabt hatte, in die USA fliehen zu können, sah sich vielleicht in den 50er Jahren den Verfolgungsorgien der McCarthy-Ausschüsse ausgesetzt. Auch hier kommt das Ausmaß der Verfolgung und Drangsalierung erst langsam ans Tageslicht. Gewiß gibt es in jedem einzelnen Fall individuelle Ausprägungen und Auswirkungen des Exils, und dementsprechend wäre es angebracht, das allgemeine Schicksal Exil dem Einzelfall Elias gegenüberzustellen.

Dies kann in diesem Buch nicht erfolgen. Es hatte eine andere Zielrichtung. Da »Über den Prozeß der Zivilisation« aber im Exil geschrieben wurde und auch die Rezeption von seinen Umständen mit bestimmt wurde, will ich in diesem letzten Kapitel einige Episoden nachzeichnen. Es sind Streiflichter, die in vielem charakteristische Bilder beleuchten, ohne Anspruch einer abschließend-charakterisierenden Darstellung. Ich folge dabei dem zeitlichen Ablauf des Geschehens und beginne deshalb mit der Zeit in Paris.

Exil I: Paris

Über die Zeit im Exil hat Elias bisher wenig berichtet, vor allem über die psychischen Belastungen selten gesprochen. Hierzu muß man seine Gedichte lesen, um etwas zu erahnen, ohne Anspruch auf exaktes Wissen. Plötzlich in einer fremden Welt zu sein, wie verkraftet man das? Gewiß, Elias kannte Paris, hatte dort – so berichtet er im Frankfurter Lebenslauf – seit 1930 jeweils die Sommerferien verbracht, um Material für seine Habilitationsschrift »Der höfische Mensch« zu sammeln. Aber im Exil zu sein, das war etwas anderes. Die Situation des Flüchtlings in einer großen, fremden Stadt beschreibt der Sprecher in der »Ballade vom armen Jakob« so:

»So kam er schließlich nach der großen Stadt Paris.
Da ging er in den Straßen umher und staunte
über die vielen fröhlichen Menschen
die vor den Cafés bei den Koksöfen saßen
und fühlte sich sehr allein
denn er konnte gar nicht froh sein
und er fror und hungerte.«[1]

Aber in der Ballade heißt es auch etwas später »Er ... lernte viele Menschen kennen, die waren freundlich zu ihm«. Bis dahin hatte Elias nur wenig Bekannte in Paris gehabt. Einer von ihnen war der Soziologe Célestin Bouglé, den er 1930 bei den Europäischen Hochschulwochen in Davos kennengelernt hatte. Bouglé leitete seit 1920 an der hochangesehenen Ecole Normale ein Zentrum für soziale Dokumentation und wurde 1935 Direktor der Elitehochschule. Er lud Elias privat zu sich ein und schrieb ihm auch ein Gutachten für eine Amsterdamer Stiftung. Das von dort ge-

[1] Norbert Elias: Die Ballade vom Armen Jakob. In: Los der Menschen. Gedichte/Nachdichtungen. Frankfurt/Main 1987, S. 89-98 (hier S. 94).

währte Stipendium half zum Leben und ermöglichte die Fortsetzung der wissenschaftlichen Arbeit. Eines der Ergebnisse war der Artikel, den er für die Emigrantenzeitschrift *Der Ausweg* über die Vertreibung der Hugenotten aus Frankreich schrieb. Die eigene Exilsituation wurde dabei nicht direkt angesprochen, aber wenn man das Schicksal der Hugenotten mit dem der Juden vergleicht, dann findet man viele Bezüge.[2] Ein anderes Ergebnis war der Aufsatz »Kitschstil und Kitschzeitalter«.

Anregungen hierzu erhielt Elias u. a. durch den Versuch, Spielzeug zu produzieren und zu verkaufen. Mit deutschen Freunden, so dem Arbeiterdichter Turek[3] und dem Bildhauer Herz, versuchte er, etwas zum Lebensunterhalt hinzuzuverdienen und wirtschaftlich auf eigene Füße zu kommen. M. Herz hat mir dazu in einem Brief vom 8. 11. 1987 u. a. folgendes berichtet: »Ich war in der Tat in der Epoche, die Sie interessiert, sehr befreundet mit N. E. Er organisierte ein Unternehmen ... es war eine kleine Holz-Spielzeugfabrik. N. E. gab das Kapital und übernahm Präsentation und Verkauf. Der andere Freund die Anlage und den Unterhalt der nötigen Maschinen, und ich entwarf die Modelle und führte sie aus. Das Unternehmen lebte wohl zwei Jahre. Ich glaube nicht, daß N. E. dabei das Geld, das er in das Unternehmen steckte, wieder zurückgewann. Aber wir lebten schlecht und recht in dieser Zeit davon.«

Das Ende des Unternehmens, so es denn zwei Jahre lief, hat Elias wohl nicht mehr miterlebt. Nach gut einem Jahr in Paris war ihm langsam klar geworden, daß er dort keinerlei Aussicht auf ein akademisches Fortkommen hatte. In der Schweiz, das hatte er vor der Ausreise nach Frankreich auf einer Rundreise festgestellt, die er mit Margarete Freudenthal in deren Auto unternommen hatte, war es auch aussichtslos. Nach den USA, wo die meisten seiner Heidelberger und Frankfurter Freunde waren, konnte er auch nicht gehen, denn es fehlten ihm die entsprechenden Verbindungen, um ein Einreisevisum zu erhalten. So nutzte er das Angebot von Freunden, nach England zu kommen. Zu Anfang des achten Kapitels habe ich davon berichtet.

---

2 Norbert Elias: Die Vertreibung der Hugenotten aus Frankreich. In: Der Ausweg I (1935), S. 369-376.
3 Ludwig Turek: Ein Prolet erzählt. Lebensschilderungen eines deutschen Arbeiters. Köln 1972. (Autorisierter Nachdruck der 1930 im Malik-Verlag erschienenen ersten Ausgabe).

Bevor er den Kontinent verließ, reiste er noch einmal ins Deutsche Reich ein und fuhr nach Breslau. Das war keine ungefährliche Sache. Mancher andere, wie z. B. Karl-August Wittfogel, bezahlte solchen Mut oder Leichtsinn mit einem Aufenthalt im Konzentrationslager. Aber Elias wollte nicht nach England gehen, ohne seine geliebten Eltern noch einmal gesehen zu haben, denn ihm war mittlerweile klargeworden, daß er nun doch für längere Zeit im Ausland sein würde. Die Eltern schenkten ihm zum Abschied eine kleine Reiseschreibmaschine. Dann fuhr er nach Ostende und schiffte sich nach England ein.

Exil II: London

In England wurde er freundlich aufgenommen, war in Sicherheit, aber mit der Universitätskarriere gab es wieder Schwierigkeiten. Seine Sprachkenntnisse waren anfangs kümmerlich und das britische Hochschulsystem nicht leicht zugänglich, abgesehen davon, daß es nur ganz wenige Stellen für Soziologen gab. So war Elias glücklich, ein kleines Stipendium einer jüdischen Flüchtlingsorganisation zu bekommen, das es ihm ermöglichte, seine Studien zunächst in deutscher Sprache fortzusetzen. Er setzte sich in den Lesesaal des Britischen Museums und schrieb, wie zuvor schon berichtet, sein großes Buch.

Als er absehen konnte, daß er das Werk abschließen würde, organisierte er den Vorabdruck, von dem am Anfang des ersten Kapitels berichtet wurde. Aber er organisierte nicht nur den Druck, sondern auch eine Marketing-Aktion, indem er viele Exemplare an Freunde, Bekannte und Personen schickte, von denen er annahm, daß sie sich für seine Arbeit interessieren würden und als Multiplikatoren wirken könnten. Im Fall von Borkenau und Foulkes gab es ein positives Echo. Aber nicht immer waren seine Bemühungen erfolgreich, wie ein Briefwechsel mit Walter Benjamin zeigt[4], auf den Detlev Schöttker aufmerksam gemacht hat.[5]

4 Die Originale des Briefwechsels befinden sich im Literaturarchiv der Akademie der Künste der DDR. Die zwei Elias-Briefe liegen in Mappe 30 (Blätter Nr. 25/147), die Antwortbriefe Benjamins in Mappe 36 (Blätter 116/119).

5 Detlev Schöttker, veröffentlicht im Herbst 1988 im *Merkur* einen Aufsatz »Norbert Elias und Walter Benjamin. Ein unbekannter Briefwechsel und sein Zusammenhang«.

Ein Briefwechsel mit Walter Benjamin

Auf Anraten seiner Freundin Gisèle Freund hat Elias am 17.4.1938 an Benjamin geschrieben. Obgleich dieser zum Kreis des Instituts für Sozialforschung in Frankfurt gehörte, hatte Elias zu ihm offensichtlich keinen persönlichen Kontakt, denn er beruft sich in dem Brief auf Gisèle Freund. Er schickte ihm deshalb den ersten Band mit dem Wunsch, »das Buch von Ihnen in der Zeitschrift des Instituts besprochen zu sehen«. Er hoffte, daß Benjamin sich dafür interessierte, wie er den Zusammenhang zwischen dem Gesellschaftsprozeß und dem »Psychischen« im Prozeß sehe. Er habe versucht, »die Ordnung der geschichtlichen Veränderung unserem Verständnis zugänglich zu machen (und) ... Schritt für Schritt zu untersuchen, welche Gesellschaftsprozesse die Motoren dieser psychischen Veränderungen sind«.

Benjamins Antwort vom 13.5.1938 war sehr zurückhaltend. Da Elias offensichtlich dem dialektischen Materialismus reserviert gegenüberstehe, neige er wohl der idealistischen Geschichtsauffassung zu. Er will den zweiten Band abwarten und stellt lediglich in Aussicht, den »kulturhistorischen Inhalt« vorab zu referieren, wobei er nicht vergißt, spitz zu bemerken, »es gibt weit bessere Kenner der Kulturgeschichte des 16. bis 18. Jahrhunderts als mich«.

Nun ist es an Elias, reserviert zu sein. Von einer Vortragsreise durch Skandinavien nach London zurückgekehrt, antwortet er am 3.6.1938. Vor allem die Hinweise auf die idealistische Geschichtsauffassung und die Kulturgeschichte haben Elias offensichtlich – und zu Recht – geärgert. Er könne überhaupt nicht verstehen, schreibt er, wie jemand in Kenntnis des ersten Bandes »in ihm ein Beispiel ›idealistischer‹ Geschichtsauffassung« sehen könne. Er habe »eine klare Methode und ein unzweideutiges Material (gefunden), das die bisher vorherrschende statische Betrachtung der psychischen Phänomene überwindet«. Und er fährt dann fort: »Was immer man unter ›Dialektik‹ verstehen mag, dieses Wort geht darauf aus, die Ordnung, die Struktur, die Gesetzmäßigkeit der gesellschaftlichen Veränderung wiederzugeben. Zu zeigen, daß der Aufbau des Psychischen der gleichen Ordnung unterliegt, ist die Aufgabe des ersten Bandes«. Und Kulturgeschichte sei das mitnichten, und Kulturhistoriker seien deshalb kaum in der Lage, die Arbeit adäquat zu besprechen.

Der nun folgende Brief aus Paris vom 12.6.1938, mit dem der kurze Briefwechsel auch endet, war bereits 1967 einmal, allerdings ohne Hinweis auf Elias, veröffentlicht worden, wohl um zu belegen, daß Benjamin 1938 noch auf dem Pfad marxistischer Tugend wandelte.[6] Denn Benjamin fertigt Elias nun ab: »Mir wäre nichts lieber, als Ihrem Gedankengang folgen zu können. Aber was man unter Sozialpsychologie zu verstehen hat, das entscheidet sich meiner Ansicht erst auf dem Grundriß einer Gesellschaftstheorie, die zu ihrem vornehmlichsten Gegenstande die Klassengegensätze – das heißt die in der jeweiligen Gesellschaft herrschenden Ausbeutung der Arbeit einer Mehrheit durch eine Minderheit – gemacht hat.« Und am Schluß des kurzen Briefes heißt es dann: »Nicht unmöglich, daß Ihnen meine Betrachtungsweise beschränkt erscheint; aber was ich etwa zustande bringe, und sei es eine Rezension, hat eben diese zur Voraussetzung.« Die Reaktion Benjamins ist ein Beispiel dafür, wie das Buch auch in Zukunft immer dann auf Ablehnung stieß, wenn es auf orthodoxe Positionen traf, seien sie theoretischer und/oder methodologischer Natur.

Man sieht, nicht immer war die Reaktion positiv freundlich. Leider gibt es sonst keine Nachweise über entsprechende Reaktionen auf Elias' damalige Bemühungen. Es ist sicher, daß er wesentlich mehr derartiger ›Werbebriefe‹ geschrieben hat, aber bislang sind bis auf Sigmund Freud, der den Eingang des Buches auf einer Postkarte dankend bestätigte, keine weiteren Adressaten bekanntgeworden. Er unternahm dann 1939 noch einmal eine ähnliche Aktion, von der nur bekannt ist, daß Thomas Mann das Buch nach Holland geschickt bekam – wie am Anfang dieses Buches berichtet.

Morris Ginsberg, Karl Mannheim und die L.S.E.

Der Ausbruch des Zweiten Weltkrieges machte alle weiteren Bemühungen und die Verbreitung des Buches hinfällig. Auf dem Kontinent gab es nur wenige Inseln, die nicht früher oder später in das menschenvernichtende Inferno einbezogen wurden. Auch England blieb nicht verschont. Die deutsche Luftwaffe bedrohte

---

6 Walter Benjamin: Brief an einen unbekannten Adressaten. In: Alternative X (1967), Heft 56/57, S. 203.

und bombardierte London und andere englische Städte. So kam es, daß die London School of Economics (L.S.E.) wie viele andere Teile der University of London aus der am meisten gefährdeten Hauptstadt in die Provinz ausgelagert wurde. Lehrkörper und Studenten der L.S.E. kamen nach Cambridge, unter ihnen auch Elias, denn mittlerweile hatte er dort eine kleine Stelle als Senior Research Assistant.

Nach einer langen Zeit des Eingewöhnens in die englische Umgebung war er in zunehmendem Maße in Berührung mit englischen Sozialwissenschaftlern, vor allem an der L.S.E., gekommen. Dabei half sicherlich zunächst seine Bekanntschaft mit Mannheim. Ihm und dessen Frau Julischka widmete Elias den Vorabdruck von 1937. Auch fand er Aufnahme bei dem Wirtschaftshistoriker Beales, der gemeinsam mit seiner Frau sein Haus einem Kreis vor allem jüngerer Kollegen geöffnet hatte. Elias lernte außerdem Harold J. Lasky kennen, der damals an der L.S.E. den Lehrstuhl für Politische Wissenschaften innehatte und der von 1936-1949 im Vorstand der Labour-Party saß. Und er kam in Kontakt mit Morris Ginsberg, dem Inhaber des Soziologie-Lehrstuhls. Dieser war ein einflußreicher Mann, lange Zeit der einzige Professor für Soziologie in England, wo die Soziologie noch keineswegs so institutionalisiert war wie auf dem Kontinent. Wolf Lepenies hat darauf hingewiesen, daß verantwortlich hierfür paradoxerweise die »frühe Bereitschaft englischer Statistiker, Verwaltungsbeamter und Politiker (war), soziologisches Wissen zur Lösung sozialer Probleme zu nutzen. Das Einsickern der Soziologie in die Verwaltung ließ eine organisatorische Absicherung des Faches weit weniger dringlich erscheinen als auf dem Kontinent«[7].

Die meisten von Elias' englischen Kollegen werden »Über den Prozeß der Zivilisation« mangels deutscher Sprachkenntnisse nicht haben lesen können, aber neben einigen wenigen Ausnahmen gab es ja auch die deutschsprachigen Exilanten, die den englischen Freunden berichten konnten. Schließlich machte schon der Umfang deutlich, daß es ein irgendwie bedeutendes Buch sein mußte und zumindest eine große intellektuelle Leistung seines Autors repräsentierte. Der Historiker Francis L. Carsten,

---

[7] Wolf Lepenies: Über den Krieg der Wissenschaften und der Literatur. Der Status der Soziologie seit der Aufklärung. In: Merkur XXXX (1986), S. 482-494 (hier: S. 490 f.).

der Elias im Herbst 1935 in Paris kennengelernt hatte und ihm in London freundschaftlich verbunden blieb, hat mir berichtet, daß bereits vor Kriegsanfang ein Vertrag zu einer Übersetzung ins Englische bei einem Verlag abgeschlossen worden war, den Patrick Gordon Walker, der spätere Labour-Außenminister, leitete. Als Übersetzer sei ein Historiker namens Walter Simon vorgesehen gewesen. Aus diesem Plan sei dann aber nichts geworden. Jedenfalls war es nicht verwunderlich, daß auch nach der Evakuierung nach Cambridge neue Kontakte entstanden, so z. B. zu C. P. Snow, dem berühmten Romanautor, Wissenschaftler und Politiker, der damals Fellow am Christ College war.

Der Kontakt zu Ginsberg war offensichtlich intensiv und Elias' Renommee als Soziologe recht gut. Als nämlich Ginsberg in Cambridge einen Assistenten suchte, wurde allgemein angenommen, daß seine Wahl auf Elias fallen würde, und viele, wie z. B. Beales, rieten Ginsberg auch zu. Daß daraus nichts wurde, hatte ironischerweise mit demselben Menschen zu tun, der Elias 10 Jahre zuvor die Tür zu einer akademischen Karriere geöffnet hatte, mit Karl Mannheim.

In den Notizen zum Lebenslauf hat Elias im Zusammenhang mit dem Züricher Vortrag von Mannheim über »Die Bedeutung der Konkurrenz im Gebiet des Geistigen« angemerkt, daß Konkurrenz für Mannheim wohl Teil seines eigenen Lebensstils war. Jedenfalls war er in England bald in einen harten und unerbittlichen Konkurrenzkampf mit Ginsberg geraten, obgleich dieser ihn an die L.S.E. geholt und ihm zu einer Dozentenstelle verholfen hatte. Mannheim habe sich für den besseren Soziologen gehalten, und »er zögerte nicht, es auch zu sagen. Seine Vorlesungen waren lebhaft und interessant. Die Studenten strömten ihm zu.« Schließlich stellte Ginsberg ein Ultimatum, und »sein College, die L.S.E., hielt, wie es sich versteht, an dem Ihren fest und ließ den Neuankömmling gehen«[8].

Elias hat berichtet, daß Ginsberg »tödlich verletzt« war und ihm einige Jahre später in Cambridge »immer noch bitteren Herzens von dieser schmerzhaften Kraftprobe erzählte«[9]. Was er bisher nicht berichtet hatte und mir auf Fragen nach der Zeit in Cambridge (am 1. 12. 1987) erzählte, waren Anlaß und Ausgang dieses Gespräches, das auch für Elias eine bittere Konsequenz

---
8 Norbert Elias: Notizen zum Lebenslauf, a.a.O., S. 39.
9 Ebd.

hatte. Bei dieser Gelegenheit habe Ginsberg ihm eröffnet, daß er allen Vermutungen zum Trotz und entgegen den guten Ratschlägen von Kollegen ihn nicht als Assistenten einstellen könne. Als ehemaliger Mannheim-Assistent würde ihn Elias, so die Begründung, immer an Mannheim und an die schlimmen Erfahrungen mit ihm erinnern. Das bringe er nicht über sich. Bei dem Gespräch habe Ginsberg ihm geraten, nach den USA zu gehen, denn wer wolle in England schon etwas von Soziologie, vielleicht gar von Max Weber und der deutschen Soziologie wissen. Nur kannte Elias in den USA niemanden, der ihm ein Einreisevisum hätte besorgen können.

Universität im Internierungslager

Ginsberg blieb ein guter Freund, was sich z. B. daran zeigte, daß er Elias Geld ins Internierungslager schickte. Denn nicht nur Ginsbergs Vorbehalte, sondern auch eine plötzlich durchgeführte Internierung aller Deutschen, Österreicher und Italiener, auch derjenigen, die eindeutig Flüchtlinge waren, beendete den Traum von einer Universitätskarriere in England. Als sich die deutschen Truppen der französischen Kanalküste näherten, eine Invasion Englands nicht mehr ausgeschlossen war, begannen die Engländer die Internierung der genannten Personengruppen. Elias kam zunächst in das ›Alien Internment Camp at Huyton‹ in der Nähe von Liverpool. Die Pässe wurden einkassiert, ebenso das mitgeführte Geld. Die Internierten waren auf Gaben und Geschenke von außen angewiesen. Ginsberg schickte Geld an Elias, der nach einiger Zeit, da er aus Altersgründen nicht kriegsdienstfähig war, auf die Isle of Man verlegt wurde. Viele andere wurden nach Kanada eingeschifft oder nach Australien, wohin man z. B. Borkenau für einige Zeit brachte. Wie pauschal die Engländer die internierten Deutschen sahen, wie wenig sie sich in die Lage geflüchteter deutscher Juden versetzen konnten, zeigte sich z. B. auch, als, wie Elias berichtet, »der englische Lagerkommandant uns eines Tages versammelte, in der ausdrücklichen Absicht, uns Freude zu bereiten, und uns dann die seiner Meinung nach für uns erfreuliche Neuigkeit mitteilte, daß die deutschen Truppen Paris eingenommmen hätten«[10].

10 Norbert Elias: Humana conditio, a.a.O., S. 54.

Für die Zeit im Internierungslager und Elias' dortige Aktivitäten gibt es mehrere Zeitzeugen. Eric Wolf hat in »Human Figurations« davon erzählt.[11] Mündliche Berichte, die Wolfs Angaben bestätigen und erweitern, habe ich von Peter Galliner, heute Direktor des International Press Institute in London und von Professor Georg Schwarzenberger und seiner Frau Suse bekommen. Die beiden letzten leben nach Schwarzenbergers Emeritierung an der Law School der University of London in Harpenden/Hertfordshire. Den beiden Schwarzenbergers waren wir (und Elias) schon 1928 in Heidelberg begegnet. Georg Schwarzenberger und Elias trafen sich nun 12 Jahre nach den Heidelberger Tagen im Internierungslager auf der Isle of Man wieder. In seinen Erinnerungen in »Human Figurations« hatte Wolf – wie auch mündlich später Galliner – berichtet, daß sich Elias an einer selbst organisierten Lageruniversität mit Vorträgen beteiligte. Dies war eine der Aktivitäten, die vor allem die »politisch« erfahrenen Lagerinsassen organisiert hatten, um die Zeit während der Internierung besser zu nutzen und auch, um ein wenig der Einsamkeit und der Verzweiflung vorzubeugen. An zwei Themen solcher Vorträge konnte er sich sehr gut erinnern, da sie seine spätere wissenschaftliche Entwicklung beeinflußten: »One on ›The Network of Social Relationships‹, the other on ›Monopolies of Power‹.«[12]

Nach der Verlegung auf die Isle of Man setzte Elias seine Tätigkeit in der Lageruniversität fort, aber nicht mehr als »einfacher« Dozent, sondern nun, wie sich Schwarzenberger präzise erinnert, als »Rektor«. Er, Schwarzenberger, sei von Elias mit dem Aufbau der »Juristischen Fakultät« beauftragt worden, habe als deren »Dekan« fungiert, aber der Kopf des ganzen sei Elias gewesen; er habe alles organisiert, sei ausgleichend und, was in der Situation besonders wichtig gewesen wäre, menschlich sehr nett gewesen. In dem Internierungslager auf der Isle of Man kam auch die schon erwähnte »Ballade vom Armen Jakob« zur Aufführung. Elias hatte den Text geschrieben und der Musikwissenschaftler Hans Gál[13] die Musik komponiert.

11 Eric R. Wolf: Encounter with Norbert Elias. In: Human Figurations, a.a.O., S. 28-35.
12 Eric R. Wolf: Encounter with Norbert Elias, a.a.O., S. 29 f..
13 Der 1890 geborene österreichische Komponist und Musikwissenschaftler Hans Gál war nach dem ›Anschluß‹ seines Heimatlandes an das Großdeutsche Reich nach England geflüchtet. Ab 1945 lehrte er in Edinburgh, wo er am 3. 10. 1987 starb.

Elias konnte das Internierungslager nach ca. 8 Monaten verlassen. C. P. Snow war von Cambridge aus behilflich gewesen und organisierte am Christ College zusammen mit dessen Warden Canon Raven eine Feier aus Anlaß der Rückkehr. Aber damit waren Snows Möglichkeiten der Hilfe auch erst einmal erschöpft. Snow, der selbst sehr auf Karriere und Publicity achtete, hatte wohl in Elias eine baldige Berühmtheit gesehen. Als sich das Berühmtwerden jedoch hinzog, nahmen Interesse und Kontakte auch ab.

Zur Zeit der Rückkehr im Frühjahr 1941 sah die Zukunft für Elias trübe aus. Ein Posten an der Universität war nicht zu bekommen. Das große Buch schien in Vergessenheit zu geraten. Aber wie ich zu Eingang dieses Kapitels schrieb, Elias gab sich nicht auf. Sicher muß ihm das manchmal sehr, sehr schwer geworden sein. In dem Gedicht, das dem Lyrik-Band »Los der Menschen« vorangestellt ist, kann man einiges von der Bedrückung und Ausweglosigkeit spüren, jene Finsternisse des Exils ahnen, über die Elias (fast) nie spricht. Da heißt es am Anfang: »Manchmal an Regentagen/ ist es schwer/ die Hand zu heben/ man vermag nicht mehr/ den Fuß zu rühren/ um zu gehen/ Stirn und Mund sind leer/ man hört die Zeit an sich vorüberwehen.« Erst am Ende des Gedichtes kommt die Wende zu einem neuen Anfang. Da heißt es: »Man fällt ins Leere/ und man läßt sich fallen/ grundloses Spiel/ man läßt sich fallen/ und man fängt sich auf.«[14] Nicht ohne Grund hat Ulrich Gembardt die beiden letzten Zeilen als Titel seines Fernsehfilms gewählt.

Im Vorhof der Universität

Nach der Zeit im Internierungslager blieb Elias nichts anderes übrig, als einen Posten unterhalb des Universitätslevels anzunehmen. Beales brachte ihn in Kontakt mit der Workers Education Association, der Erwachsenenbildungsorganisation der Labour-Party. Von dort wechselte er zu der Abteilung für Erwachsenenbildung der Londoner Universität, wo er bis zu seinem Wechsel auf eine Universitätsdozentenstelle in Leicester im Jahre 1954 blieb. Er mußte hart und viel arbeiten und jedes Thema übernehmen, das nachgefragt wurde: Von Soziologie über Psychologie

14 Norbert Elias: Los der Menschen, a.a.O., S. 9.

bis zur Nationalökonomie und Wirtschaftsgeschichte. Finanziell kam er einigermaßen zurecht. Dabei half ihm sein pädagogisches Engagement und Geschick. Für die Bezahlung kam es nämlich darauf an, welche Art von Unterricht man erteilte. Hatte man nur einjährige Kurse, gab es wenig Geld. Gelang es einem Dozenten aber, dreijährige Kurse über die gesamte Zeit zusammenzuhalten, dann wurde er so gut bezahlt, daß er davon leben konnte. Dies konnte aber nur guten Lehrern gelingen, die im übrigen viel Zeit auf die Arbeit mit den Menschen investierten.

In dem Gespräch am 1.12.1987 hat Elias mir gegenüber die Jahre in der Erwachsenenbildung als eine schöne Zeit bezeichnet, während der er aber den Wunsch, an einer Universität zu lehren, niemals aufgegeben habe. So habe er auch jedes Angebot zu Gastvorlesungen an Universitäten angenommen. Vor allem die Professorin und spätere Lady Wootton habe ihm geholfen, ihn gefördert und immer wieder zu Gastvorlesungen an das Bedford College der Londoner Universität eingeladen. Auch zur Universität Hull habe er Kontakte gehabt und sei zeitweise einen Tag in der Woche dort hingereist. So habe er auch Routine als ein ›english lecturer‹ bekommen und sich langsam an die Universität ›herangepirscht‹. 1954 war es dann so weit. Er bekam in Leicester zwar nicht den Lehrstuhl für Soziologie, die eigentliche Professorenstelle, von der es im Unterschied zu Deutschland in England in den meisten Fällen nur eine gibt. Aber er wurde Dozent, er konnte lehren und forschen und zählte viele der heutigen englischen Professoren für Soziologie zu seinen Schülern, allerdings ohne daß davon ein Impuls zur Rezeption seiner deutschsprachigen Arbeiten in die englische Soziologie hineingetragen worden wäre.

Professor wurde er dann aber doch noch, und zwar im Jahre 1961, als er den Lehrstuhl für Soziologie an der Universität von Ghana in Accra für einige Jahre übernahm. Ghana, damals von Kwame Nkrumah regiert, war noch Mitglied des Commonwealth und rekrutierte seine Universitätslehrer hauptsächlich in England. In dieser Zeit hat Elias viel Material über die Entstehung afrikanischer Gesellschaften gesammelt[15], das bisher kaum ausgewertet ist. Bisher hat er vor allem in dem Vorwort zu einem Katalog für eine Ausstellung seiner afrikanischen Masken und

---

15 Siehe hierzu Michael Schröter: Bestandsaufnahme der vorhandenen wissenschaftlichen Manuskripte von Norbert Elias, a.a.O., S. 53-60.

Skulpturen[16], die er während seiner Zeit in Ghana gesammelt hatte, und in einem 1987 in Amsterdam gehaltenen Vortrag über die Entstehung und Entwicklung kleiner Stammesgesellschaften von dem afrikanischen Material öffentlichen Gebrauch gemacht.

Noch einmal von Heidelberg nach Frankfurt

Ende April 1964 nahm Elias, mittlerweile aus Afrika zurückgekehrt, am 15. Deutschen Soziologentag teil, der dem Thema »Max Weber und die Soziologie heute« gewidmet war. Zwar war er nicht eingeladen worden, in einer der Hauptveranstaltungen zu sprechen, in denen die damalige Creme der deutschen Soziologie auftrat, aber ihm war die Möglichkeit eingeräumt worden, im Rahmen einer Veranstaltung des Fachausschusses für Ethnosoziologie mit dem Thema »Paria und externes Proletariat« seinen angekündigten Vortrag über »Gruppencharisma und Gruppenschande« zu halten.

Dieser Vortrag enthielt eine Kritik, die sich schon im Titel ausdrückte, an dem von Max Weber ausgearbeiteten Idealtypus des charismatischen Führers. Nicht nur einzelne, sondern auch Gruppen können charismatische Führereigenschaften entwickeln, sind dabei aber verflochten mit weniger privilegierten Gruppen, so die These von Elias. Dieses Modell einer Figuration von Etablierten und Außenseitern hatte er im Zuge seiner gemeinsam mit Scotson unternommenen Gemeindestudie entwickelt, die im darauffolgenden Jahr (1965) als Buch herauskam. Nach Heidelberg hatte er kein ausgearbeitetes Manuskript mitgebracht, so daß der Bericht über sein Referat in den »Verhandlungen des 15. Deutschen Soziologentages« im Vergleich zu den anderen Vorträgen, die auf dieser Veranstaltung gehalten wurden, knapp und mißverständlich ausfiel.[17]

Ebenfalls knapp, aber genauer war der entsprechende Abschnitt in dem Tagungsbericht, der in der *Kölner Zeitschrift für Soziologie und Sozialpsychologie* erschien. Dort wird zunächst darauf verwiesen, daß das Eliassche Referat mit dem Rahmenthema der

---

16 Norbert Elias: African Art. Ausstellungskatalog der Sammlung von Norbert Elias. Leicester Museum and Art Gallery, 24. April bis 14. Juni 1970. Leicester 1970.
17 Otto Stammer (Hrsg.): Max Weber und die Soziologie heute. Verhandlungen des 15. Deutschen Soziologentages. Tübingen 1965, S. 331 f..

Sitzung des Fachausschusses für Ethno-Soziologie ›Paria und externes Proletariat‹ »nichts zu tun hatte«[18], was den Verdacht bestätigt, daß Elias dorthin abgeschoben worden war. Über den Vortrag heißt es dann in dem Bericht: »Das interessanteste Referat war das von Norbert Elias, der über eine Gemeindeuntersuchung in England berichtete, in der die Entstehung eines Gruppencharismas ziemlich genau beobachtet wurde. Obwohl zwischen den beiden Gruppen zur Zeit der Untersuchung keinerlei bildungsmäßige und verhaltensmäßige Unterschiede festzustellen waren, akzeptierte die weniger angesehene Gruppe die Überlegenheit der anderen Gruppe, da früher die privilegierte eine tatsächliche Überlegenheit über die unterprivilegierte Gruppe ausübte. Durch diesen Bericht zeigte Elias, daß das Phänomen des Gruppencharismas nicht isoliert erforscht oder behandelt werden kann, also nicht ohne den Bezug auf die unterprivilegierte Gruppen und umgekehrt.«[19]

Aber der Bericht spricht auch einen bezeichnenden Vorfall an, allerdings in einer Art und Weise, der kein gutes Licht auf den Berichterstatter wirft, der wohl identisch mit dem damaligen Leiter dieser Veranstaltung war, dem Heidelberger Assistenten Ernst W. Müller. Es ist dort von einem »rührenden Ereignis« während der Veranstaltung die Rede: »Nach dem Referat von Elias sprach Dieter Claessens (Münster), den weder der Diskussionsleiter noch viele andere Teilnehmer kannten, vom Plenum aus, bevor noch der Diskussionsleiter die Diskussion eröffnen konnte, einige sehr lobende Worte über den in Fachkreisen an sich bestens bekannten Elias.«[20] Die meisten der hier berichteten Fakten sind falsch. Vielleicht war es wirklich so, daß der Diskussionsleiter und eine Reihe von Teilnehmern Dieter Claessens nicht kannten. Dieser war zwar erst vor drei Jahren auf einen Lehrstuhl in Münster, neben Frankfurt und Köln eine der Hochburgen der Soziologie, berufen worden, aber ihn gar nicht zu kennen? Die Behauptung des Berichterstatters, daß Elias in Fachkreisen »bestens« bekannt gewesen sei, ist irreführend. Kaum einer kannte ihn. Ich habe z. B. im Archiv der Universität Frankfurt den Schriftwechsel gelesen, den die Wirtschafts- und Sozialwissenschaftliche Fakul-

---

18 Tagungsberichte vom 15. Deutschen Soziologentag in Heidelberg. In: KZfSS XVI (1964), S. 404-424 (hier: S. 422).
19 A.a.O., S. 423.
20 Ebd.

tät von 1956 bis 1962 mit Rektor und Justitiar der Universität Frankfurt über die Frage geführt hat, welche Karriere Elias wohl gemacht hätte, wenn er nicht kurz vor Abschluß der Habilitation ins Exil hätte gehen müssen. Diese, in vieler Hinsicht interessanten Akten belegen eines ganz deutlich. Selbst in der Frankfurter Fakultät, der er von 1930 bis 1933 als außerplanmäßiger Assistent angehörte, hatte niemand auch nur eine blasse Ahnung, wer Elias inzwischen war. Und so war es überall, von den wenigen Soziologen abgesehen, die eher durch Zufall auf Elias gestoßen waren. Und ganz falsch war an dem Bericht, Claessens habe *nach* Elias gesprochen.

Dieter Claessens war, wie er mir in einem Brief vom 22. 1. 1987 berichtete, zu der Veranstaltung ›Paria und externes Proletariat‹ gegangen, um Elias zu hören. Über den Verlauf der Veranstaltung schreibt er u. a.: »Wie immer wurden die ersten Referate zu lang und man sah bald, daß der Zeitplan, in dem Elias und dann Müller vorgesehen waren, nicht eingehalten werden konnte. Da trat Müller aufs Podium und erklärte kurz und bündig, daß wegen der fortgeschrittenen Zeit man wohl auf Elias verzichten müsse. Dafür würde er nun sprechen. Das empörte mich derart, daß ich nach vorne ging, ums Wort bat und den ca. 50 Anwesenden sagte, wer da unten unter ihnen säße. Und dann sprach Elias.« Claessens kann für den Tatbestand, daß er *vor* Elias gesprochen hat, weitere Zeugen benennen.

Daß Elias' erster akademischer Auftritt in Deutschland nach mehr als 30 Jahren so verlief, ist wohl symptomatisch. Wenige kannten ihn zunächst, er hatte nur wenige Freunde. Einer davon wurde Claessens, der ihn für das darauffolgende Jahr nach Münster einlud, der ersten Station seines langsamen Bekanntwerdens in der deutschen Soziologie. Gastprofessuren in Aachen und Konstanz, die Wiederauflage von »Über den Prozeß der Zivilisation« und die Veröffentlichung der Bücher »Die Höfische Gesellschaft« und »Was ist Soziologie?« waren weitere Meilensteine auf dem langen Weg in die Institution Soziologie.

Als er 1977 den Adorno-Preis der Stadt Frankfurt zugesprochen bekam, war er zwar immer noch »ein Außenseiter voll unbefangener Einsicht«[21], als den ihn Wolf Lepenies in seiner Laudatio pries, aber er war schon kein Unbekannter mehr. Der Weg, der ihn noch einmal von Heidelberg nach Frankfurt geführt hatte,

21 Wolf Lepenies: Ein Außenseiter voll unbefangener Einsicht, a.a.O..

war zwar schwierig und mühselig gewesen, aber jetzt stellte sich nach mehr als 60 Jahren unbeirrten und geduldigen Arbeitens Resonanz ein für seinen »bescheidenen« Beitrag zur Weiterentwicklung gesellschaftlicher Modelle, die »dazu beitragen können, die zunehmende Desorientierung und Unsicherheit in unserem gesellschaftlichen Kosmos – wohin gehen wir? – zu lindern und über die alten und überlieferten Modelle der Gesellschaftsentwicklung hinauszukommen«[22]. Ein langes Leben hat eben seine Vorteile, ein erfolgreiches allzumal.

Am Ende seiner Dankesrede verwendete Elias ein Bild, das den Bogen spannt von seiner frühen Beschäftigung mit Problemen menschlicher Gesellschaften bis hin zum Adorno-Preis. Es ist das schon einmal zitierte Bild der Fackel, die weitergereicht wird, das schon unter dem Aufsatz von 1921 als Motto stand und das kennzeichnend ist für diesen Teil des Werklebens von Elias. Man kann sich kaum ein besseres Sinnbild des Werdens eines Menschenwissenschaftlers, kaum ein besseres Symbol der Biographie eines Klassikers denken: »Die Arbeit in den Menschenwissenschaften, wie in anderen Wissenschaften ist ein Fackellauf: Man nimmt die Fackel von den vorangehenden Generationen, trägt sie ein Stück weiter und gibt sie ab in die Hände der nächst folgenden Generation, damit auch sie über einen hinausgeht ... Ich möchte, daß mein Beispiel kommenden Generationen Mut macht, das Bewußtsein der Kontinuität des eigenen Lebens mit der Kraft und Kühnheit zu verbinden, die zur Innovation, die zur Zucht des Selbstdenkens, des Über-die-ältere-Generation-Hinausgehens nötig ist.«[23]

---

22 Norbert Elias: Adorno-Rede, a.a.O., S. 66.
23 A.a.O., S. 68.

Zum Schluß: Vielerlei Dank

Wenn ich die 1½ Jahre, die ich an dem Text gearbeitet habe, in Gedanken Revue passieren lasse, so fallen mir immer wieder aufs neue Menschen ein, die mich unterstützt, mir geholfen haben und denen ich danken will. Ich kann sie nicht alle nennen, einige muß ich aber besonders hervorheben.

Zu allererst habe ich Norbert Elias zu danken, daß er mein Projekt, das sich mit einem Teil seines Lebens beschäftigte, ertragen hat. Ich habe nicht verlangen können, daß er es billigte. Aber er hat es mit vorsichtiger Distanz begleitet und war auch bereit, sich mit mir über einzelne Episoden zu unterhalten. Es war für beide keine leichte Zeit. Wir haben beide dazu beitragen müssen, daß das Buch schließlich zu einem Ende kam, an dem unsere Freundschaft nicht gelitten hatte.

Besonders zu danken habe ich der Stiftung Volkswagenwerk, die mir durch die Gewährung eines einjährigen Akademie-Stipendiums den wichtigen Freiraum und damit auch eine Verpflichtung verschaffte, kontinuierlich an dem Buch arbeiten zu können (und zu müssen).

Viele Menschen, die Elias im Laufe ihres Lebens getroffen haben, konnten mir durch Auskünfte helfen. Ich kann mich bei Ihnen hier nur dadurch bedanken, indem ich sie in alphabetischer Reihenfolge nenne: Francis L. Carsten (London), Dieter Claessens (Berlin), M. Herz (Paris), Karl Pfauter (Frankfurt), Georg und Suse Schwarzenberger (Harpenden/Hertfordshire), Peter Seglow (London), Walter Slowak (Mannheim), Hans Speier (New York), Heinrich Taut (Lehnitz) und Alfred Wandrey (Osnabrück).

Zu danken habe ich all den Archivaren, denen ich während meiner Recherchen begegnete. Die Welt der Archive war für mich relativ neu. Ich war angenehm überrascht, wie ich überall auf freundliche Hilfsbereitschaft und entgegenkommendes Interesse stieß, was mir aus meinem Universitätsalltag so nicht bekannt war. Neben den Universitätsarchiven in Breslau, Heidelberg, Frankfurt/Main und Freiburg muß ich das Archiv der Deutschen Jugendbewegung auf Burg Ludwigstein, die Germania Judaica (Köln), das Leo Baeck Institut (Jerusalem) und die Preußische Staatsbibliothek (Berlin) nennen.

Dank sei auch den Freunden und Kollegen, die auf verschiedenste Weise an meiner Arbeit Anteil genommen haben. Hervorheben muß ich Joop und Maria Goudsblom (Amsterdam), die mir Mut gemacht haben, nicht aufzugeben, sowie Michael Schröter (Berlin), der sich bereitfand, das Manuskript aufmerksam durchzusehen, was dem Text zugute gekommen ist und mir geholfen hat.

Und schließlich muß ich mich bei denen bedanken, die mich bei der Arbeit des Schreibens unterstützt und bei der Herstellung des Schlußtextes engagiert geholfen haben. Margret Schnieder hat in Rheda die ersten Entwürfe getippt, die in Bochum dann von einem Team, bestehend aus Ulrike Aden, Ralf Baumgart und Annette Treibel mit kritischer Solidarität und Professionalität weiter bearbeitet wurden. Die Arbeit mit ihnen war produktiv und gab mir Rückhalt über die ganze Zeit. Daß das Manuskript schließlich fristgerecht beim Verlag abgeliefert werden konnte, ist weitgehend ihr Verdienst.

Bibliographie

Vorbemerkung: Die Originalmanuskripte von Elias sind auf deutsch oder englisch geschrieben. Ich habe für diese Veröffentlichung in deutscher Sprache zunächst alle deutschsprachigen Texte in die Bibliographie aufgenommen sowie diejenigen englischen Texte genannt, die noch nicht auf deutsch erschienen sind. Einige davon sind allerdings schon in anderen Sprachen, meist holländisch, erschienen.

Außerdem ist darauf hinzuweisen, daß die Bücher von Elias mittlerweile in mehr als zehn Sprachen übersetzt worden sind. In den Materialienbänden I und II ist die internationale Bibliographie der Eliasschen Werke abgedruckt und kann dort nachgelesen werden.

Nicht in die Bibliographie aufgenommen wurden die zahlreichen Interviews, Hörfunk- und Fernsehbeiträge und Zeitungsartikel.

I. Veröffentlichungen von Norbert Elias

A. Veröffentlichungen in deutscher Sprache

1921 Vom Sehen in der Natur. In: Blau-Weiß-Blätter II (1921), H. 8-10 (Breslauer Hefte), S. 133-144.

1924a Idee und Individuum. Eine kritische Untersuchung zum Begriff der Geschichte. Breslau (Phil. Diss.).

1924b Idee und Individuum. Ein Beitrag zur Philosophie der Geschichte. Auszug aus einer Schrift zur Erlangung der Doktorwürde der Hohen Philosophischen Fakultät der Schles. Friedrich-Wilhelms-Universität zu Breslau. Promotion: 30. Januar 1924. Breslau.

1929a Beitrag zur Diskussion über »Die Konkurrenz«. In: Verhandlungen des 6. Deutschen Soziologentages vom 17.-19. 9. 1928 in Zürich. Tübingen, S. 110-111.

1929b Beitrag zur Diskussion über »Anfänge der Kunst«. In: Verhandlungen des 6. Deutschen Soziologentages vom 17.-19. 9. 1929 in Zürich. Tübingen, S. 281-284.

1935a Kitschstil und Kitschzeitalter. In: Die Sammlung II, S. 252-263.

1935b Die Vertreibung der Hugenotten aus Frankreich. In: Der Ausweg I, S. 369-376.

1939 Über den Prozeß der Zivilisation. Soziogenetische und psychogenetische Untersuchungen. 2 Bände (1. Bd.: Wandlungen des Verhaltens in den weltlichen Oberschichten des Abendlandes; 2. Bd.: Wandlungen der Gesellschaft. Entwurf einer Theorie der Zivilisation). Basel.

1959 Die öffentliche Meinung in England. Vortrag, gehalten am

	23. April 1959 bei den Hochschulwochen für staatswissenschaftliche Fortbildung in Bad Wildungen. Bad Homburg vor der Höhe u. a.
1966	/Eric Dunning: Zur Dynamik von Sportgruppen, unter besonderer Berücksichtigung von Fußballgruppen. In: Günther Lüschen (Hrsg.): Kleingruppenforschung und Gruppe im Sport (Sonderheft 10 der KZfSS). Köln/Opladen, S. 118-134. Übersetzt von Karl-Dieter Opp: Dynamics of Sport Groups with Special Reference to Football. In: BJS I (1950), S. 291-309.
1969a	Die höfische Gesellschaft. Untersuchungen zur Soziologie des Königtums und der höfischen Aristokratie. Mit einer Einleitung: Soziologie und Geschichtswissenschaft. Neuwied/Berlin. Neuausgabe: Frankfurt (Main) 1983.
1969b	Über den Prozeß der Zivilisation. Soziogenetische und psychogenetische Untersuchungen. 2 Bände (Bd. 1: Wandlungen des Verhaltens in den weltlichen Oberschichten des Abendlandes., Bd. 2: Wandlungen der Gesellschaft. Entwurf einer Theorie der Zivilisation). Zweite, überarbeitete Auflage mit einer neuen Einleitung. München/Bern. Neuausgabe: Frankfurt (Main) 1976.
1970	Was ist Soziologie? München.
1972	Soziologie und Psychiatrie. In: Hans-Ulrich Wehler (Hrsg.): Soziologie und Psychoanalyse. Stuttgart, S. 11-41. Von L. Mickel übersetzte und vom Autor verbesserte und erweiterte Fassung von: Sociology and Psychiatry. In: Siegmund H. Foulkes and G. Steward Prince (Hrsg.): Psychiatry in a Changing Society. London 1969, S. 117-144.
1977a	Zur Grundlegung einer Theorie sozialer Prozesse. In: ZfS VI, S. 127-149.
1977b	Adorno-Rede. Respekt und Kritik. In: ders./Wolf Lepenies: Zwei Reden anläßlich der Verleihung des Theodor W. Adorno-Preises. Frankfurt (Main), S. 33-68.
1978	Zum Begriff des Alltags. In: Kurt Hammerich/Michael Klein (Hrsg.): Materialien zur Soziologie des Alltags (Sonderheft 20 der KZfSS). Köln/Opladen, S. 22-29.
1979	Über die Einsamkeit der Sterbenden in unseren Tagen. In: Werk und Zeit, H. 3, S. 4-16.
1980a	Die Zivilisierung der Eltern. In: Linde Burkhart (Hrsg.): »... und wie wohnst Du?« Berlin, S. 11-28.
1980b	Renate Rubinstein. In: Elisabeth Burkhart und Hans-Ulrich Müller-Schwefe (Hrsg.): Im Jahrhundert der Frau. Frankfurt (Main), S. 168-170.
1981a	Gedichte. In: Merkur XXXV, S. 1143-1145.
1981b	Soziale Prozeßmodelle auf mehreren Ebenen. In: Werner Schulte

(Hrsg.): Soziologie in der Gesellschaft. Referate auf den Veranstaltungen beim 20. Soziologentag in Bremen 1980. Tagungsberichte Nr. 3. Bremen, S. 764-767.

1981c Vier Gedichte. In: Biruta Schaller u. a. (Hrsg.): Schau unter jeden Stein. Merkwürdiges aus Kultur und Gesellschaft. Dieter Claessens zum 60. Geburtstag. Frankfurt (Main), S. 41-44.

1981d Zivilisation und Gewalt. Über das Staatsmonopol der körperlichen Gewalt und seine Durchbrechungen. In: Joachim Matthes (Hrsg.): Lebenswelt und soziale Probleme. Verhandlungen des 20. Deutschen Soziologentages zu Bremen. Frankfurt (Main), S. 98-122.

1982a Kinderspiele. Gedicht. In: Merkur XXXVI, S. 502-505.

1982b Thomas Morus' Staatskritik. Mit Überlegungen zur Bestimmung des Begriffs Utopie. In: Wilhelm Voßkamp (Hrsg.): Utopieforschung. Interdisziplinäre Studien zur neuzeitlichen Utopie. Bd. 2. Stuttgart, S. 101-150.

1982c Über die Einsamkeit der Sterbenden in unseren Tagen. Ffm. Vom Autor überarbeitete und erweiterte Fassung des gleichnamigen Artikels (1979).

1982d Über die Zeit. In: Merkur XXXVI, S. 841-856. Von Holger Fließbach und Michael Schröter übersetzte und vom Autor überarbeitete Auswahl eines unveröffentlichten Manuskripts: An Essay on Time.

1982e Über die Zeit II. In: Merkur XXXVI, S. 998-1016. Von Holger Fließbach und Michael Schröter übersetzte und vom Autor überarbeitete Auswahl eines unveröffentlichten Manuskripts: An Essay on Time.

1983a Engagement und Distanzierung. Arbeiten zur Wissenssoziologie I. Herausgegeben und übersetzt von Michael Schröter. Ffm.

1983b /Eric Dunning: Sport im Zivilisationsprozeß. Studien zur Figurationssoziologie. Herausgegeben von Wilhelm Hopf. Münster 1983. Mit folgenden übersetzten und überarbeiteten Publikationen von Norbert Elias:

1983ba Die Genese des Sports als soziologisches Problem. S. 9-46. Übersetzt von Wilhelm Hopf und R. Nippert: The Genesis of Sport as an Sociological Problem. In: Eric Dunning (Hrsg.): The Sociology of Sport. A Selection of Readings. With a Foreword by Norbert Elias. London 1971, S. 88-115; sowie: Sport et violence. In: Actes de la Recherche en Sciences Sociales II (1976), H. 6, S. 2-19.

1983bb Blick auf das Leben eines Ritters. S. 47-78. Vom Autor überarbeitetes und durch Bilder ergänztes gleichnamiges Kapitel aus: Über den Prozeß der Zivilisation. Band 1. Frankfurt (Main) 1976, S. 238-301.

1983bc /Eric Dunning: Volkstümliche Fußballspiele im mittelalterlichen und frühneuzeitlichen England. S. 85-104. Übersetzt von Wilhelm Hopf und R. Nippert: Folk Football in Medieval and Early Modern Britain. In: Eric Dunning (Hrsg.): The Sociology of Sport. A Selection of Readings. With a Foreword by Norbert Elias. London 1971, S. 116-132.

1983bd /Eric Dunning: Zur Dynamik von Sportgruppen. S. 105-122. Von den Autoren überarbeitete Fassung des gleichnamigen Artikels (1966).

1983be /Eric Dunning: Freizeit und Muße. S. 133-144. Übersetzt von Wilhelm Hopf und R. Nippert: Leisure in the Sparetime Spectrum. In: Rolf Albonico/Katharina Pfister-Binz (Hrsg.): Soziologie des Sports. Theoretische und methodische Grundlagen. Referate des 10. Magglinger Symposiums. 7. bis 13. September 1969 in Magglingen (Schweiz). Basel 1971, S. 27-34.

1983d Über den Rückzug der Soziologen auf die Gegenwart. In: KZfSS XXXV, S. 29-40.

1984a Über die Zeit. Arbeiten zur Wissenssoziologie II. Herausgegeben von Michael Schröter. Frankfurt (Main) Erweiterte und überarbeitete Fassung der gleichnamigen Artikel (1982d/e) mit einem neuen Vorwort.

1984b Notizen zum Lebenslauf. In: Peter Gleichmann/Johan Goudsblom/Hermann Korte (Hrsg.): Macht und Zivilisation. Materialien zu Norbert Elias' Zivilisationstheorie II. Frankfurt (Main), S. 9-82.

1984c Vorwort. In: Horst-Volker Krumrey: Entwicklungsstandarden. Eine soziologische Prozeßanalyse auf der Grundlage deutscher Anstands- und Manierenbücher von 1870 bis 1970. Frankfurt (Main), S. 11-15.

1984d Nachwort. In: Meike Behrmann/Carmine Abate: Die Germanesi. Geschichte und Leben einer süditalienischen Dorfgemeinschaft und ihrer Emigranten. Frankfurt (Main)/New York, S. 197-202.

1985a Humana conditio. Betrachtungen zur Entwicklung der Menschheit am 40. Jahrestag eines Kriegsendes (8. Mai 1985). Frankfurt (Main).

1985b Das Credo eines Metaphysikers. Kommentare zu »Poppers Logik der Forschung«. In: ZfS XIV, S. 93-114.

1985c Wissenschaft oder Wissenschaften? Beitrag zu einer Diskussion mit wirklichkeitsblinden Philosophen. In: ZfS XIV, S. 268-281.

1985d Gedanken über die Bundesrepublik (Herbst 1977). In: Merkur XXXIX, S. 733-755.

1985e Vorwort. In: Michael Schröter: »Wo zwei zusammen kommen in rechter Ehe ...« Soziogenetische und psychogenetische Stu-

dien über Eheschließungsvorgänge vom 12. bis 15. Jahrhundert. Frankfurt (Main), S. VII-XI.
1986a Über die Natur. In: Merkur XXXX, S. 469-482. Übersetzung aus dem Englischen und Redaktion von Michael Schröter.
1986b Wandlungen der Machtbalance zwischen den Geschlechtern. Eine prozeßsoziologische Untersuchung am Beispiel des antiken Römerstaats. In: KZfSS XXXVIII, S. 425-449. Übersetzung aus dem Englischen und Redaktion von Michael Schröter.
1986c Lexikonartikel. In: Bernard Schäfers (Hrsg.): Grundbegriffe der Soziologie. Opladen. Mit folgenden Artikeln von Norbert Elias:
1986ca Figuration. S. 88-91.
1986cb Prozesse, soziale. S. 234-241.
1986cc Zivilisation. S. 382-387.
1987a Die Gesellschaft der Individuen. Herausgegeben von Michael Schröter. Frankfurt (Main)
1987b Los der Menschen. Gedichte/Nachdichtungen. Frankfurt (Main)
1987c Das Schicksal der deutschen Barocklyrik. Zwischen höfischer und bürgerlicher Tradition. In Merkur: XXXXI, S. 451-468.
1987d Vorwort. In: Bram van Stolk/Cas Wouters: Frauen im Zwiespalt. Beziehungsprobleme im Wohlfahrtsstaat. Eine Modellanalyse. Übersetzt von Michael Schröter. Frankfurt (Main), S. 9-16.

*B. Publikationen in englischer Sprache,
die bislang noch nicht ins Deutsche übersetzt wurden*

1950 Studies in the Genesis of the Naval Profession. In BJS I, S. 291-309.
1965 /John L. Scotson: The Established and the Outsiders. A Sociological Enquiry into Community Problems. London.
1971 Sociology of Knowledge. New Perspectives. In: Sociology V, S. 149-168 und S. 355-370.
1972a Processes of State Formation and Nation Building. In: Transactions of the Seventh World Congress of Sociology. Varna, September 1970. Bd. 3. Sofia, S. 274-284.
1972b Theory of Science and History of Science. Comments on a recent discussion. In: Economy and Society I, S. 117-133.
1973 Dynamics of Consciousness Within that of Societies. In: Transactions of the Seventh World Congress of Sociology. Varna, September 1970. Bd. 4. Sofia, S. 375-383.
1974a The Sciences. Towards a Theory. In: Richard Whitley (Hrsg.): Social Processes of Scientific Development. London, S. 21-42.
1982a /Richard D. Whitley: Introduction. In: Norbert Elias/Hermino Martins/Richard D. Whitley (Hrsg.): Scientific Establishments and Hierachies. Sociology of the Sciences. Dordrecht, S. VII-XI.

1982b Scientific Establishments. In: Norbert Elias/Herminio Martins/ Richard D. Whitley (Hrsg.): Scientific Establishments and Hierarchies. Sociology of the Sciences. Dordrecht, S. 3-69.

1982c What is the Role of Scientific and Literary Utopias for the Future? In: Netherland Institute for Advanced Study in the Humanities and Social Sciences (Hrsg.): Limits to the Future. Prescriptions and Predictions in the Humanities and Social Sciences. Essays on the Occasion of the Second NIAS-Lustrum 1981. Wassenaar, S. 60-80.

1984a On the Sociogenesis of Sociology. In: Sociologisch Tijdschrift XI, S. 14-52.

1984b Some Remarks on the Problem of Work. In: Aktief, Inaktief. De wederzijdse afhankelijkheid van aktieven en inaktieven in een verzorgingsstaat. Noordwijkerhout, S. 5-8.

1986 /Eric Dunning: Quest of Excitement. Sport and Leisure in the Civilizing Process. Oxford/New York. Teilweise identisch mit: Sport im Zivilisationsprozeß (1983b).

1987 On Human Beings and Their Emotions. A Process-Sociological Essay. In: Theory, Culture & Society IV, S. 339-361.

II.: Ausgewählte deutsche Sekundärliteratur:

Meike Behrmann, Carmine Abate: Die Germanesi. Geschichte und Leben einer süditalienischen Dorfgemeinschaft und ihrer Emigranten. Mit einem Nachwort von Norbert Elias. Frankfurt (Main)/New York 1984.

Peter Gleichmann/Johann Goudsblom/Hermann Korte (Hrsg.): Human Figurations. Essays for / Aufsätze für Norbert Elias. Amsterdam 1977.

Dies. (Hrsg.): Materialien zu Norbert Elias' Zivilisationstheorie. Frankfurt (Main) 1977.

Dies. (Hrsg.): Macht und Zivilisation. Materialien zu Norbert Elias' Zivilisationstheorie 2. Frankfurt (Main) 1984.

Johan Goudsblom: Soziologie auf der Waagschale. Übersetzt von Frank Heider und Bernhard Wirth. Frankfurt (Main) 1979.

Ursula Kanacher: Wohnstrukturen als Anzeiger gesellschaftlicher Strukturen. Eine Untersuchung zum Wandel der Wohnungsgrundrisse als Ausdruck gesellschaftlichen Wandels von 1850 bis 1975 aus der Sicht der Elias'schen Zivilisationstheorie. Frankfurt (Main) 1987.

Horst-Volker Krumrey: Entwicklungsstrukturen von Verhaltensstandarden. Eine soziologische Prozeßanalyse auf der Grundlage deutscher Anstands- und Manierenbücher von 1870 bis 1970. Mit einem Vorwort von Norbert Elias. Frankfurt (Main) 1984.

Michael Schröter: »Wo zwei zusammen kommen in rechter Ehe ...«. Soziogenetische und psychogenetische Studien über Eheschließungs-

vorgänge vom 12. bis 15. Jahrhundert. Mit einem Vorwort von Norbert Elias. Frankfurt (Main) 1985.
Bram van Stolk/Cas Wouters: Frauen im Zwiespalt. Beziehungsprobleme im Wohlfahrtsstaat. Eine Modellstudie. Mit einem Vorwort von Norbert Elias. Übersetzt von Michael Schröter. Frankfurt (Main) 1987.
Annette Treibel: Soziologie zwischen Engagement und Distanzierung: Bestandsaufnahme und Kritik der westdeutschen Ausländerforschung. Eine theoretische und empirische Untersuchung. Bochum (Diss.) 1986.

Verzeichnis der Abkürzungen:

BJS   – British Journal of Sociology
KZfSS – Kölner Zeitschrift für Soziologie und Sozialpsychologie
ZfS   – Zeitschrift für Soziologie

Abbildungsnachweis

Abb. 1 – Fotokopie des Vorabdrucks von 1937, Hans Speyer, New York

Abb. 2 und Abb. 3 – Fotos aus Privatbesitz von Norbert Elias

Abb. 4 – Mit freundlicher Genehmigung des Universitäts-Archivs Breslau

Abb. 5 – Mit freundlicher Genehmigung des Leo Baeck Instituts, Jerusalem

Abb. 6 und Abb. 7 – Fotos aus Privatbesitz
(Erste Veröffentlichung siehe Human Figurations. Essays for/Aufsätze für Norbert Elias. Amsterdam 1977)

Abb. 8 – Mit freundlicher Genehmigung von Gisèle Freund, Paris

Norbert Elias
Sein Werk im Suhrkamp Verlag

Über den Prozeß der Zivilisation
Soziogenetische und psychogenetische Untersuchungen
Band 1: Wandlungen des Verhaltens in den weltlichen Oberschichten des Abendlandes. 1976. stw 158. 334 Seiten
Band 2: Wandlungen der Gesellschaft.
Entwurf zu einer Theorie der Zivilisation. 1976. stw 159. 492 Seiten

Die höfische Gesellschaft
Untersuchungen zur Soziologie des Königtums und der höfischen Aristokratie. Mit einer Einleitung: Soziologie und Geschichtswissenschaft. 1983. stw 423. 456 Seiten

Engagement und Distanzierung
Arbeiten zur Wissenssoziologie I. Herausgegeben und übersetzt von Michael Schröter. 1983. 1987. stw 651. 272 Seiten

Über die Zeit
Arbeiten zur Wissenssoziologie II. Übersetzt von Holger Fliessbach und Michael Schröter. 1984. 220 Seiten. Leinen

Die Gesellschaft der Individuen
Herausgegeben von Michael Schröter. 1987. 320 Seiten. Leinen

Über die Einsamkeit der Sterbenden
1982. BS 772. 100 Seiten

Humana conditio
Beobachtungen zur Entwicklung der Menschheit am 40. Jahrestag eines Kriegsendes (8. Mai 1985). 1985. es 1384. 152 Seiten

Los der Menschen
Gedichte. Nachdichtungen. 1987. 102 Seiten. Leinen

Nobert Elias/Wolf Lepenies
Zwei Reden anläßlich der Verleihung des Theodor W. Adorno-Preises 1977
es 954. 274 Seiten

Materialien zu Norbert Elias' Zivilisationstheorie
Herausgegeben von Peter Gleichmann, Johan Goudsblom und Hermann Korte. 1979. stw 233. 436 Seiten

Macht und Zivilisation
Materialien zu Norbert Elias' Zivilisationstheorie 2
Herausgegeben von Peter Gleichmann, Johan Goudsblom und Hermann Korte. 1984. stw 418. 322Seiten

Horst-Volker Krumrey
*Entwicklungsstrukturen
von Verhaltensstandarden*
Eine soziologische Prozeßanalyse
auf der Grundlage deutscher Anstands- und Manierenbücher
von 1870 bis 1970. Mit einem Vorwort von Norbert Elias. 1984.
724 Seiten. Gebunden

»Dieses Buch erfüllt zwei wichtige Aufgaben, die herkömmlicherweise in den zuständigen Fächern recht selten von dem gleichen Verfasser in ein und demselben Buche bearbeitet und bewältigt werden. Auf der einen Seite bietet es seinen Lesern ein reiches Quellenmaterial für bestimmte Aspekte der Entwicklung Deutschlands von der Einigung im Jahre 1870 bis in die Gegenwart, bis 1970. Man findet hier Belege für die Veränderung schichtenspezifischer Verhaltensnormen in Deutschland – Belege, die seit ihrem Erscheinen nicht wieder veröffentlicht und überdies bisher kaum je für das Verständnis dieses Normenwandels und so der deutschen Menschen wissenschaftlich ausgewertet wurden.
Zugleich mit der Quellensammlung bietet das Buch eine sorgfältige und lebendige soziologische Untersuchung dieser Quellen, die theoretisch wie empirisch Neues bringt. Das ist die zweite Aufgabe, die sich der Verfasser stellte. Er vermittelt den Lesern Verständnis dafür, wie sich und zum Teil auch warum sich Verhaltensstandarde und so auch das Verhalten von Menschen in Deutschland während der letzten hundert Jahre gewandelt haben.«
(Aus dem Vorwort von Norbert Elias)

Michael Schröter
»Wo zwei zusammenkommen in rechter Ehe...«
Sozio- und psychogenetische Studien
über Eheschließungsvorgänge vom 12. bis 15. Jahrhundert. Mit
einem Vorwort von Norbert Elias. 1985. 454 Seiten. Kartoniert.

Die Ehe war seit langem und ist bis in unsere Tage hinein die einzige als sozial legitim anerkannte Form der Geschlechterbeziehung. Diese Monopolstellung ist in den entwickelteren Ländern erst in unseren Tagen erschüttert und zum Teil durchbrochen worden. Gerade darum ist es heute von besonderem Interesse, sich zu vergegenwärtigen, warum es in früheren Zeiten als unabweislich erschien, daß die Beziehung von Mann und Frau einer öffentlichen Legitimierung bedürfe, und vor allem auch, welche Instanzen den Anspruch erhoben, eine Geschlechterbeziehung als Ehe zu legitimieren, und Macht genug hatten, die Anerkennung dieses Anspruches durchzusetzen. Das sind die Fragen, die im Mittelpunkt dieses Buches stehen.

Die Perspektive von Schröters Untersuchung unterscheidet sich explizit von rechts- und vor allem kirchenrechtsgeschichtlichen Traditionen, zu deren Domäne das Thema, zumindest in Deutschland, noch weithin gehört, die sich aber, wie es scheint, nicht genügend von den Problemdefinitionen und Machtinteressen der Instanzen, mit denen sie sich beschäftigen – des Staates und der Kirche –, zu distanzieren vermögen.

Eine Fülle intensiver Fallstudien machen Michael Schröters Darstellung ebenso plausibel wie lebendig. Als Quellen nutzt er neben Gesetzen und liturgischen Texten vor allem Berichte über tatsächliche Eheschließungen etwa in mittelalterlichen Kleinepen oder Gerichtsakten.

suhrkamp taschenbücher
Eine Auswahl

Abish: Wie deutsch ist es 1135
Achternbusch: Alexanderschlacht 1232
- Die Atlantikschwimmer 1233
- Die Olympiasiegerin 1031
- 1969 1231
Adorno: Erziehung zur Mündigkeit 11
- Studien zum autoritären Charakter 107
Aitmatow: Der weiße Dampfer 51
Alain: Die Pflicht, glücklich zu sein 859
Alberti: Der verlorene Hain 1171
Alegría: Die hungrigen Hunde 447
Anders: Erzählungen. Fröhliche Philosophie 432
Ansprüche. Verständigungstexte von Frauen 887
Ansprüche. Verständigungstexte von Männern 1173
Antonioni: Zabriskie Point 1212
Arendt: Die verborgene Tradition 303
Armstrong: Kiss Daddy Goodnight 995
Artmann: The Best of H. C. Artmann 275
- Gedichte über die Liebe 1033
Augustin: Eastend 1176
Ba Jin: Die Familie 1147
Bachmann: Malina 641
Ball: Hermann Hesse 385
Ballard: Billenium 896
- Die Dürre 975
- Hallo Amerika! 895
- Das Katastrophengebiet 924
- Mythen der nahen Zukunft 1167
- Der tote Astronaut 940
Barnet: Das Lied der Rachel 966
Baur: Überleben 1098
Beach: Shakespeare and Company 823
Beck: Krankheit als Selbstheilung 1126
Becker, Jürgen: Die Abwesenden 882
Becker, Jurek: Aller Welt Freund 1151
- Irreführung der Behörden 271
- Jakob der Lügner 774
Beckett: Der Ausgestoßene 1006
- Endspiel 171
- Glückliche Tage 248
- Malone stirbt 407
- Der Namenlose 546
- Warten auf Godot 1
- Wie es ist 1262
Behrens: Die weiße Frau 655
Beig: Hochzeitslose 1163
- Rabenkrächzen 911
Bender: Der Hund von Torcello 1075
Benjamin: Deutsche Menschen 970
- Illuminationen 345
Benjamin/Scholem: Briefwechsel 1211
Berkéwicz: Josef stirbt 1125
Bernhard: Frost 47
- Gehen 5
- Der Kulterer 306
Bertaux: Hölderlin 686
Beti: Perpétue und die Gewöhnung ans Unglück 677
Bierce: Das Spukhaus 365
Bioy Casares: Die fremde Dienerin 962
- Morels Erfindung 939

- Der Traum des Helden 1185
Blatter: Kein schöner Land 1250
- Love me tender 883
Bloch: Freiheit und Ordnung 1264
Böni: Die Fronfastenkinder 1219
Bohrer: Ein bißchen Lust am Untergang 745
Brandão: Null 777
Brasch: Kargo 541
- Der schöne 27. September 903
Braun, J. u. G.: Conviva Ludibundus 748
- Der Fehlfaktor 687
- Die unhörbaren Töne 983
Braun, Volker: Gedichte 499
- Das ungezwungene Leben Kasts 546
Brecht: Gedichte für Städtebewohner 640
- Gedichte über die Liebe 1001
- Geschichten vom Herrn Keuner 16
Brecht-Liederbuch 1216
Bertolt Brechts Dreigroschenbuch 87
Brentano: Theodor Chindler 892
Broch, Hermann: Gedichte 572
- Massenwahntheorie 502
- Schlafwandler 472
- Die Schuldlosen 209
- Der Tod des Vergil 296
- Die Verzauberung 350
Brod: Der Prager Kreis 547
Buch: Die Hochzeit von Port-au-Prince 1260
- Karibische Kaltluft 1140
Cain: Serenade in Mexiko 1164
Campbell: Der Heros in tausend Gestalten 424
Carossa: Der Arzt Gion 821
Carpentier: Explosion in der Kathedrale 370
- Krieg der Zeit 552

Celan: Atemwende 850
Christo: Der Reichstag 960
Cioran: Vom Nachteil geboren zu sein 549
- Syllogismen der Bitterkeit 607
Cortázar: Album für Manuel 936
- Das Feuer aller Feuer 298
Dahrendorf: Die neue Freiheit 623
Dorst: Merlin oder das wüste Land 1076
Dorst/Fallada: Kleiner Mann - was nun? 127
Duras: Ganze Tage in den Bäumen 1157
- Moderato cantabile 1178
- Die Verzückung der Lol V. Stein 1079
- Der Vize-Konsul 1017
Eich: Fünfzehn Hörspiele 120
Eliade: Kosmos und Geschichte 1273
- Yoga 1127
Eliot: Die Dramen 191
Enzensberger: Der kurze Sommer der Anarchie 395
- Politische Brosamen 1132
- Der Untergang der Titanic 681
Erikson: Lebensgeschichte und historischer Augenblick 824
Eschenburg: Über Autorität 178
Fanon: Die Verdammten dieser Erde 668
Federspiel: Die Märchentante 1234
- Der Mann, der Glück brachte 891
- Massaker im Mond 1286
Feldenkrais: Bewußtheit durch Bewegung 429
Fleißer: Abenteuer aus dem Englischen Garten 925
- Ein Pfund Orangen 991
- Eine Zierde für den Verein 294

Franke: Der Atem der Sonne 1265
- Die Kälte des Weltraums 990
- Keine Spur von Leben 741
- Schule für Übermenschen 730
- Tod eines Unsterblichen 772
- Zone Null 585

Freund: Drei Tage mit J. Joyce 929

Fries: Das nackte Mädchen auf der Straße 577

Frisch: Andorra 277
- Dienstbüchlein 205
- Gesammelte Werke Bd. 1-7 1401-1407
- Homo faber 354
- Mein Name sei Gantenbein 286
- Der Mensch erscheint im Holozän 734
- Montauk 700
- Stiller 105
- Tagebuch 1946-1949 1148
- Tagebuch 1966-1971 256
- Wilhelm Tell für die Schule 2

Fromm/Suzuki/de Martino: Zen-Buddhismus und Psychoanalyse 37

Fuentes: Nichts als das Leben 343

Fühmann: 22 Tage oder die Hälfte des Lebens 463

Gabeira: Die Guerilleros sind müde 737

Gandhi: Mein Leben 953

García Lorca: Dichtung vom Cante Jondo 1007
- Das Publikum 1207

Ginzburg: Caro Michele 863
- Mein Familienlexikon 912

Goetz: Irre 1224

Goytisolo: Identitätszeichen 1133
- Rückforderung des Conde don Julián 1278
- Spanien und die Spanier 861

Griaule: Schwarze Genesis 624

Gründgens' Faust 838

Gulyga: Immanuel Kant 1093

Handke: Als das Wünschen noch geholfen hat 208
- Die Angst des Tormanns beim Elfmeter 27
- Ich bin ein Bewohner des Elfenbeinturms 56
- Kindergeschichte 1071
- Der kurze Brief 172
- Langsame Heimkehr 1069
- Die Lehre der Sainte-Victoire 1070
- Die linkshändige Frau 560
- Die Stunde der wahren Empfindung 452
- Über die Dörfer 1072
- Wunschloses Unglück 146

Hesse: Aus Indien 562
- Berthold 1198
- Casanovas Bekehrung 1196
- Demian 206
- Emil Kolb 1202
- Gertrud 890
- Das Glasperlenspiel 79
- Die Heimkehr 1201
- Heumond 1194
- Karl Eugen Eiselein 1192
- Kinderseele 1203
- Klein und Wagner 116
- Klingsors letzter Sommer 1195
- Die Kunst des Müßiggangs 100
- Kurgast 383
- Ladidel 1200
- Der Lateinschüler 1193
- Lektüre für Minuten 7
- Die Morgenlandfahrt 750
- Narziß und Goldmund 274
- Die Nürnberger Reise 227
- Peter Camenzind 161
- Roßhalde 312
- Siddhartha 182
- Der Steppenwolf 175
- Unterm Rad 52
- Walter Kömpf 1199

- Der Weltverbesserer 1197
Hildesheimer: Marbot 1009
- Mitteilungen an Max 1276
- Mozart 598
Höllerer: Die Elephantenuhr 266
Hohl: Die Notizen 1000
Horváth: Ein Kind unserer Zeit 1064
- Geschichten aus dem Wiener Wald 1054
- Italienische Nacht 1053
- Jugend ohne Gott 1063
Hrabal: Erzählungen 805
Huchel: Gezählte Tage 1097
Hürlimann: Die Tessinerin 985
Hughes: Ein Sturmwind auf Jamaica 980
Im Jahrhundert der Frau 1011
Innerhofer: Die großen Wörter 563
- Schöne Tage 349
Inoue: Die Eiswand 551
- Der Stierkampf 944
Janker: Zwischen zwei Feuern 1251
Jens: Republikanische Reden 512
Johnen/Zech: Allgemeine Musiklehre 1218
Johnson: Das dritte Buch über Achim 169
- Mutmassungen über Jakob 147
Jonas: Das Prinzip Verantwortung 1085
Joyce, James: Anna Livia Plurabelle 751
- Giacomo Joyce 1003
Joyce, Stanislaus: Das Dubliner Tagebuch 1046
Kästner: Der Hund in der Sonne 270
Kaminski: Die Gärten des Mullay Abdallah 930
- Herzflattern 1080
Kasack: Fälschungen 264

Kaschnitz: Der alte Garten 387
- Jennifers Träume 1022
- Tage, Tage, Jahre 1141
Kawerin: Das Ende einer Bande 992
Kenkô: Betrachtungen aus der Stille 1227
Kirchhoff: Einsamkeit der Haut 919
Koch, Werner: Jenseits des Sees 718
- See-Leben I 132
- Wechseljahre oder See-Leben II 412
Koeppen: Amerikafahrt 802
- Die Mauer schwankt 1249
- Romanisches Café 71
- Tauben im Gras 601
- Der Tod in Rom 241
- Das Treibhaus 78
Koestler: Der Yogi und der Kommissar 158
Kohl: Entzauberter Blick 1272
Komm: Der Idiot des Hauses 728
Konrád: Der Besucher 492
- Der Komplize 1220
Kracauer: Das Ornament der Masse 371
Kraus: Aphorismen 1318
- Die letzten Tage der Menschheit 1320
Kreuder: Die Gesellschaft vom Dachboden 1280
Kroetz: Der Mondscheinknecht 1039
- Der Mondscheinknecht. Fortsetzung 1241
Krolow: Das andere Leben 874
- Ein Gedicht entsteht 95
Kühn: Der Himalaya im Wintergarten 1026
- Josephine 587
- Die Präsidentin 858
- Stanislaw der Schweiger 496

Kundera: Abschiedswalzer 591
- Das Buch vom Lachen und Vergessen 868
- Das Leben ist anderswo 377
Laederach: Sigmund 1235
Lao She: Die Stadt der Katzen 1154
le Fort: Die Tochter Jephthas und andere Erzählungen 351
Lem: Also sprach GOLEM 1266
- Altruizin 1215
- Der futurologische Kongreß 534
- Imaginäre Größe 658
- Mondnacht 729
- Nacht und Schimmel 356
- Robotermärchen 856
- Die Stimme des Herrn 907
- Terminus 740
- Wie die Welt noch einmal davonkam 1181
Lenz, Hermann: Andere Tage 461
- Die Augen eines Dieners 348
- Die Begegnung 828
- Tagebuch vom Überleben 659
Leutenegger: Ninive 685
- Vorabend 642
Lezama Lima: Paradiso 1005
Link: Tage des schönen Schreckens 763
Lipuš: Der Zögling Tjaž 993
Loerke: Die Gedichte 1049
- Tagebücher 1903-1939 1242
Lovecraft: Berge des Wahnsinns 220
  Cthulhu 29
- Das Ding an der Schwelle 357
Majakowski: Her mit dem schönen Leben 766
Malson: Die wilden Kinder 55
Mao Dun: Shanghai im Zwielicht 920
Maupassant: Die Totenhand 1040

Mayer: Außenseiter 736
Mayröcker. Ein Lesebuch 548
Meier: Der schnurgerade Kanal 760
Meyer: Eine entfernte Ähnlichkeit 242
- Ein Reisender in Sachen Umsturz 927
Miller: Am Anfang war Erziehung 951
- Das Drama des begabten Kindes 950
- Du sollst nicht merken 952
Miłosz: Verführtes Denken 278
Mitscherlich: Ein Leben für die Psychoanalyse 1010
- Massenpsychologie ohne Ressentiment 76
Molière: Drei Stücke 486
Mommsen: Hofmannsthal und Fontane 1228
Morante: Lüge und Zauberei 701
Moser: Familienkrieg 1169
- Grammatik der Gefühle 897
- Lehrjahre auf der Couch 352
Muschg: Fremdkörper 964
- Gegenzauber 665
- Liebesgeschichten 164
- Mitgespielt 1083
Museum der modernen Poesie 476
Neruda: Liebesbriefe an Albertina Rosa 829
Nizon: Canto 319
Nossack: Das kennt man 336
- Der jüngere Bruder 133
- Um es kurz zu machen 255
O'Brien: Irischer Lebenslauf 986
Offenbach: Sonja 688
Onetti: Das kurze Leben 661
Oz, Im Lande Israel 1066
Paz: Essay I/II 1036
Pedretti: Heiliger Sebastian 769

- Die Zertrümmerung von dem Karl 1156
Penzoldts schönste Erzählungen 216
Phantastische Aussichten 1188
Phantastische Träume 954
Phantastische Welten 1068
Plenzdorf: Die Legende vom Glück ohne Ende 722
- Die neuen Leiden des jungen W. 300
- Gutenachtgeschichte 958
Plessner: Die Frage nach der Conditio humana 361
Poe: Der Fall des Hauses Ascher 517
Portmann: Biologie und Geist 124
Proust: Die Entflohene 918
- Die Gefangene 886
- Im Schatten junger Mädchenblüte. 2 Bde. 702
- In Swanns Welt 644
- Sodom und Gomorra. 2 Bde. 822
Puig: Die Engel von Hollywood 1165
- Der Kuß der Spinnenfrau 869
Ramos: Karges Leben 667
Regler: Das große Beispiel 439
Reinshagen: Das Frühlingsfest 637
Ribeiro: Maíra 809
Rochefort: Frühling für Anfänger 532
- Die Welt ist wie zwei Pferde 1244
- Zum Glück gehts dem Sommer entgegen 523
Rodoreda: Auf der Plaça del Diamant 977
Roumain: Herr über den Tau 675
Russell: Eroberung des Glücks 389

Sanzara: Die glückliche Hand 1184
Schertenleib: Die Ferienlandschaft 1277
Schimmang: Das Ende der Berührbarkeit 739
Schivelbusch: Intellektuellendämmerung 1121
Schleef: Gertrud 942
Schneider: Der Balkon 455
- Der Friede der Welt 1048
- Die Hohenzollern 590
Schröder: Fülle des Daseins 1029
Scorza: Trommelwirbel für Rancas 584
Semprun: Die große Reise 744
- Yves Montand: Das Leben geht weiter 1279
Sender: Der Verschollene 1037
Shaw: Der Aufstand gegen die Ehe 328
- Mensch und Übermensch 987
- Der Sozialismus und die Natur des Menschen 121
- Unreif 1226
Soriano: Das Autogramm 1252
- Traurig, Einsam und Endgültig 928
Spectaculum 1-15 900
Spectaculum 16-25 1050
Sperr: Bayrische Trilogie 28
Steiner: Ein Messer für den ehrlichen Finder 583
- Schnee bis in die Niederungen 935
Sternberger: Drei Wurzeln der Politik 1032
- Die Politik und der Friede 1237
- Die Stadt als Urbild 1166
Stierlin: Delegation und Familie 831
Stolze: Innenansicht 721
- Nachkriegsjahre 1094

Strätz: Frosch im Hals 938
Strindberg: Ein Lesebuch für die niederen Stände 402
Struck: Die Mutter 489
Strugatzki, A. u. B.: Der ferne Regenbogen 956
– Fluchtversuch 872
– Die gierigen Dinge des Jahrhunderts 827
Das Suhrkamp Taschenbuch 1100
Tango 1087
Tendrjakow: Die Abrechnung 965
Terlecki: Ruh aus nach dem Lauf 1030
Timmermans: Der Heilige der kleinen Dinge 611
Unseld: Der Autor und sein Verleger 1204
– Begegnungen mit Hermann Hesse 218
– Hermann Hesse. Werk- und Wirkungsgeschichte 1257
– Peter Suhrkamp 260
Vargas Llosa: Gespräch in der Kathedrale 1015
– Der Hauptmann und sein Frauenbataillon 959
Vogt: Schnee fällt auf Thorn 755
Waggerl: Brot 299
– Das Jahr des Herrn 836
Walser, Martin: Die Anselm Kristlein Trilogie. 3 Bde. 684
– Ehen in Philippsburg 1209
– Ein fliehendes Pferd 600
– Jenseits der Liebe 525
– Liebeserklärungen 1259
– Das Schwanenhaus 800
– Seelenarbeit 901
Walser, Robert: Bedenkliche Geschichten 1115
– Der Gehülfe 1110
– Geschwister Tanner 1109
– Jakob von Gunten 1111
– Poetenleben 1106
– Der Räuber 1112
– Wenn Schwache sich für stark halten 1117
– Zarte Zeilen 1118
Watts: Der Lauf des Wassers 878
– Vom Geist des Zen 1288
Weber-Kellermann: Die deutsche Familie 185
Weiß, Ernst: Der Aristokrat 792
– Der arme Verschwender 795
– Der Augenzeuge 797
– Die Feuerprobe 789
– Die Galeere 784
– Der Gefängnisarzt 794
– Georg Letham 793
– Mensch gegen Mensch 786
Weiss, Peter: Das Duell 41
Wilhelm: Die Wandlung 1146
Winkler: Das wilde Kärnten. 3 Bde. 1042–1044
Zeemann: Einübung in Katastrophen 565
– Das heimliche Fest 1285
Zweig: Brasilien 984